作者近照（摄于2006年3月19日）

作者与孙女张迪凌（摄于2006年3月19日）

作者和她的先生张忠培（摄于2006年3月19日）

文物霉害和虫害的防治

马淑琴　著

科学出版社
北　京

内 容 简 介

本书概述了文物霉害和虫害的普遍性与严重性，文物霉腐的机理，文物霉害和虫害发生的条件，及环境与文物保护的关系，结合我国对文物霉害防治的经验，系统地介绍了防治文物霉害的方法和措施，对文物考古工作者具有一定的参考价值。

图书在版编目(CIP)数据

文物霉害和虫害的防治 / 马淑琴著 . —北京：科学出版社，2013. 1

ISBN 978-7-03-036056-4

Ⅰ. ①文… Ⅱ. ①马… Ⅲ. ①文物保护—研究②霉腐微生物—防治 Ⅳ. ①G264

中国版本图书馆 CIP 数据核字（2012）第 276267 号

责任编辑：宋小军/ 特邀编辑：张晓悟 / 责任校对：李 影

责任印制：赵德静 / 封面设计：谭 硕

科 学 出 版 社 出版

北京东黄城根北街 16 号

邮政编码：100717

http：//www. sciencep. com

北京通州皇家印刷厂 印刷

科学出版社发行 各地新华书店经销

*

2013 年 1 月第 一 版 开本：B5（720 × 1000）

2013 年 1 月第一次印刷 印张：12 3/4 插页：1

字数：234 000

定价：80. 00 元

（如有印装质量问题，我社负责调换）

序　一

保护好文物，尽我们最大可能地使之长远流传，意义重大。

导致文物损坏，除了天灾人祸，还有物理、化学及生物等多方面的原因。后者使文物质地渐变，人们一时不易觉察，危害性实不可低估。加强物理、化学和生物作用对文物影响的科研工作，或利用这些学科的有关成果，单学科或多学科地综合治理或防止文物遭受损害，在当前考古发掘文物的收藏量倍增的情况下，显得十分迫切。

该书作者马淑琴原在东北师范大学从事生物学的教学和科研工作，1987年调到故宫博物院研究文物保护。她是生物学的行家，但当时还不了解文物被生物因素损害的情况，以及防治现状与走向。

找准科研课题，是科学研究获得较好成果的关键。马淑琴除了阅读大量文献，还对实际情况进行认真的调查，认识到虫害及霉害导致文物损害的严重性，于是以防治霉害作为科研的主攻课题。围绕这一课题，她分门别类，或单独，或与他人合作，逐次进行专题研究，写出十几篇论著，取得可喜的成果。

这本《文物霉害和虫害的防治》著作，是她在专题研究基础上写出来的。作者从文物保护角度出发，将文物分为有机的和无机的两类，分析霉腐发生的条件与霉腐机理，指出霉腐损害文物的普遍性和严重性，说明霉害不仅常见于有机质文物，也偶见于无机质文物。她主张立足于防，防治兼重。该书以不少篇幅简述霉腐微生物的形态、结构与功能，提出创造抑制霉菌生长、发育的环境，是防霉最宜采用的有效办法。为探索有机质文物在未受霉害的情况下能保存多久的问题，作者对一些尸体及有机质随葬品得到完好或较好保存的古墓进行分析，揭示出其原因是墓内存在不利于细菌和霉菌繁殖的环境。她以此为例，说明在良好的环境下，文物是可以长期地被保存下来的。作者也充分重视治霉问题，用大量篇幅总结以往经验及在新的探索的基础上，介绍了防、治霉害的方法与技术。该书理论与实践结合、内容翔实、丰富，在文物霉害防治这一领域中，是我国开篇之作，不妥之处，在所难免。

作为考古工作者，我自然期望大力开展文物保护的研究与实践，是为序。

宿白

1995年10月

序　二

《文物霉害和虫害的防治》就要出版了。这对作者来说是一件大事，从促进文物保护事业的学术研究这一角度来看，也不是一件小事，所以，我有话要说。

该书作者马淑琴，是和我相爱已五十年的伴侣。1987年，我被调任故宫博物院院长职务之时，她的户口，就被有关组织随同调入北京。当时，她能够进入北京的高等院校，从事原在东北师范大学所做的细胞学与遗传学的教学与研究工作，但她考虑我的工作量大，我们的三个孩子都还在读中学和大学，家里需要她做的事太多，加之这些高等院校均离家太远，自己又不会骑自行车，靠挤公共交通，既要照顾好我和孩子，又要尽职于高等院校的教学与研究，实在难上加难。基于这种考虑，具有贤惠性格的她，便决定放弃她心爱的并已有相当经验的细胞学与遗传学教学与研究这一职业，拟请有关组织安排工作，包括与自己专业无关的工作。当她把这一决定告诉我时，我立即认为这是她决心牺牲自己的选择，眼前浮现出她扑向火中的身影。我之所以接受故宫博物院院长一职，在他人看来，是党组织对我的提拔，然而在我看来，这只是放弃我热爱的考古教学与研究，为发展故宫博物院事业做出牺牲，难道我的妻子也要跟着去牺牲自己吗！坐在我面前的她，却相当冷静，话语也很理智，我也只得冷静下来，无可奈何地同意她做出的这一决定。过了一段时间，当我听说国家文物局决定将淑琴调进故宫博物院从事文物保护工作之时，马上想到，我在故宫，她也来故宫，这我怎么工作啊！便立即找到杜玙文同志，反映了我的意见，请国家文物局改变决定，调她到其他单位工作。但杜玙文同志对我说，这是组织的决定，与你无关，你作为院长，就听从这一决定吧！相信你能够处理好这件事情的。听了他这么一番话后，同时，我考虑到马淑琴为人处世较为低调，认为她不会给我的工作上惹是生非，便接受了国家文物局关于调马淑琴到故宫博物院工作的决定。随后，我在院领导班子会议上，讲了杜玙文同我的谈话，和我接受了调马淑琴来院从事文物保护科技工作的决定，并做出如下三项内容的表态：

一，我和马淑琴同在故宫博物院工作，但她是她，我是我，请大家按照院里的一般职工要求她，对待她。我们各自的言行，均只代表自己。我和马淑琴均将如此处置相互之间的关系，同时，也请大家不要从她的言行中去猜度我的心意；

二，马淑琴到故宫博物院只从事文物保护的科技工作，不担任任何行政职务，即使是文物保护方面的业务行政管理工作，也不担任；

三，在今后提职、提薪时，如有名额限制，在同等条件的人员中，她的名次往后排。

这是我的三点承诺，请大家帮助兑现，也请大家监督。

在这次院领导班子会议之后，我将这三项承诺告知了马淑琴，她说，应该这样，不给你的工作添麻烦就好。马淑琴就这样改行走上了故宫博物院科技部实验室这一文物保护的工作岗位。我的这三点承诺，不是空话，均一一兑现了。例如，在1988年院里调整处室领导班子工作中，负责人事工作的张理萌，根据民意测验，代表人事处多次将拟提马淑琴进入科技部领导班子的建议，送院领导班子会议讨论时，均遭到我的反对而没列入会议议程。所以，一直到我被于1989年8月3日停职省查时，马淑琴仍只是一位从事文物保护工作的普通科技人员。

1987年6月20日，我被宣布担任故宫博物院院长职务。在上任这一职位不到两个月时间内，出现的两次被盗案和一次雷击失火案，虽被我一一解决了，但由此使我认识到故宫安全是故宫的生命线。要维护好故宫安全主要有如下四项，一是防火，二是防盗，三是要妥善保存和保护好馆藏文物及其相关的绘图、照相和文字资料，四是故宫博物院的皇宫建筑，均要测绘建档。馆藏文物妥善地保存与保护，就如是地被我纳入我的故宫安全视线之内，马淑琴参加的文物保护的科技工作，就被我在这一视线内予以关注。文物保护的科技工作，对马淑琴来说，虽然是外行，但由于她学术基础扎实，学风严谨，学习勤奋和工作认真，很快地就进入到了文物保护这一工作角色。在她进入这一角色的过程中和进入角色之后，或出于我对故宫工作的考虑和解决工作中出现的问题的需要，或出于她如何进入角色及如何做好文物保护工作的需要，我们各自都就感觉到的科技应用于文物保护的问题相互提了出来，进行广泛、深入地交流。通过我们的讨论，共同认识到：

一是影响馆藏文物保存、保护的原因，既是出于文物材质自身所存在的内因，也有由于文物存在的环境所出现的外因，这内因和外因均可归结于物理、化学与生物范畴，故需从物理、化学与生物诸学科予以观察、分析与治理；

二是认知文物材质及其物理、化学及生物特性所产生的功能，虽是多方面的，但对于文物保存与保护来说，则主要的应是为了文物的保存与保护。

因此，文物保护部门在认知文物材质及其物理、化学与生物特性方面，应把文物保存、保护的功能置于首要的位置；

三是涉及文物保存与保护的学科与技术相当广泛，故任何一个文物收藏与保护单位，均无能力容纳如此广泛的人才与技术设备，所以各个文物收藏与保护单位只能确立一定领域的优势，单位之间应实现优势互补，形成文物保护的网络系统，以承担全国文物保护的职能；

四是文物是具有历史、科学与文化的珍贵价值的不可再生的资源，故对其施用何种保存、保护技术，应慎之又慎，必须从调查与实验入手，只有经过实验之后证明有效的技术，或传统的行之有效的技术，才能将之用于文物的保存与保护。

这些认识，既有利于我对故宫博物院文物保护的管理工作，又有利于她开展故宫文物的保护研究工作。马淑琴便从自己已掌握的生物学科出发，立足故宫文物的保护，除完成日常的文物保护工作外，从调查、实验与试验入手，开展了文物霉害与虫害的防治研究。她的研究工作进展很快，在9年的时间内，分别于1989年发表论著两篇，1990年发表论著一篇，1991年发表论著四篇，1993年和1996年发表论著两篇外，1997年，科学出版社还出版了她不晚于1995年写成的《文物霉害的防治》这一专著，共计12种。上述11种论著分别发表于《中国博物馆》、《故宫博物院院刊》、《博物馆研究》、《中国文物报》、《北方文物》、《华夏考古》、《文物》和《考古》等8种报刊和《科技考古论丛》文集。马淑琴的12种著作中，除从浅述考古学与自然科学的关系外，有8种是讲防治霉害的，只有两种涉及防治虫害，可见，她的防治霉害的研究，具有一定的系统，而防治虫害的研究，只能认为刚刚涉入这一课题。在马淑琴之前，虽有防治霉害、虫害的文物保护的实践，但将防治霉害及虫害的文物保护纳入现代生物学的理论与实践的研究，她确是中国的第一人。故她的这些研究，无论是就将现代生物学应用于文物保护来说，还是从文物保护角度来讲，都具有开山的学术意义。同时，还应当指出的是，在文物霉害和虫害防治的研究领域中，就马淑琴研究时间之长短和获得成果的数量及质量来看，在她之前和在她做这类研究之时，还是在她做这类研究之后，直到今天的期间之内，都尚未发现有人能与之相比。她的这些研究成果的发表，一时形成了文物防治霉害及虫害研究的热潮，对汉语世界文物保护的研究领域产生了相当的影响。2004年到2005年，马淑琴陪我在台湾讲学之时，当那些研究文物保护的学者听到她的名字之时，便问她：你是不是写《文物霉害的防治》那个马淑琴？得到肯定回答之后，有的便说我读过你这本著作了，有的说，你这本著作不好买，我在大陆找过几家书店，好容易才买到，有的学者说，我没有买到这本书，只得复印一本，这在台湾就是盗版了，哈哈！有的学者，还邀她讨论文物保护的一些问题，或去发表演讲。

科学出版社出版马淑琴这本集子，令我欣慰之余，也感到遗憾。我谈到的遗憾，一是她的文物防治虫害的研究，不仅不成系统，也难以构成线形系列，仅是开了个头；二是她的文物霉害防治的研究，虽具一定的系统，但仍不够深入；三是就文物防治虫害和霉害的研究方面，基本上或止于调查，或止于实验，或止于机理理论的探讨，较少进入到了应用的实践阶段，总之是没有达到她从事这一研究时所设计的预期目标。所以未能达到她设定的预期目标，一是到她写成《文物霉害的防治》著作之时，已到了她临近退休之年；二是在她有效的时间内，相关部门的负责人没有给予她应得的必需的支持，并限制和阻挠了她的一些学术研究，她接受不了，开始失眠，接着右耳轰鸣起来，最后这只轰鸣的耳朵便失聪了。没有达到预期目标所产生的遗憾，对马淑琴来说，也就是终生的了。

人生之路，本来就不平坦，淑琴跟着我走过的路，则更是崎岖。1962 年她将大学毕业之时，和我结了婚，为了能和我在长春市一起生活，便将工作分配志愿没选择为全国分配，而选择为省内分配，但当年报名参加全国分配的却可分配在长春和其他大城市工作，而报名参加省内分配的，则只能分配到省内的一些城市或县城工作，而不能分配到吉林省省会长春市，所以她就被分配到她的家乡扶余县的中学任教。为了解决我们两地分居的问题，我便向吉林大学提出申请，经几年的努力，学校批准她到校内一个系担任实验员，我感到这对她有些委曲，便同她商量，没料到她却为了能和我共同生活而立意做出牺牲。但到了应当她接到调令时，她仍未接到调令，我便去学校人事处问这是怎么一回事，人事处一位干部对我说，你爱人是一位女同志，那个系不接受。听了这话，我近来见到被批准的好几位男性教职人员的配偶已到了学校的一幕幕情景，一一地从脑海中浮现出来，便感到这对我很不公平，并认为这是对我的侮辱，便说：我爱人不是一位女同志，难道是位男同志吗！岂有此理，你们还不知道吗？于是愤愤地离开了人事处，回到宿舍后不久，便听到传达室叫我接电话，给我打电话的是历史系党总支副书记，她叫我去她办公室一趟。我离开集体宿舍，来到了党总支副书记办公室，她质问我为什么大闹人事处，我向她讲了事情的经过，但她不听这些，还是批评了我一通。这样，直到 1970 年，马淑琴才通过私人关系被调到长春一所中学任教，1980 年，曾教过她的课的郝水老师，将她调到东北师范大学生物系细胞遗传学教研室任教。当她在郝水教授指导之下，即将取得重要的研究成果之时，便不得不同我一起来到北京，改行被分配到故宫博物院从事不熟习的文物保护工作。这便出现我在这篇文字开头写的那一幕。1997年，在国家文物局审批马淑琴申请研究馆员资格时，她虽获得三分之二的同意票数，但国家文物局那位主管这一工作的负责人却违反含三分之二的票数通过即可获得研究馆员资格的规定，说什么要超过三分之二的同意票数，才能得到研究馆员资格，故否决了她应当被评定为研究馆员的资格。她得到这一消息后，便生起闷气来，在我的鼓动下，她才去找了时任国家文物局局长的张文彬，这才使主管这一工作的那位国家文物局负责人的胡作非为未能得逞。马淑琴所经历的这些事，自然和我不无关系，故在我们家里涉及马淑琴这些事时，我的孩子，便指责我为了自己的工作，不仅不关心她们的妈妈，还不尊重妈妈的独立人格，剥夺她的人权，要她附属于我的工作。你就是这样的人，还口口声声讲自由、民主、平等、博爱！你对妈妈、对家庭怎么不讲这些哩！面对这些指责，我也进行一些反省，例如我为马淑琴被调到故宫博物院一事在院领导班子会议上所作的三项承诺，虽然我认为为了工作，只能这样，马淑琴也会同意的，但事前没有同他们的妈妈商量，事后才告知她，这在处事的方式上有些欠妥。但我坚持国事、家事、个人事不能放在天平上衡量，个人，包括他的家庭应当为国家、为工作做出贡献，甚至要做出牺牲，这是应该的！他们说，你这样做，你和我们的妈妈得到的报应是什么！我对他们说，我这样做的时候，就没想要为个人、为家庭得什么好处，至于有些人那样对待我，还牵连你们的妈妈，不是你们都能看得出来的是非吗！这就够了，至于我因你们的妈妈被调配到故宫博物院工作所做出的三点承诺，对你们的妈妈来说，虽不近情理，但符合中国国情，为了工作应该这样做！我们不应该去在意这些，管他的，我行我素。这是十五年前我同孩子们经常发生的争论。这十多年以来，我们都不谈这些问题了。他们的认识，似乎和我趋同了。所以要把这些事记录下来，是因为我也感觉到淑琴跟着我走过的路，实在坎坷。同时，我也因此认识到：做好人难，做个好官更难！但还得做个好人！做官就得做个好官！

2012年10月上旬草成，中旬改定，于小石桥

目　　录

上篇　文物霉害的防治

第一章 霉腐现象与机理

第一节 文物霉腐的普遍性与严重性

霉腐微生物分布广泛，地上、地下，江、河、湖、海无处不有，无孔不入。因此，文物遭受霉腐的可能性，普遍存在。

据《文物保护技术》（1982 年第 3 期）报道，“在山西应县佛宫寺释迦塔之佛像腹内陆续发现珍贵的辽代文物。其中包括蝶装的书籍，刻工精湛的契丹藏，书写在硬黄纸上字体刚劲的写经，木板刻印经着色的《炽盛光九曜图》，以及镂孔印刷在绢帛上的彩色《南无释迦牟尼佛像》等，均具有重要科学价值与艺术价值”。以上文物“完整者几乎无一，被粪尿腐蚀者，已糜烂成团，间有潮湿严重者，犹如糟朽的木棒”[1]。

1976 年 5 月，山东临沂金雀山九号汉墓出土帛画一幅，深埋地下历时两千多年，由于饱受霉腐微生物的侵害，已严重腐朽。

《文物保护技术》（1982 年第 3 期）载，浙江省东阳南寺塔出土的五代吴越时期《妙法莲花经》写本，虽密藏塔内，由于受潮发霉成了一个卷筒状的硬块，稍加触动，就成片状地剥落[2]。

可见，无论是在北方，还是在南方，无论是密藏在地上还是深埋于地下，都难免遭受霉腐微生物的侵害。

至于暴露于地面上的古建筑、壁画，乃至石刻、石窟，由于霉腐微生物的参与遭受灾害的情况，也是屡见不鲜。

馆藏文物遭受霉害的情况，至今仍是没有很好解决的世界性的问题。发达国家文物保护设施好些，文物霉害现象少些。发展中国家由于财力不够，缺乏完善的设施，因此，霉腐致损文物的现象，较为普遍。然而，即使日本这样发达的国家，文物遭受霉害的情况也是相当严重的。现将日本文化财虫害研究所发表的文物受损情况（据不完全统计）列于表 1-1。

表 1-1 日本 1960 ~ 1984 年遭受霉害、虫害文物统计

文物类别	霉害件数/件	虫害件数/件
建筑物	18	27
绘画	27	12

续表

文物类别	霉害件数/件	虫害件数/件
雕刻	3	11
其他美术品与工艺品	17	13
古书	28	88
书籍	75	79

从表1-1可知，日本遭受霉害文物的类别，也是相当广泛的。同时，在表1-1中所列遭受霉害、虫害的398件文物，霉害文物达168件，占总数的42%。可见霉害文物的情况，是不可忽视的问题[3]。

1982年全国人民代表大会公布了《中华人民共和国文物保护法》，1992年国务院批准《中华人民共和国文物保护法细则》。可见，我国文物工作纳入法规管理刚刚开始。但博物馆馆藏文物的管理情况，基本上仍缺乏章程。有些已发展到相当严重而引起社会普遍关注的文物被盗案，仍有隐瞒不报的情况，至于馆藏文物遭受霉害的事实，不仅不公之于世，甚至也不上报，详情难以知晓。只有在十分严重而又难以隐瞒的情况下，才公之于报刊。例如，河姆渡遗址的出土文物和自然博物馆的馆藏珍贵标本，因保护设施不完善或保管不力等原因，发生过的霉害情况。

馆藏文物保管设施较好和保管措施较为严密的故宫博物院，也存在文物遭受霉害的情况。文物霉害在1988年就发生过两起。

其一，一套清代雕花屏风因放在库房内的海绵上，被海绵中的积水浸泡，致使长满了霉菌，改变了颜色，花纹也模糊不清。

其二，在翻修库房时，正值雨季，屋顶漏水将一文物柜浇透，当保管人员发现时，整个文物柜已长满了白毛，有的已变成黑色，说明霉菌的孢子已成熟。柜中衣物经过洗晒看起来损伤不太严重，但实际上纤维的强度已大大降低，第二年天气刚转暖，这个文物柜连同衣物又长了霉。

文物的分类，相当复杂。既可按时代区分为史前文物和历史文物，细分之，又可冠之为旧石器时代文物、新石器时代文物、青铜时代文物及铁器时代文物。后二者还可以朝代区分为夏、商、西周、春秋、战国、秦汉……文物。又可按功能将文物区分为宗教建筑、生活民居、宫殿、官府衙门、生产工具、生活用具及礼乐兵器等。还可按所处环境分为地上、地下及馆藏文物等。又可按质地而区分为石、陶、瓷、金、银、铜、铁、锡、纸、竹、木、棉、麻、丝、皮等类。从文物保护角度来看，可将文物归为有机质地和无机质地两类。在一定条件下，最容易生霉的是那些有机质地文物，如纸、棉、麻、丝、竹、木、骨、皮、毛等。但在特殊环境下无机质地文物，如石窟、石刻等也出现过遭受霉害的情况。

我国历史悠久，民族众多，是古代文明大国。因而保留下来的文物数量之大，质量之精，规格之高，是世界少见的。同时，我国国土幅员辽阔，地跨热带、亚热带、温带及寒温带，文物所处自然条件相当复杂。加上改革开放以来形成的旅游热，往往以文物为主要目标。诸如此类情况，一再说明文物保护工作不仅是繁重的和复杂的，又是十分紧迫的。因此必须大力推进保护文物的科技研究，加强用科技手段保护文物，使文物延年益寿。

第二节　古建木结构发生腐朽的原因和条件

一、腐朽的原因

古建中的木结构常常发生腐朽，腐朽的部位经常是由通风不良、潮湿所致，如与地面接触的木柱，砌入墙内的横梁，以及漏雨的屋顶等。

木结构腐朽主要是由于危害木材的微生物侵害所致。我们把可以腐生在木材上的微生物统称为木材微生物。

在木材微生物中，细菌和放线菌虽然有的可以分解纤维素和木质素，但能使健全材腐坏的为数极少。而真菌对木材的破坏力、破坏速度要比细菌大得多，因此这里只谈真菌的破坏作用。

危害木材的真菌有1000多种，其中主要有表面污染菌、变色菌、软腐菌和木腐菌。

表面污染菌、变色菌、软腐菌等对木材的危害情况各不相同，但它们都属于子囊菌纲和半知菌类的真菌，而且它们的破坏情况又不能完全区分开来，因此统称为微型真菌。

表面污染菌：主要有木霉、青霉和曲霉等，一般在遭受侵害的木材表面，可看到一片片黑色或淡绿色的霉斑。在温暖潮湿的环境里，表面污染菌在木材上发展很快。表面污染菌只生长在木材的表面，菌丝没有危害木材细胞壁，所以对木材的强度影响不大。

变色菌：如松材青变菌和山毛榉材褐变菌，以及表面污染菌产生的颜色污染木材。在温湿环境中，只需要几周时间便可发生变色。针叶树材发生变色从浅蓝到铁灰色，而阔叶树材常变成暗棕色。变色主要发生在边材周围，变色菌的菌丝进入木材细胞内，是通过细胞壁上的纹孔，一般不破坏细胞壁，对木材强度影响不大，但影响木材的外观。

软腐菌：软腐菌在许多场合都可发生，如在水中使用的木材上，与土壤接触的木材上，高湿度环境中使用的木材上，及其他不适合担子菌（蘑菇类）生长的环境中使用的木材上，常引起木材表层软化，称为软腐朽。软腐菌分解木材中的纤维素，在木材细胞次生壁中形成空洞，对木材危害较大。但由于软腐朽主要发生在木材外表层，对深度方向进展较慢，因此对大断面材所受的损害相对小些。

以上微型真菌对环境的适应性强，能够生长的条件远比担子菌宽，而且有很高的侵染能力，如侵害木材3~6个月，也会造成木材百分之十几的重量减少。

木腐菌：木材腐朽主要是由木腐菌引起的。木腐菌多属于担子菌纲伞菌目和多孔目的真菌，如蘑菇、黑木耳、白木耳等。木腐菌主要有褐腐菌、白腐菌和干腐菌。

木腐菌是以木材细胞壁为养料，菌丝进入细胞时不是通过细胞壁上的纹孔，而是利用它所分泌的酶把细胞壁溶解成一个孔洞，然后菌丝再进入另一个细胞。很多菌丝溶解细胞壁就形成很多孔洞，最后木材细胞壁彻底破坏，使木材腐朽。

破坏性最大的腐朽为褐腐，是最危险的腐朽。由褐腐菌引起的褐腐，开始时木材颜色发暗，日久变暗褐色。

褐腐菌主要分解纤维素和戊聚糖，木质素变化不大，因木质素是褐色的，所以木材呈现褐色或红色。在褐腐材中纤维素可由原有约60%减少到约5%，随着腐朽程度的增加，木材的重量和强度逐渐降低。褐腐发生后重量减少率若超过20%，木材在弦向和径向都会明显收缩。褐腐后木材的细胞壁完全破坏，木材内部出现纵横断面，最后分离呈棱形小块或龟裂状，用手捻易变成粉末，不能承受压力，丧失使用价值。

引起木材白腐的真菌主要分解木质素，留下白色的纤维素，腐朽材呈白色。白腐发生后木材内部显出褐色或黑色细线，木材多少尚能维持原来的性质。

木结构房屋严重受害主要是干腐菌引起的，只要空气中的相对湿度适宜，干腐菌的孢子即可萌发，菌丝伸展侵入木材内部，菌丝像棉花一样覆盖在受害木的表面。干腐菌还能通过砖瓦、石造建筑和混凝土等设施去利用新的木质营养源。

干腐的木材其横向开裂明显，同时发生纵裂，出现块状腐朽特征。干腐菌喜欢不通风的环境，在该条件下它能自行控制湿度，这种菌适应性很强，在条件不适情况下，可长期潜伏。

木材腐朽的过程是木材有机物被菌类分解的过程。各种菌类对有机营养物有一定的要求，它们的酶也各具特性，在复杂有机物的分解过程中，具有不同特性的菌类是按次序进行作用的。日本布施等对木材上菌类的生长和演替过程进行实验研究，在木结构房屋的地面上埋进木桩，实验发现在桩的地上部与地面相接的地际部以及地下部的菌类演替过程是不同的，在桩的表面和内部情况也不一样。

这是由于桩的部位不同，其含水率等菌类生长条件不同，不同部位生长的微生物种类不同造成的。木材腐朽的过程地际部和地下部较快，中心部和地上部较慢[4~6]。

二、真菌类在木材上生长的条件

木材微生物是属于有机营养型（异养型）。木材的主要成分有20%~40%的木质素，40%~60%的纤维素，1%的矿物质及其他微量可溶于水的物质。木材中的纤维素、木质素可供给木材微生物丰富的碳源营养。木材中的蛋白质等高分子含氮物，可作为微生物的氮源营养，但木材中氮素含量很少，为0.03%~0.1%，对菌类生长氮素供给不足。尽管如此，木材腐朽仍能顺利进行，因为菌丝在生长过程中会发生自溶（担子菌），自溶所得的氮可被新的菌丝加以利用，木材中有限的氮素营养可以反复利用。木材中所含的矿物质、维生素等可以满足菌类生长的需要。

适当的水分是真菌孢子萌发的基本条件。菌类在木材上生长与木材本身的含水率有密切关系，一般木材腐朽菌的孢子萌发，大体需要纤维饱和点以上的含水率。木腐菌生长的最适含水率为40%~50%，最低含水率为15%~20%，最高含水率约150%。各种菌类能够适应的含水率范围是不同的。软腐朽可发生在含水率很高的木材上，变色菌生长允许的含水率在80%左右，而多数担子菌则要求比较低的湿度。一般说来，菌类的生活细胞（菌丝）对干燥比较敏感，抵抗力较差，干燥常可引起死亡。

木材微生物的生长繁殖需要在一定的温度范围内进行。木材腐朽菌的生长温度范围为5~40℃，最适宜的温度为25~30℃，不同种类的微生物需要的最适温度不同，但在温暖潮湿的环境中都能迅速地生长繁殖。

木材微生物是需氧微生物，完全没有氧气时就停止生长，真菌的生长繁殖一般都要求微酸性的环境（pH为4.5~5.5），通常木材是偏酸性的，很适合真菌的生长[5]。

第三节　霉腐微生物霉腐有机质文物的机理

霉腐微生物能引起非金属文物霉腐变质、材质性能降低。霉腐破坏的形式多种多样，破坏的材质形形色色。霉腐微生物作用的结果，严重的情况是使文物面目全非，乃至破坏殆尽。稍轻者，损害文物材质的化学成分与物理机械性能，并影响外观。

霉腐破坏文物的原因很复杂，现大致归纳四种情况。

（1）文物材质被微生物作为养分分解利用，直接引起破坏。微生物为了生存，需要从外界环境不断吸收营养物质，从中获得能量以合成细胞物质及调节自身的新陈代谢。有些小分子物质，如离子、单糖、氨基酸、甘油、有机酸、烃类等，微生物可以直接利用。对于文物材质中的高分子物质，如淀粉、蛋白质、纤维素、果胶、脂肪等，微生物会分泌出相应的胞外酶，如淀粉酶、蛋白酶、纤维素酶、果胶酶、脂肪酶等；把大分子物质水解成能溶于水的小分子物质后，再被微生物吸收利用。微生物对这些高分子物质分解吸收的过程，就是文物的材质被霉腐破坏的过程。有实验证明，由于霉菌活动的结果，纸张的牢固性在5天内就减低50%。图书散页、裱糊加固的字画部分脱落，是霉菌同化黏着物——淀粉、动物胶等造成的恶果。

（2）微生物在代谢过程中产生的有机酸使文物遭到酸腐蚀。微生物代谢过程中产生的有机酸有柠檬酸（主要是青霉属的许多种）、葡萄糖酸（主要是青霉属和曲霉属的某些种）、曲酸、乳酸、延胡索酸、丙酸、五倍子酸等。这些酸性代谢产物，使它周围环境的酸度增加，环境pH的变化对文物造成腐蚀。酸可以降低纤维素配糖键破裂的活化能，加快水解速度，在湿度大的条件下更为明显，使纤维素长链断裂，成为易碎的水解纤维素。因此，纸张、书画等文物变得陈旧，易于脆裂。

有些好氧性细菌或霉菌生长在石窟、石雕或壁画的微小裂缝中，它们在代谢过程中产生的多种有机酸直接对壁画及石质文物起风化破坏作用。同样，有机酸也会对金属文物产生腐蚀作用。

灰绿曲霉的孢子能够在显微镜、照相机、望远镜等光学仪器的透镜、棱镜和反射镜上萌发生长，分泌出的有机酸腐蚀镜头，影响光学仪器的性能。

（3）霉菌菌落产生的色素污染文物。有些霉菌在代谢过程中能产生色素。不同种类的霉菌产生色素的颜色各异，有红、黄、橙、绿、青、蓝、紫、褐、黑等颜色。色素把文物污染得五颜六色，形成难看的霉斑。又由于菌体本身的堆积或它所产生的黏性物质，形成蚀烂部位的高度吸湿性，文物的这些部位变软、发潮、发黏，并散发出难闻的霉烂气味，时间一久，还会使图书纸张粘连在一起，形成“书砖”。

（4）霉菌新陈代谢产生热量，加快文物破坏速度。霉菌是好氧微生物，能将一些有机物经三羧酸循环彻底氧化，生成二氧化碳和水，并释放出能量。其中一部分能量供霉菌生命活动的需要，另一部分能量则以热的形式散发出来，因而文物生霉的部分发热、发潮。由于这部分湿度增大和温度升高，进而促使霉菌生长繁殖加速，文物被霉腐破坏加速，形成恶性循环[7~12]。

第四节　腐蚀微生物腐蚀金属文物的机理

地下埋藏的铁、铜等金属文物，由于长期与水和土壤接触，会受到微生物的作用而腐蚀。

土壤中微生物种类多、数量大，有细菌、放线菌和真菌。每克表层土壤中含细菌几百万至几千万个，是土壤中菌类数量最多的一个类群。细菌参与土壤中新鲜有机质的分解，对蛋白质的分解能力很强（氨化细菌），并参与硫、铁、锰的转化。放线菌具有分解植物残体和转化碳、氮、磷化合物的能力，每克表层土壤含放线菌几十万至几百万个。土壤中常见的真菌有青霉、曲霉、镰刀菌和毛霉等属，这些真菌参与土壤中淀粉、纤维素等有机大分子的分解以及腐殖质的形成和分解。每克表层土壤含真菌几千至几万个。

许多微生物都能分解蛋白质，蛋白质分解产生的氨，及微生物新陈代谢产生的多种有机酸，对金属文物都有腐蚀作用。

参与或促进金属腐蚀过程的微生物叫腐蚀微生物。

腐蚀微生物主要是在自然界中参与硫、铁元素循环的菌类，包括好氧菌和厌氧菌。好氧菌有硫杆菌属，如氧化硫杆菌、氧化亚铁硫杆菌和排硫硫杆菌等，它们分布于含硫的酸性矿水、土壤及海洋淤泥中，通过氧化元素硫和还原性硫化物，最终产生硫酸，导致金属强烈地酸腐蚀，腐蚀速度与产酸结果存在对应关系。

$4S + 6O_2 + 4H_2O \longrightarrow 4H_2SO_4$　　（氧化硫杆菌氧化元素硫产酸）

$H_2SO_4 \longrightarrow 2H^+ + SO_4^{2-}$　　（硫酸离解）

$Me \rightleftharpoons Me^+ + e$　　（金属阳极反应）

$2H^+ + 2e \rightleftharpoons H_2$　　（酸性下阴极氢去极化）

由于氧化硫杆菌的存在不断提供氢离子，氢离子放电的阴极过程能顺利进行，使腐蚀继续下去。

造成氧差电池引起金属腐蚀的细菌，主要是铁细菌，铁细菌氧化水中溶解的和金属微电池腐蚀出来的亚铁成高铁化合物。高铁化合物覆盖了部分金属表面造成氧浓度的梯度，形成氧差电池。高铁化合物沉积覆盖下的缺氧区为腐蚀电池的阳极区（金属溶解区），其表面周围氧浓度高的部分为阴极区（电子传递处），腐蚀的结果形成大锈瘤。

腐蚀金属的厌氧菌主要是硫酸盐还原菌，它广泛分布于 pH 为 6～9 的土壤、淡水、海水、淤泥中，在金属腐蚀中出现最多的是脱硫弧菌，它将自然中存在的硫酸盐还原成硫化物。硫酸盐还原菌分解含硫的有机物产生硫化氢，硫化氢对金属文物有腐蚀作用。在土壤中有氧或缺氧情况下都会由微生物产生单质硫。在有氧时，一些硫细菌能氧化硫化物产生硫，在缺氧时，硫酸盐还原菌能使硫酸盐还原产生硫。单质硫会使铁等金属很快腐蚀。

生物腐蚀破坏金属文物的过程是诸多方面共同作用的结果，有时是直接发生的，有时是间接发生的，但对于某一具体文物的腐蚀作用而言，可能只有一方面是主要的[11,13]。

第二章　霉腐微生物

微生物是对所有形体微小，包括结构简单的多细胞生物、单细胞生物、甚至没有细胞结构的低等生物等的总称。因此，微生物类群十分庞杂，种类繁多。按其细胞结构可分为原核微生物和真核微生物。

原核微生物包括细菌、放线菌、蓝细菌及其相近微生物，如立克次氏体、支原体、衣原体、螺旋体、黏细菌等。真核微生物包括真菌界的霉菌和酵母菌，还有单细胞藻类和原生动物等。

什么是霉腐微生物？凡能引起非金属物霉腐变质，性能降低甚至完全损坏的微生物，都属于霉腐微生物。主要是腐生型和兼性腐生型微生物，也有一些化能自养微生物。霉腐微生物包括真核生物界的霉菌和酵母菌，也包括原核生物界的放线菌和细菌。

何种文物被何种微生物所腐坏，取决于组成文物的化学成分和其周围环境的温度、湿度等因素。例如，在水域和土壤中以细菌、酵母菌和放线菌为主，地表大气环境中则以放线菌、丝状真菌为主。腐坏馆藏文物的霉腐微生物主要是霉菌。霉菌通过各种酶系分解各种文物中的非金属部分，使文物遭到破坏。

第一节　霉腐微生物的形态、结构与繁殖

一、细　　菌

细菌是自然界中分布最广、数量最多，与人类关系最密切的一类微生物。日常生活中出现的乳、蛋、肉类食品变质，食物中毒、墨汁发臭、抹布发黏，某些传染病的发生，铁、铜、铝等金属制品的腐蚀等，主要是细菌活动的结果。

细菌是最小的细胞生物，是真正能独立生活、自行繁殖的生物。

（一）细菌的形态和排列

尽管细菌种类繁多，就单个有机体而言，其基本形态可分为球形、杆形与螺旋形三种，分别被称为球菌、杆菌和螺旋菌。

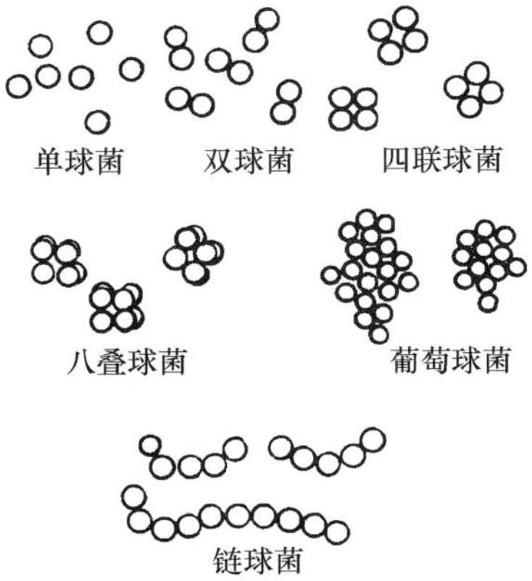

图 2-1　球菌的种类（引自无锡轻工业学院等《微生物学》，1990）

1. 球菌

细胞呈球形或椭圆形（图 2-1）。它们中的许多种，在分裂后产生的新细胞常保持一定的空间排列方式，在分类鉴定上有重要意义。

（1）单球菌。细胞沿一个平面分裂，新个体分散而单独存在。

（2）双球菌。细胞沿一个平面分裂，新个体成对排列。

（3）链球菌。细胞沿一个平面分裂，新个体不但可保持成对的样子，并可连成链状。

（4）四联球菌。细胞分裂沿两个互相垂直的平面进行，分裂后四个细胞特征性地连在一起，呈田字形。

（5）八叠球菌。细胞沿三个互相垂直的方向进行分裂，分裂后每八个细胞特征性地叠在一起呈一个立方体。

（6）葡萄球菌。细胞无定向分裂，多个新个体形成一个不规则的群集，犹如一串葡萄。

2. 杆菌

细胞呈杆状或圆柱形（图 2-2）。各种杆菌的长度与直径比例差异很大，有的粗短，有的细长。短杆菌近似球状，长的杆菌近丝状。一般来说，同一种杆菌其粗细比较稳定。有的杆菌很直，有的稍弯曲，有的两端截平，有的略尖，有的半圆。

杆菌细胞常沿一个平面分裂，大多数菌体分散存在，但有的杆菌呈长短不同的链状，有的一个紧挨一个呈栅栏状或八字形。

杆状菌是细菌中种类最多的。工农业生产中所用的细菌大多是杆菌。杆菌中也有不少是致病菌。

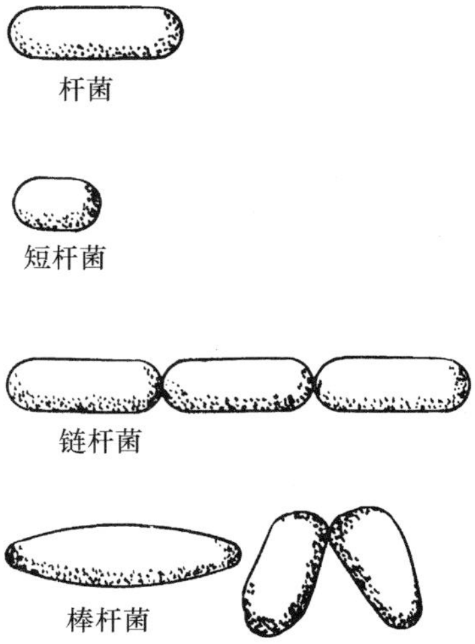

图 2-2　杆菌的种类（引自无锡轻工业学院等《微生物学》，1990）

3. 螺旋菌

图 2-3　螺旋菌的种类（引自无锡轻工业学院等《微生物学》，1990）

细胞呈弯曲杆状的细菌统称螺旋菌（图 2-3）。螺旋形细菌细胞壁坚韧，菌体较硬，常以单细胞分散存在。不同种的细胞个体，在长度、螺旋数目和螺距等方面有显著区别，据此可再分为弧菌与螺旋菌两种形态。

弧菌。菌体只有一个弯曲，其程度不足一圈，犹如“C”字，或似逗号。这类菌往往与一些略弯曲的杆菌很难区分。

螺旋菌。菌体回转如螺旋状。螺旋数目和螺距大小因种而异。有的菌体较短，螺旋紧密；有些很长，并呈现较多的螺旋和弯曲。

弧菌往往为偏端单生鞭毛或丛生鞭毛，而螺旋菌两端都有鞭毛。

球菌、杆菌和螺旋菌是细菌的三种基本形态。此外，还有其他形态的细菌。细菌的形态明显地受环境条件的影响，如培养温度、培养时间、培养基的组成与浓度等。这些条件发生改变，均可能引起细菌形态的改变。一般处于幼龄阶段和生长条件适宜时，细菌形态正常、整齐，表现出特定的形态。在较老的培养物中，或不正常的条件下，细胞常出现不正常形态，尤其是杆菌，有的细胞膨大，有的出现梨形，有的产生分枝，有时菌体显著伸长以至呈丝状等，这些不规则的形态统称为异常形态。若将它们转移到新鲜培养基中或适宜的培养条件下，又可恢复原来的形态。

（二）细菌的大小

细菌大小随种类不同差别很大。有的与最大的病毒粒子大小相近，在光学显微镜下勉强可见，有的与藻类细胞差不多，几乎肉眼就可辨认，但多数细菌居于两者之间。

尽管细菌细胞微小，但采用显微镜测微尺能较容易、较准确地测量出它们的大小；也可通过照相制成图片，再按放大倍数测算。球菌大小以其直径表示，杆菌和螺旋菌以其长度与宽度表示。螺旋菌的长度是菌体两端点间的距离，而不是真正的长度，它的真正长度应按其螺旋的直径和圈数来计算。

微米是测量细菌大小的常用单位。最小的细菌只有 0.2μm，最大的可达 80μm，但一般不超过几微米。球菌直径多为 0.5～1μm；杆菌直径与球菌相似，长度约为直径的 1 倍或几倍。杆菌还可细分为小型杆菌［（0.2～0.4）μm×（0.7～1.5）μm］、中型杆菌［（0.5～1）μm×（2～3）μm］和大型杆菌［（1～1.25）μm×（3～8）μm］；螺旋菌为［（0.3～1）μm×（1～50）μm］。

细菌中最普遍的是杆菌，它们的平均长度约 2μm，1500 个杆菌头尾衔接起来仅有一颗芝麻长。它们的平均宽度为 0.5μm，60～80 个杆菌“肩并肩”地排列成横队，也只能抵上一根头发丝的宽度。细菌的体重很轻，每毫克细菌有 10 亿～100 亿个。

同一种细菌其大小，在不同书中记载的常有差异，这不仅是由于细菌个体大小不一，也与所用固定染色的方法有关。经干燥固定的菌体比活菌体的长度一般要缩小 1/4～1/3；若用衬托染色法，其菌体往往大于普通染色法，甚至比活菌体还大，具有荚膜的细菌最易出现这种现象。由此可知，细菌大小的记载常是平均值或代表性数值。

影响细菌形态变化的因素同样也影响细菌的大小。除少数例外，一般幼龄细菌比成熟的或老龄的细菌大得多。例如，枯草杆菌，培养 4h 的比培养 24h 的细胞长 5～7 倍，但宽度变化不明显。细菌大小随菌龄而变化，这可能与代谢废物积累有关。另外，培养基中渗透压增加也会导致细胞变小。

（三）细菌的繁殖

裂殖是细菌最普遍、最主要的繁殖方式，通常表现为横分裂。

细菌从周围环境中选择性地吸收营养物质，在一连串的生化合成反应中，把进入细胞的营养物质转变成 DNA、RNA、蛋白质、酶及其他大分子。细胞物质增多，细胞体积增大，新的细胞壁物质合成，使菌体开始分裂过程，最后形成两个大小基本相等的子细胞。

除无性裂殖外，细菌也存在着有性接合，但频率很低，主要以裂殖方式进行无性繁殖。

细菌的形体很小，肉眼看不见细菌的单个细胞。但当把少数细菌（或孢子）接种到固体培养基表面后，如果条件适宜，便迅速生长繁殖。由于细胞受到固体培养基表面或深层的限制，繁殖的菌体常以母细胞为中心聚集在一起，形成一个肉眼可见的、具有一定形态结构的子细胞群体，称为菌落。

不同种的细菌所形成的菌落形态不同，同一种细菌常因培养基成分、培养时间等不同，菌落形态也有变化。但是，各种细菌在一定培养条件下形成的菌落具有一定特征。菌落的特征，对菌种识别、鉴定都有一定意义。菌落的形态在一定程度上也反映了细菌细胞的形态。不能运动的细菌形成小而较隆起的菌落；有鞭毛的细菌，因能借固体培养基表面的一层水膜而微微运动，因而常形成表面皱褶、边缘不规则的扁平菌落。产荚膜的细菌所形成的菌落，表面湿润、有光泽、黏液状，称为光滑型菌落。不产生荚膜细菌形成的菌落表面较干燥、粗糙，称为粗糙型菌落。

二、放 线 菌

放线菌是介于细菌与丝状真菌之间而又接近于细菌的一类丝状原核生物，因菌落呈放射状而得名。

放线菌多为腐生，少数寄生，与人类的关系十分密切。腐生型在自然界物质循环中起着相当重要的作用，而寄生型可引起人、动物、植物的病害，如由一些放线菌引起马铃薯疮痂病、动物皮肤病、肺部感染、脑膜炎等。放线菌具有特殊的土霉味，易使水和食品变味。有的能破坏棉毛织品、纸张等，给人类造成经济损失。

放线菌最突出的特性之一是能产生大量的、种类繁多的抗生素。据估计，全世界共发现5000多种抗生素，其中绝大多数由放线菌产生。抗生素是主要的化学疗剂，现在临床使用的抗生素种类占西药总数的1/2以上。有的放线菌还用于生产维生素、酶制剂。在污水处理等方面也有应用。

1. 放线菌的分布

放线菌常以孢子或菌丝状态极其广泛地存在于自然界。不论数量和种类，都以土壤中最多。据测定，每克土壤可含数万至数十万个孢子，一般在中性或偏碱性的土壤及有机物丰富的土壤中较多。它适宜在含水量较低的土壤内生长。

河流和湖泊中，放线菌数量不多。海洋中的放线菌多半来自土壤或生存在漂浮海面的藻体上。海水中有耐盐放线菌。

大气中存在着大量的放线菌丝和孢子。动植物体、衣物及食品等表面都有大量的放线菌存在。食品上的放线菌能在比较干燥、温暖的条件下大量繁殖，使食品腐坏，散发出刺鼻的霉味。反刍动物的肠道内有着大量的放线菌，它们可能是肠道内定居的微生物。堆肥中有高温放线菌。

2. 放线菌的形态与结构

放线菌菌体为单细胞，大多由分枝发达的菌丝组成（图2-4）。菌丝直径与杆状细菌差不多，大约1μm。放线菌菌丝细胞的结构与细菌基本相同，根据菌丝的形态和功能可分为营养菌丝、气生菌丝和孢子丝三种。

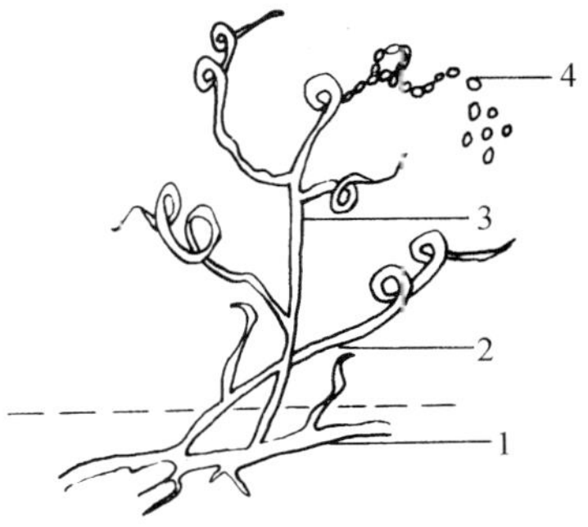

图2-4 放线菌的形态（引自杨洁彬《食品微生物学》，1989）
1. 基内菌丝；2. 气生菌丝；
3. 孢子丝；4. 孢子

营养菌丝：匍匐生长于培养基内，主要生理功能是吸收营养物。营养菌丝有的产生黄、橙、红、紫、蓝、绿、褐、黑等不同色素，若是水溶性色素，可透入培养基内，将培养基染成相应的颜色，如果是脂溶性色素，则使菌落呈现相应的颜色。色素的有无和颜色是鉴定菌种的重要依据。

气生菌丝：营养菌丝体发育到一定时期，长出培养基外并伸向空间的菌丝为气生菌丝。气生菌丝可覆盖整个菌落表面，直径比营养菌丝粗，为 1 ~ 1.4μm，直形或弯曲而分枝，有的产生色素。

孢子丝：当气生菌丝发育到一定阶段，其上分化出孢子丝，可形成孢子。孢子丝的形状和在气生菌丝上的排列方式，随菌种而异，是放线菌鉴定的重要依据。

放线菌的菌落由菌丝体组成，一般圆形、光平或有许多皱褶，在显微镜下观察，菌落周围具辐射状菌丝。

3. 放线菌的繁殖方式

放线菌主要通过形成无性孢子的方式进行繁殖，也可借菌体断裂片段繁殖。

放线菌发育到一定阶段，一部分气生菌丝形成孢子丝，孢子丝成熟便分化形成许多孢子，称为分生孢子。孢子产生的方式有以下几种主要形式。

（1）凝聚分裂形成凝聚孢子。形成过程是孢子丝胞壁内的原生质围绕核物质，从顶端向基部逐渐凝聚成一串体积相等或大小相似的小段，小段收缩，并在每段外面产生新的孢子壁，形成圆形或椭圆形的孢子。孢子成熟后，孢子丝壁破裂，释放出孢子。多数放线菌按此方式形成孢子。

（2）横壁分裂形成横壁孢子。单细胞孢子丝长到一定阶段，在孢子丝中产生横隔膜，然后在横隔膜处断裂形成孢子，称横隔孢子。

（3）有些放线菌首先在菌丝上形成孢子囊。在孢子囊内形成孢子，孢子囊成熟后破裂，释放出大量的孢囊孢子。孢子囊可在气生菌丝上形成，也可在营养菌丝上形成。

（4）某些放线菌偶尔也产生厚壁孢子。

放线菌孢子具有较强的耐干燥能力，但不耐高温，在 60 ~ 65℃ 的温度下处理 10 ~ 15min 即失去生活能力。

三、酵　母　菌

酵母菌是一群单细胞的真核微生物，通常以芽殖或裂殖来进行无性繁殖的单细胞真菌。

酵母菌广泛应用于食品、医药、化工、饲料等各方面，在国民经济中有重要作用。酵母菌是人类实践中应用比较早的一类微生物，我国古代劳动人民就利用酵母菌酿酒、做馒头。由于酵母菌细胞含有丰富的蛋白质、维生素和各种酶类，所以也是医药和化工方面的重要菌种。

酵母菌对人们有益，但也常给人类带来危害。腐生型酵母菌能使食品、纺织品和其他原料腐败变质，少数酵母菌还能引起人、动物、植物的病害。

1. 酵母菌的形态和大小

大多数酵母菌为单细胞，一般呈卵圆形、圆形、圆柱形或柠檬形（图 2-5)。大小为（1～5）μm×（5～30）μm，比细菌的单细胞个体要大得多，最长的可达 100μm。各种酵母菌有其一定的大小和形态，但也随菌龄及环境条件而异。即使在纯培养基中，各个细胞的形状、大小亦有差别。

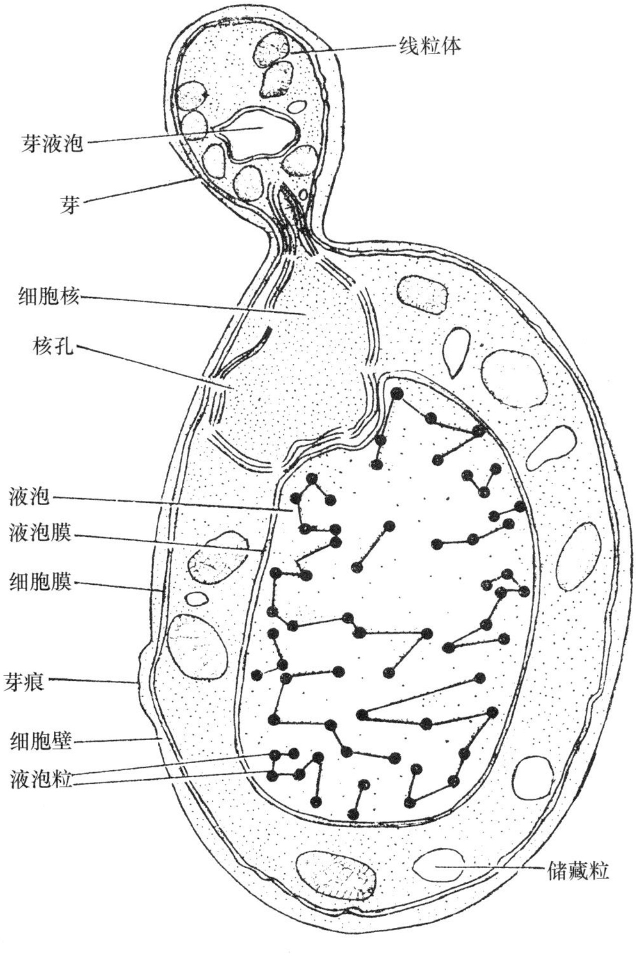

图 2-5 电子显微镜下的酿酒酵母细胞结构示意图
（引自余永年《真菌分类学大纲》，1980）

有些酵母菌细胞与其子代细胞连在一起成为链状，称为假丝酵母。酵母菌无鞭毛，不能游动。

2. 酵母菌的菌落特征

大多数酵母菌的菌落特征与细菌相似，但比细菌菌落大且厚，菌落表面光滑、湿润、黏稠。有的酵母菌如培养时间太长，菌落表面呈皱缩状。菌落多为乳白色，仅有少数呈红色。酵母菌菌落特征是分类鉴定的重要依据。

3. 酵母菌的繁殖

酵母菌属于真核生物，既具有无性繁殖，又具有有性繁殖。无性繁殖主要为芽殖或为裂殖，有的可形成厚垣孢子或节孢子。

芽殖：出芽时首先由酵母细胞核下的液泡产生一根小管，同时在细胞表面形成一个小的突出体。小管可穿过细胞壁进入突出体，母细胞的细胞核分裂成两个子核。一个随母细胞的细胞质进入突出体内，当芽细胞个体长大，到接近母细胞的大小时，子细胞基部收缩，最后自母细胞脱落。如果酵母菌生长旺盛，在芽细胞尚未自母细胞脱落前，即可在芽细胞上长出新的芽细胞，如此继续出芽，形成串生细胞或假菌丝。

裂殖：即分裂繁殖，过程是首先细胞延长，核分裂为二，细胞中央出现隔膜，形成两个子细胞。

有性生殖：酵母菌的有性繁殖为产生子囊和子囊孢子。其过程是两个邻近的酵母细胞，各伸出一根管状的原生质突起，相互接触、融合。并形成一个通道，两个细胞核在此通道内结合，形成双倍体细胞核，并随即进行减数分裂形成 4 个或 8 个细胞核。每一个核和其周围的细胞质形成孢子，即为子囊孢子，形成子囊孢子的细胞称为子囊。子囊孢子又可萌发生长成单倍体营养细胞。子囊孢子的数目和形状是酵母菌鉴定的依据。

四、霉　　菌

凡生长在营养基质上形成绒毛状、蜘蛛网状或絮状菌丝体的真菌，统称为霉菌。霉菌包括分类学上很不相同的许多真菌。它们分别属于藻状菌纲、子囊菌纲和半知菌类。

1. 霉菌的形态结构

霉菌的菌体由菌丝构成，菌丝可无限伸长和产生分枝，分枝的菌丝相互交织在一起，形成了菌丝体。

霉菌的菌丝（图2-6）有两类：一类菌丝中无隔膜，整个菌丝体可看成一个多核的单细胞，如低等种类的根霉、毛霉等。另一类菌丝体有横隔膜，每一段就是一个细胞，整个菌丝体是由多细胞构成，多数霉菌都属于这一类。

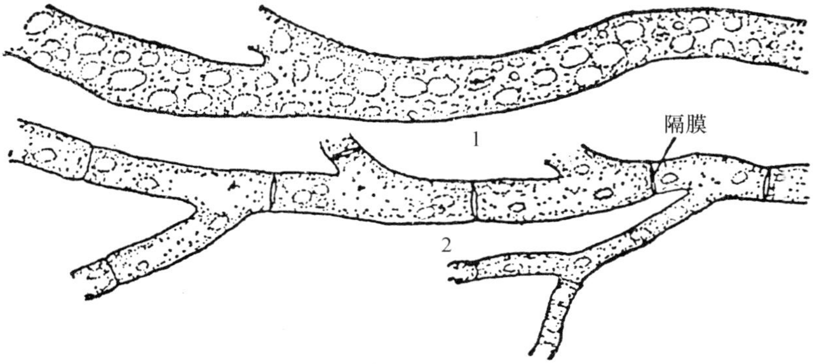

图2-6　营养菌丝（引自微生物学编写组《微生物学》，1992）
1. 无隔菌丝的一部分；2. 有隔菌丝的一部分

霉菌菌丝的宽度一般为2～10μm，比细菌或放线菌宽几倍至几十倍。

霉菌的菌丝可以分化成特殊的结构或组织。在固体培养基上，一部分菌丝伸入培养基内吸收营养，称营养菌丝；另一部分菌丝伸出培养基外，称为气生菌丝。一部分气生菌丝到一定生长阶段，分化为繁殖菌丝，产生各种孢子。霉菌主要依靠各种孢子进行繁殖。孢子分无性和有性两种，无性孢子是直接由生殖菌丝分化形成；有性孢子是通过两个性细胞结合而形成。孢子的形状、大小和颜色多种多样，孢子的特征是真菌分类的重要依据。

2. 霉菌的菌落

霉菌的气生菌丝较疏松地暴露在空气中，因而形成干燥、疏松和不易从培养基中挑出菌丝的菌落。

霉菌的菌丝细胞较粗长，生长速度较快，形成的菌落较大，一般比细菌菌落大几倍到几十倍。

由于霉菌形成的孢子有不同的形状、构造和颜色，所以菌落表面往往呈现出肉眼可见的不同结构与色泽特征。有的霉菌会分泌不同的水溶性色素扩散到培养基中，因此菌落的反正面呈现不同的色泽。

一些生长较快的霉菌，越接近菌落中心处的菌丝，其生理年龄越大，常较早形成孢子，而使颜色较深；菌落边缘处菌丝最年轻，白色的气生菌丝是未经分化的，所以菌落的周围就形成淡色圈，有时随着菌落的扩大形成一系列的同心圆。有的霉菌菌丝在基质表面扩散极快，在条件适合时，很快布满全部基质的表面，以致无法看到菌落，如根霉、毛霉等。

各种霉菌在一定培养基上形成的菌落形状、大小、颜色等相对稳定。菌落特征是鉴定霉菌的重要依据之一[14~16]。

霉菌、酵母菌都是真菌，属真核微生物。真菌的菌丝比放线菌粗约10倍，菌丝是同型细胞的群体，细胞之间没有深刻分化，个体结构简单。这些结构特点表明真菌具有原生生物的基本特点。

真菌分布广，几乎到处都有真菌存在，而且其数量大得惊人。

真菌只能利用体外有机营养源，因此，必须向外界分泌大量的各种各样的水解酶，在体外将有机物水解为可吸收的营养。所有的真菌都实行胞外体外消化，间接获得营养。它们能够分解各种有机物质，特别是分解纤维素、半纤维素、木质素等更有特色，因而在自然界进行着缓慢而持续不断地物质转化作用。由于它们的活动，使动物特别是植物的残体，又重新变为植物的养料，使绿色植物得以茂盛地生长，对人类提供了间接的帮助。

真菌生活史中最重要的特点是有发达的无性繁殖机能，因此能广泛的分布，高速增殖于各种有机物质或动、植物残体上，在高温高湿季节，各种衣物、有机质地材料、物品等都可能发霉，造成巨大损失。

第二节　霉腐微生物的细胞结构与功能

在霉腐微生物中，细菌、放线菌属原核微生物，原核微生物是由原核细胞构成。酵母菌和霉菌属真核微生物，真核微生物是由真核细胞构成。原核细胞结构简单，种类较少，真核细胞结构复杂，种类繁多。原核细胞与真核细胞在结构上有重大区别。

一、原核细胞

细菌是单细胞原核生物，下面以细菌细胞为例叙述原核细胞的结构与功能。

细菌的细胞结构（图2-7）可分两部分。一是不变部分或基本结构，如细胞壁、细胞膜、细胞核和核糖体，为全部细菌细胞所共有；二是可变部分或特殊结构，如鞭毛、伞毛、荚膜、芽孢和气泡，这些结构只在部分细菌中发现，可能具有某些特定功能。

（一）细胞壁

细胞壁位于细胞表面，内侧紧贴细胞膜的一层较为坚韧、略具弹性的结构。

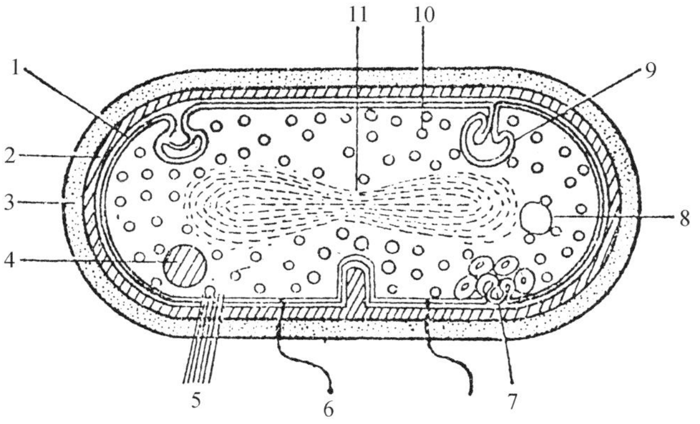

图 2-7　细菌细胞结构模式图（引自陈铁华等《微生物学》1992）

1. 细胞质膜；2. 细胞壁；3. 荚膜；4. 异染颗粒；5. 伞毛；6. 鞭毛；7. 色素体；8. 脂质颗粒；9. 中体；10. 核糖体；11. 原核

占细胞干重的 10%～25%。细胞壁的厚度一般为 10～80nm（10^{-9}m）。

细胞壁具有保护细胞免受机械性或渗透压的破坏，维持细胞外形的功能。失去细胞壁后，各种形状的细菌都将变成球形，称为原生质体。原生质体仍保留细胞大部分生理功能，但十分脆弱，在低渗溶液中很快会破裂。

对有鞭毛的细菌来说，细胞壁的存在是鞭毛运动的必要条件。具有鞭毛的细菌失去细胞壁后，可仍保持其鞭毛，但不能运动，细胞壁可能为鞭毛运动提供可靠的支点。细菌在一定范围的高渗溶液中原生质收缩，出现质壁分离现象，在低渗溶液中，细胞膨大，但均不会改变形状或破坏，这些都与细胞壁具有一定坚韧性和弹性有关。细胞壁是多孔性的，具一定屏障作用，水和某些化学物质可以通过，但对大分子物质有阻拦作用。

（二）细胞膜

细胞膜也称细胞质膜或原生质膜，简称为质膜，是紧靠在细胞壁内侧，在细胞壁与细胞质之间的一层柔软而富有弹性的半渗透性薄膜。细胞膜厚度一般为 5～8nm。细菌细胞膜约占细胞干重的 10%。细胞膜主要由蛋白质（含 60%～70%）和脂质（主要是磷脂，含 20%～30%）组成，此外还有少量的糖类物质、固醇类物质以及核酸等，构成精细的膜结构。

细胞膜的进化形成，使细胞成为一个完整的统一体，而摆脱了物质随机聚散的状态，使体内变化与体外变化区分开来。使细胞内在的生命活动就此成为可能，代谢活动能够有效率地实现，是生命存在的关键。

细胞膜的主要生理功能是控制细胞内外的物质交换，是选择通透性膜。控制营养物质和代谢物质进出细胞，使细菌能在它生存的环境中吸取所需的营养物质，排出废物或过多的物质。细胞膜上与呼吸有关的酶系，起电子传递和氧化磷酸化功能，是细胞能量供应的重要来源。细胞膜也参与细胞壁和荚膜的生物合成。

除细胞膜外，很多细菌还具有内膜系统，包括中体（或称间体）、载色体、羧酶体、类囊片等。

在细胞质中由一个或数个较大的、不规则的层状、管状或囊状物组成的称中体。它是细菌细胞质中主要的、典型的单位膜结构，与细胞膜连接，是细胞膜有些内褶或反转埋于细胞质内而形成的。

对中体的生理功能还不完全清楚。据推测它可能是呼吸作用的电子传递系统的中心，相当于高等生物的线粒体，有人称之为“拟线粒体”。中体可能与细胞壁合成、DNA 复制、核分裂及芽孢的形成有关。

（三）细胞质及其内含物

细胞质是包于细胞膜内，除核质体外的一种无色透明的胶状物。细胞质的主要成分是水、蛋白质、核酸、脂类及少量的糖类和无机盐。细菌细胞质内核糖核酸含量较高。

细胞质是细菌的内在环境，含有各种酶系统，是细菌进行新陈代谢的主要场所。

细胞质内存在各种内含物，它们是细胞蛋白质的合成场所，细胞的储藏物质或代谢产物。

1. 核糖体

核糖体是细胞蛋白质的合成场所，它是由 RNA（核糖核酸，占 60%）和蛋白质（占 40%）组成。核糖体大小不一，形状也不尽相同，有卵圆形或不规则形。核糖体数目很多，如一个大肠杆菌细胞中就含有 5000 个左右。在生长旺盛的细胞中，核糖体成串联在一起，称为多聚核糖体。

2. 气泡

在海洋和湖泊中的某些细菌有气泡，其功用相当于鱼鳔，与菌体的沉浮有关。

3. 载色体

载色体是光合细菌进行光合作用的部位，相当于绿色植物的叶绿体。主要化学组成是蛋白质和脂类，含有菌绿素、类胡萝卜素等色素以及光合磷酸化所需的酶系和电子传递体。

在蓝细菌细胞中还具有类囊体，由单位膜组成，上面含有叶绿素、类胡萝卜素等光合色素和有关酶类，称光合作用膜，是蓝细菌进行光合作用的场所。

4. 各种储藏物

储藏物中一类是作为碳源和能源的有机高聚物，如肝糖颗粒可作为细胞的能源；一类为异染颗粒，是无机偏磷酸盐的高聚物，当环境中缺磷时可作为磷的补充来源；第三类是硫粒，存在于一些硫细胞中，可被细菌重新利用以获得能量。

菌体内各种储藏物的含量随菌龄和环境条件的变化而不同。一般细菌生长旺盛时，累积较少；当细菌衰老时，含量增多；当环境中营养贫乏时，又可重新利用。

（四）核质体

细菌属原核微生物，没有完整的核结构，不具核膜和核仁，因此没有固定的形状。染色体是由一条双链螺旋的 DNA（脱氧核糖核酸）构成，环状，互相扭成一团形成核区，DNA 不与蛋白质相结合形成核蛋白。核区内 DNA 记载了细菌自身繁殖代谢和合成生活上所不可缺少的蛋白质和酶的信息。它既是核酸的代谢中心，又是遗传信息储存和发放中心，它的功能是传递遗传性状。

核质体（类核或拟核）一般位于细胞的中央部分，呈球状、棒状或哑铃状。

很多细菌的核质体外还有遗传物质，是环状的 DNA 分子，称为质粒。质粒在细胞质中可单独存在，也可附着在核质体上，能自行复制，它们控制着细菌的许多遗传性状。质粒可以从细胞中丢失而不影响细菌的生活。

在基因工程中，分离出的目的基因或人工合成的基因要转移给受体细胞，都必须有载体的帮助，常用的载体是细菌的质粒或噬菌体。质粒和噬菌体都能进入细菌细胞，在细菌体内复制，并将它携带的遗传密码转录和翻译出来。

（五）鞭毛

某些细菌的表面，长着一种从细胞内伸出的细丝状物称为鞭毛，鞭毛通过细胞膜和细胞壁伸出体外。构成鞭毛的主要成分是蛋白质（微管蛋白），还含有少量多糖，或可能有脂类。

鞭毛是细菌的运动“器官”，但并非生命活动所必需。它极易脱落，除去鞭毛对细菌生存毫无影响。

球菌中多数不生鞭毛，杆菌中有的生鞭毛，有的不生鞭毛。弧菌和螺旋菌都生鞭毛。鞭毛着生的位置、数目与排列是细菌种的特征，具有鉴定意义。

（六）荚膜

有些细菌在细胞壁表面覆盖一层疏松、透明的黏液性物质，称为荚膜。用理化方法去除荚膜后，并不影响细菌细胞的生命活动。

荚膜的形成与环境条件密切相关，产荚膜的细菌常给食品与物品带来污染。荚膜的有无也是鉴定细菌的依据。

（七）芽孢

某些细菌到一定的生长阶段，在细胞内形成一个圆形、椭圆形或圆柱形的休眠体，称为芽孢。由于细菌的芽孢都在细胞内形成，又称内生孢子。每一个细菌只产生一个芽孢，因此芽孢不是细菌的繁殖方式。

芽孢的形状、大小和位置，是鉴定细菌的重要依据。各种细菌的芽孢，在菌体内均有一定位置，有的位于细胞的中央，有的位于细胞的顶端，或位于中央与顶端之间。

形成芽孢的能力，是由细菌的遗传特性决定的，也与环境条件有密切关系。芽孢含水量很低，有厚而致密的芽孢壁，芽孢中含有大量的吡啶-2，6-二羧酸钙，因此芽孢对干燥、高温和化学药品都具有很强的抵抗力。有的芽孢，在一定条件下可保持活力数年至数十年之久。

当芽孢在细菌体内成熟后，菌体崩解，芽孢被释放出来，遇适宜环境芽孢又发育成为细菌营养体。

二、真核细胞

细胞（图 2-8）是生物体的基本构成单位，又是生命活动的基本单位。

真核生物种类变化多端，但基本结构却一样，都是由细胞构成的。生命的各种活动，如生长、发育、繁殖、对外界刺激的反应、物质代谢、能量传递等，都是在细胞这个生命单位中实现的。

真核细胞有定形的细胞核；细胞质内有由膜系统构成的细胞器；细胞内有明显的分工，提高了工作效率；细胞之间有分化，分化了的细胞，一般彼此不能互相转化，也不能互相代替。

（一）细胞膜

任何细胞都以一层薄膜将原生质与环境分开，这层膜称细胞膜或质膜。

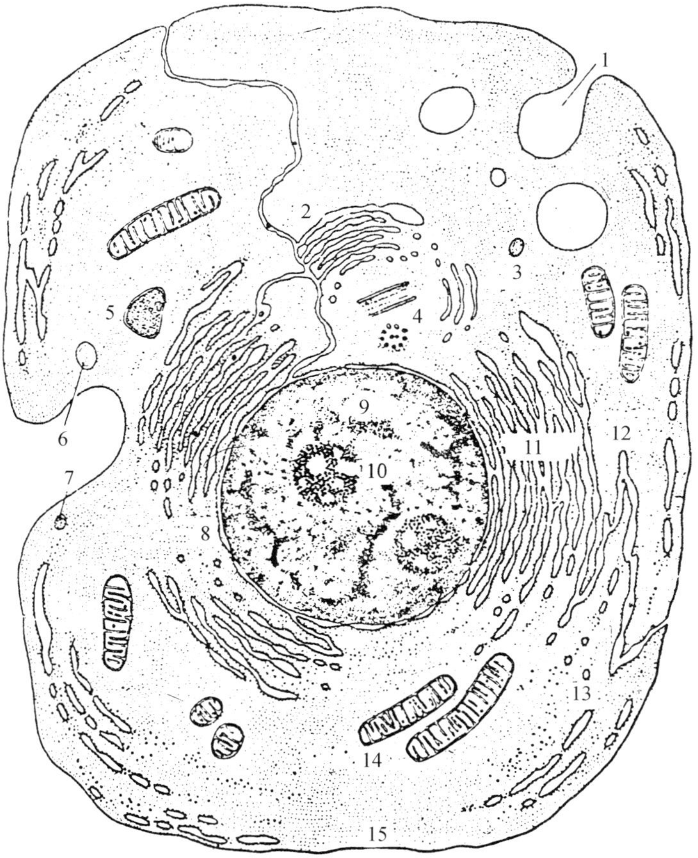

图 2-8　电子显微镜下的动物细胞的模式图（引自中国科学院动物研究所细胞研究室《细胞》，1978）

1. 胞饮泡；2. 高尔基器；3. 分泌泡；4. 中心粒；5. 溶酶体；6. 磷脂储存粒；7. 中性类脂储存粒；8. 核膜；9. 核；10. 核仁；11. 内质网；12. 附着于内质网上的核糖核蛋白体；13. 细胞质基质；14. 线粒体；15. 质膜

在真核细胞中，除了质膜以外，细胞内还有构成各种细胞器的膜，称为细胞内膜，细胞膜也称为外周膜。外周膜和细胞内膜统称为生物膜。

质膜的出现是生命进化过程中的关键阶段，没有质膜，细胞的生存是不可能的，质膜最基本的作用是维持细胞内微环境的相对稳定，并与外界环境不断地进行物质交换，能量和信息的传递，对细胞的生存、生长、分裂、分化都至为重要。

1. 质膜的化学组成

质膜主要由蛋白质（包括酶）和类脂组成，还有少量的多糖和微量的核酸，此外还有水和金属离子。

质膜中蛋白质和类脂的比例，因质膜种类的不同而不同。一般说，功能多而复杂的生物膜蛋白质比例大，而膜功能越简单，所含蛋白质的种类和数量越少。例如，功能较复杂的、参与能量转换的线粒体内膜和叶绿体片层膜，蛋白质含量可高达75%左右，而神经体鞘主要为神经纤维的绝缘体，含有大量的脂类，蛋白质只约有25%（按重量）。一般真核细胞的质膜，含有多种酶、受体、运输蛋白等。蛋白质的含量约为50%。

构成质膜的类脂中有磷脂、糖脂和类固醇等，其中以磷脂为主要组分。磷脂主要由脂肪酸、磷酸和甘油组成。它是兼性分子，既有亲水的极性部分（磷酸），又有疏水的非极性部分（脂肪酸链）。

质膜中的多糖主要以糖蛋白和糖脂的形式存在。一般认为，多糖在接受外界刺激的信息方面有重要作用。

2. 质膜的分子结构

真核生物与原核生物的膜都有相似的结构和化学组成，都由“单位膜”构成，Robertson 1957年在电镜照片中观察质膜呈黑（电子密度高）—白（电子密度低）—黑（电子密度高）的三层结构，其平均厚度为7.5nm。一般认为电子密度高的部分是由蛋白质和磷脂的头部组成，而电子密度低的亮区相当于磷脂的脂肪酸烃链，这就是所谓的“单位膜”。

进入20世纪60年代，有人提出质膜的“流动镶嵌模型”认为膜是流动的，膜蛋白质分布不对称。

由磷脂双分子层构成膜的骨架，亲水的磷酸头部排在膜的外面，疏水的脂肪酸链排在中间。

质膜中脂类分子的脂肪酸链部分在正常生理情况下处于流动状态，其运动形式可以是振荡，也可以是旋转。脂类分子也能相当快地在膜平面进行侧向扩散运动。影响脂质运动的因素，与脂质所含脂肪酸碳链的长度、饱和程度和细胞所处环境温度的变化有关。

构成细胞膜的蛋白质分子不是平行排列在磷脂双分子层的内外两侧表面，而是以球状的形式镶嵌在磷脂双分子层中，或附着其内外表面。镶嵌在磷脂层外面的蛋白质，称为外在性蛋白。嵌入磷脂层中的蛋白质和横跨磷脂层的蛋白质称为内在性蛋白。

蛋白质分子是多种多样的，各具有不同的功能。质膜或线粒体、叶绿体等内膜系统膜的功能上的差别，可以用镶嵌在磷脂层中蛋白质的种类和数量的不同得到解释。蛋白质分子在脂质分子层中的镶嵌是不对称的，蛋白质分子之间不是完全孤立互不联系的，只要其中一种蛋白质移动，其他的蛋白质就跟着移动。质膜中的蛋白质不仅进行侧向扩散运动，而且能在与膜平面垂直的方向上下运动。

3. 质膜的功能

质膜在细胞生活中起着重要作用，因为细胞与环境发生的一切联系和反应，都必须通过质膜。例如，细胞外的物质进入细胞或细胞内的物质排出细胞，以及激素、药物对细胞的作用，代谢调控、细胞识别和免疫等，都与质膜功能有关。

（1）通过膜的分子运输。物质进出细胞必须通过质膜。在活细胞中质膜对物质的通透有高度的选择性。物质通过质膜主要有以下三种途径。

被动运输：通过自由扩散或通过促进扩散运动的物质，顺着浓度梯度，由高浓度向低浓度运动，物质运动的动力来自浓度梯度，不需要由细胞提供代谢能量，这种物质运输的过程称为被动运输。例如，水和非极性分子、离子、糖、氨基酸、核苷酸及许多细胞代谢物等均能通过被动运输途径快速地通过细胞膜。

主动运输：在主动运输过程中，物质逆着浓度梯度由低浓度向高浓度运输，在此过程中需要供给能量。主动运输的现象普遍存在于动植物细胞及微生物细胞。

内吞作用与外排作用：细胞膜能透过小分子和离子，一些生物大分子如蛋白质、多核苷酸和多糖等都不能通过细胞膜，可是大部分细胞能够排出和摄入一些特定的大分子物质，甚至颗粒也能通过质膜。细胞运输这些大分子物质的机制是细胞质膜的小囊泡有顺序地形成和融合。当细胞摄取大分子或颗粒时，首先被摄入物质附着于细胞表面，被一小部分质膜逐渐地包围，质膜凹陷，然后分离下来，形成细胞内的小囊，其中包含有被摄入的物质。这个过程称为内吞作用。内吞的物质可以是液体，也可以是固体。与内吞作用的顺序相反，有些大分子物质通过形成小囊泡从细胞内部逐步移至细胞表面，小囊泡的膜与质膜融合，将物质排出于细胞之外，这个过程称为外排作用。内吞的物质经消化后，不能消化的物质有的可通过外排作用排出细胞，细胞内合成的分泌蛋白也是通过这种过程排出细胞的。

（2）细胞识别。细胞识别是指生物细胞对同种和异种细胞的认识，对自己和异己物质的认识。无论单细胞生物还是高等动植物，许多重要的生命活动都和细胞的识别能力有关。例如，单细胞生物有性生殖过程中的细胞接合，开花植物的雌蕊能否接受花粉进行受精，都要靠细胞识别能力。高等动物和人类的免疫功能更要依靠细胞的识别能力。

细胞识别的功能是和细胞膜分不开的。因为细胞膜是细胞的外表面，自然对外界因素的识别过程发生在细胞膜。

（二）细胞质

细胞膜所包裹的物质除细胞核以外，其余部分总称为细胞质。

1. 细胞质基质

把细胞内一切有形成分除去，剩下来的胶态物质为细胞质基质。

真核细胞的细胞质基质中有各种细胞器。细胞质基质是线粒体、质体、中心体、内膜系统和微管、微丝的环境。在基质内含有各种小分子、离子；脂类、糖、氨基酸等中等分子；含有蛋白质、脂蛋白、RNA（核糖核酸）等大分子；还含有多种酶类。细胞质基质在细胞代谢中占有重要位置。

2. 内质网

它是细胞质中由膜围成的管状或扁囊状结构，互相连通成网，构成细胞质中的扁平囊状系统。

不同细胞中内质网的发达程度不同。在卵细胞、胚胎细胞或未分化的细胞中内质网不发达；在分化细胞中内质网比较发达。

其上有核糖体的内质网为粗面内质网；其上无核糖体的内质网为滑面内质网。大量合成分泌蛋白质的细胞粗面内质网发达，粗面内质网的功能与分泌蛋白的运输有关。滑面内质网具有脂肪和胆固醇的代谢、糖元的分解、脂溶性毒物的解毒等功能。

3. 线粒体

线粒体是真核细胞中一种重要的细胞器。

线粒体是糖、氨基酸、脂肪酸最终氧化的场所，并通过氧化磷酸化把释放出的能量储存在 ATP 中。细胞活动（收缩运动、物质合成、主动运输、神经传导、生物发光等）所需能量大部分都是靠线粒体中合成的 ATP 提供的。因此线粒体有细胞的“动力工厂”之称。

线粒体的形状是多种多样的，因细胞种类不同和生理状态不同而有很大变化，但在大多数情况下呈圆形、近似圆形、棒状或线状。线粒体大小与细菌差不多。细胞中线粒体数目依细胞种类而异。哺乳动物成熟的红细胞中没有线粒体，一般动物细胞中平均有数百个，如大鼠肝细胞内的线粒体数为 500 ~ 1400；但在卵母细胞中可高达 300 000 个。一般说，植物细胞中线粒体含量比动物细胞要少，可能与富含叶绿体有关。

线粒体的数目与细胞的生理功能及需求有关，一般需要能量较多的细胞，线粒体的数目较多。例如，飞翔鸟类的胸肌细胞线粒体的数目远高于不飞翔鸟类的胸肌细胞。

在不同的细胞中，线粒体分布也不同，一般线粒体分布在需要能量较多的区域，如在一些肌细胞中，线粒体被包装在邻近的肌原纤维中间，保证肌肉收缩时能以最快的速度即时供给能量。

细胞活动的能量主要来自 ATP。在动物细胞里，80% 以上的 ATP 是在线粒体中合成的。

4. 叶绿体

叶绿体存在于植物的绿色细胞中。

叶绿体的周围被有两层光滑的单位膜，叶绿体膜内充满流动状态的基质，基质中有许多片层结构。每个片层是由周围闭合的两层膜组成，呈扁囊状，称为类囊体。类囊体内也是水溶液。小类囊体互相堆叠在一起形成基粒。组成基粒的类囊体数目依不同植物或同一植物的不同部位的细胞而有很大变化。光合作用过程中光能向化学能的转化是在类囊体膜上进行的，因此，类囊体膜亦称“光合膜”。

叶绿体的功能是进行光合作用。光合作用是叶绿体吸收光能，使之转变为化学能，同时利用二氧化碳和水制造有机物并释放氧的过程。这一过程可用下列化学方程式表示：

$$6CO_2 + 6H_2O \xrightarrow[\text{叶绿体}]{\text{光}} C_6H_{12}O_6 + 6O_2$$

植物的光合作用是生物界存在和繁荣的依据，也是生物开天辟地改造自然改造自己的创造性活动之一，光能被植物用来分解水，并固定二氧化碳，反应的实质在于光能被部分储存为有机键键能。

5. 高尔基体

高尔基体是由滑面膜围成的扁囊状和泡状结构组成的。高尔基体在细胞中的位置和多少依细胞种类而不同，在有极性结构的细胞中，高尔基体一般是个单独的大型结构。高尔基体的主要功能是为细胞提供一个内部运输系统。它把由内质网合成并运转来的分泌蛋白加工浓缩，通过高尔基液泡运出细胞；高尔基体对脂质的运输也起重要作用；它还能合成和运输多糖。

6. 溶酶体

溶酶体是一种泡状结构，外面包着一层单位膜，内部没有特殊的结构。溶酶体的大小依细胞类型不同，同一细胞内也有大有小。溶酶体形态变化的多样性往往是和它的消化活动的不同阶段有关。溶酶体是细胞内溶解大分子物质的细胞器。溶酶体内含有各种水解酶，能分解蛋白质、核酸和多糖，起溶解和消化作用，故名“溶酶体”。它广泛存在于动植物细胞中的重要细胞器。

溶酶体的功能有三个方面。

（1）消化来自细胞外的物质，称异体吞噬，如分解异物、消除病菌等。

（2）对细胞内由于生理或病理原因破损的细胞器或其碎片起溶解作用，称自体吞噬。

（3）溶酶体膜破裂，使整个细胞被释放出的酶消化，导致细胞自溶而死亡。在正常的个体发育中常可看到某些细胞有规律的死去，这与溶酶体的自溶作用有关。

真核细胞中的细胞器除内质网、线粒体、叶绿体，高尔基体和溶酶体外，还有圆球体、微体等。

（三）细胞核

细胞核是细胞内最大的细胞器，载有全部基因组的染色体。它是基因复制、RNA 转录的中心，是细胞生命活动的控制中心。真核生物与原核生物的最大区别在于真核生物出现核被膜，从而把细胞质与核质分开、DNA 复制、RNA 转录都在核内进行，mRNA 及核糖体转运到细胞质中进行蛋白质的翻译。这是生物在长期演化过程中的一大进步。原核生物细胞中有一团核样物质的核区，而无核被膜。

细胞中一般有一、两个或更多的核，而大多数高等生物的细胞都是单核的。

核主要由核被膜（简称核膜）、染色质及核仁组成。

1. 核膜

真核细胞的核膜（核被膜）使遗传物质 DNA 与细胞质分开。原核细胞不具核膜，DNA 存在于细胞质之中。

核膜由内外两层膜组成，内膜平滑，外膜靠细胞质的一侧有时附着有核糖体，并且外膜与细胞质的粗面内质网是连续的。

内外两层膜在很多地方愈合形成小孔，称核膜孔。离子及小分子可以通透核膜，但高分子进出核要由核膜孔通过。核膜孔在核与细胞质间的物质交流中起重要作用。核膜孔的数量和细胞的代谢活性有很大关系，代谢活性高的细胞，核膜孔多。

2. 核仁

用光学显微镜观察活细胞，核仁为匀质的球体。核仁由 RNA 和蛋白质组成。

核仁最主要的功能是合成核糖体 RNA。合成核糖体 RNA 需要有 rRNA 基因，这种基因存在于核仁中。蛋白质合成旺盛的细胞核仁大，因为蛋白质合成是在细胞质的核糖体上进行的，而核糖体的 RNA 是在核仁生成的，因此蛋白质合成旺盛的细胞，核仁中大量合成核糖体 RNA，所以核仁体积增大。

3. 染色质与染色体

核内的DNA、组蛋白、RNA、非组蛋白蛋白质等结合形成染色质。染色质到有丝分裂时，高度螺旋化形成染色体；染色体到有丝分裂间期，又解螺旋扩散为染色质。因此染色质和染色体是有丝分裂周期中不同阶段的运动形态。

真核细胞的绝大部分DNA都集中在染色体中，所以可以说染色体是遗传密码的载体，是细胞中主宰遗传的结构。

不同种类的动植物染色体数目是相对恒定的，这对种的稳定有着重要意义。性细胞染色体为单倍体，以 n 表示；体细胞为二倍体，以 $2n$ 表示。还有一些物种染色体成倍增加可以成为 $4n$、$6n$、$8n$ 和 $16n$ 等多倍体细胞。

（四）细胞壁

植物细胞（图2-9）的质膜外面有细胞壁，系由糖类组成。它是区别于动物

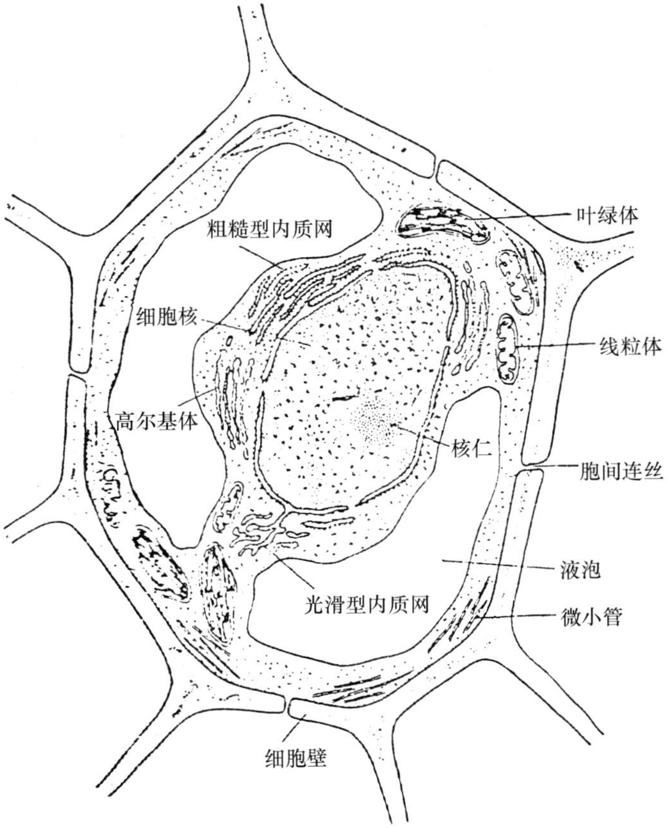

图2-9 电子显微镜下的植物细胞模式图
（引自中国科学院动物研究所细胞研究室《细胞》，1978）

细胞的显著特征之一。细胞壁分为三层，即中胶层（也叫胞间层）、初生壁和次生壁。中胶层把相邻细胞黏合在一起形成组织。初生壁在中胶层两侧，所有植物细胞都具有。次生壁在初生壁的里面，又分为外、中、内三层，次生壁厚而硬，不是所有植物细胞都具有。

在细胞分裂的末期，新的多糖物质沉积在质膜之间的细胞板上，逐渐形成为中胶层。在细胞生长发育的早期，细胞内合成的一些纤维素掺入到中胶层上，细胞继续生长，体积增大，就出现了初生壁。当细胞生长停止以后，一层层新物质添加在初生壁上，就形成了次生壁。每添加一层，纤维素微丝的定位都有变化，这样加厚的结果，使整个植物体机械支持作用加强。

植物细胞壁是由水、半纤维素、果胶质、纤维素、蛋白质及脂类等物质组成。

中胶层基本上是由果胶质组成。组成果胶质的物质主要是一些可溶性多糖。如果植物组织中果胶质被分解，就会使细胞离散。

半纤维素是由木糖、甘露糖和葡萄糖等组成的多糖。半纤维素在初生壁中较多，次生壁中较少。

纤维素是高分子聚合物，90% 以上的纤维素是由葡萄糖基组成。在初生壁中纤维素的分子质量小于次生壁，一般估计，它的聚合度为 2000 ~ 14 000 个葡萄糖基。次生壁主要由纤维素组成，纤维素的聚合度高。

当细胞成熟和次生壁发育的时候，细胞壁就开始不同程度的木质化，也就是木质素在细胞壁上沉积。木质素在细胞壁上经常和纤维素或其他糖类联结在一起。整个木质素分子是由许多苯基丙烷单位聚合一起的交联分子，单个木质素分子可能多到 100 个单位联结在一起。

在某些细胞的细胞壁中还分别出现有角质、木栓质、蜡质和硅质等，其中角质、蜡质和木栓质，都是由脂肪酸组成的高聚合化合物。这些富于脂肪性物质的细胞壁、水分和气体都不能透过，可以很好地防止水分流失，阻止不良气体和寄生物的侵入。

细胞完成各种功能要靠细胞核与细胞质的相互作用。细胞核生活在细胞质的环境中，核物质代谢所需的原料（核苷酸、葡萄糖、各种小分子和离子等）都要依赖细胞质提供；构成细胞核的许多蛋白质是在细胞质中合成的；细胞核中 DNA 和 RNA 合成所需的许多酶也是细胞质合成的。

而细胞核对细胞质作用的主要机制是通过 RNA（主要是信使 RNA）控制细胞质的蛋白质合成。例如，线粒体和叶绿体中的很多蛋白质都是由核基因编码，在细胞质基质的核糖体上合成的，然后转入到细胞器中，构成它们不可缺少的成分。

（五）有丝分裂和减数分裂

有丝分裂是真核细胞繁殖的基本形式。通过有丝分裂，构成遗传密码的生物大分子——脱氧核糖核酸（DNA）得以在细胞世代间相传。通过有丝分裂和分化实现组织发生和个体发育。

1. 有丝分裂

有丝分裂（图 2-10、图 2-11）是由一系列复杂过程组成的。通常根据这些过程的先后顺序把有丝分裂分为前期、中期、后期和末期四个时期。

有丝分裂间期（即有丝分裂的准备）染色质的复制是有丝分裂的重要准备工作，因为只有染色质进行了复制，有丝分裂时每个新生的子细胞才能得到与上一世代细胞相同的整套的染色体。

图 2-10　动物细胞分裂（引自李荫蓁等《细胞》，1981）

1～3. 前期；4. 中期；5. 后期；6. 末期

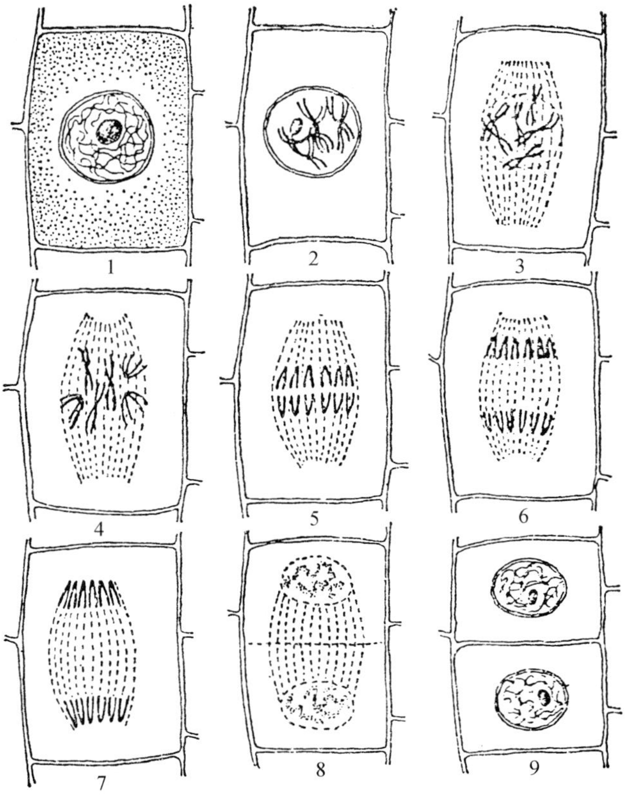

图 2-11　植物细胞分裂（引自李荫蓁等《细胞》，1981）

1. 间期；2、3. 前期；4. 中期；5、6. 后期；7、8. 末期；9. 间期

染色质的复制不仅包括 DNA 的复制，而且包括染色质蛋白质的合成，以及由 DNA 和组蛋白形成染色质的基本单位——核粒的形成过程。

间期核：核质均匀、核膜完整，DNA 分子伸展细而长，在光学显微镜下看不见染色体。

前期：这个时期发生的主要过程是染色体的集缩、分裂极的确立、核仁的解体和核膜的消失，纺锤丝形成，纺锤丝与染色体的着丝点连接形成纺锤体。

中期：染色体排列到纺锤体中央的横面“赤道板”上。此期是观察染色体组型和各染色体形态的最好时期。

不同生物有不同数目、不同形态和不同大小的染色体，每种生物的染色体都有自己的特征，这就是物种的染色体组型。

后期：是姊妹染色单体分开并移向两极的时期。当子染色体到达两极时此期结束。

染色单体的分开通常是从着丝点处开始，即两个着丝点先分开，然后两个染色单体的臂逐渐分开，当它们完全分开后就向相对的两极移动。在同一细胞内无论染色体大小，它们都以同样速度移向两极。

末期：是从子染色体到达两极后开始，至形成两个新细胞为止。

末期大体上是经历一个与前期相反的过程，即染色体解聚缩、核仁的出现与核膜的重新形成。最后细胞体分裂，形成两个子细胞。

有丝分裂的结果使体细胞数目增加。有丝分裂过程使染色体平均分配到两个子细胞中，意味着两个子细胞获得了和亲本细胞相同的遗传物质，相同的遗传性。

2. 减数分裂

在所有能进行有性生殖的生物的生活史中，细胞除了进行无数次有丝分裂外，还要进行一次减数分裂（图 2-12）。

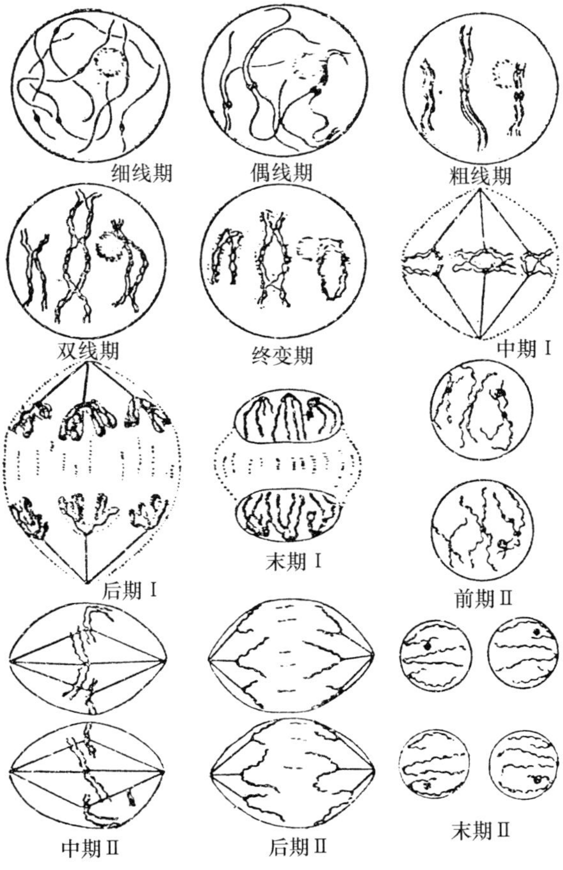

图 2-12 减数分裂五个阶段的模式图
（引自中国科学院动物研究所细胞室《细胞》，1978）

经过减数分裂染色体数减少一半（体细胞染色体数目的一半），即由二倍体变成单倍体。减数分裂发生在生殖细胞形成前的某一时期，所以精子和卵细胞的核都是单倍体（体细胞的核是二倍体）。受精后，由单倍体又变成二倍体。

由于减数分裂，使每种生物受精后产生的合子总是保持二倍体的染色体数目。即每一物种世代相传，染色体数目稳定不变。

在减数分裂过程中非同源染色体重新组合，同源染色体间发生部分交换，结果使配子（精子、卵细胞）的遗传基础多样化，从而使后代对外界环境条件的变化有更大的适应性。

减数分裂是由两次分裂组成的，分别称为第一次减数分裂和第二次减数分裂。在这两次分裂之间一般有一个短暂的间期，在此间期中不进行 DNA 合成，从而不发生染色体复制。由于细胞核分裂两次，而染色体只复制一次，所以经过减数分裂染色体数目减少一半，变成单倍体[17~19]。

第三节　霉腐微生物与人类的关系

霉腐微生物对人类既有有害的一面，也有有益的一面，对于它们要有全面、正确的认识。

人们通常把细菌看做是使食物腐败，进而传染各种疾病，给人类带来种种危害的罪魁祸首。但对于新学派的科学家来说，细菌是防治疾病、去除油污、甚至制作各种美味的助剂。据统计，在地球上存在着 1 万余种细菌中，致病菌仅占其中的 1%，99% 却是对人类有益无害的。

一、霉腐微生物的有益利用

自古以来人们就利用酵母菌进行酒精发酵来制作白酒、葡萄酒、啤酒、果酒、黄酒、清酒及蒸馏酒（白兰地、威士忌）等。也可用酵母菌发酵制作面包、馒头等食品。

利用醋酸菌酿醋。利用乳酸菌进行乳酸发酵制作各种有独特风味的乳制品，如酸牛奶、干酪等，还可用来制作乳酸饮料、酸菜、泡菜等。廉价的含糖废料通过梭菌和芽孢杆菌所进行的发酵，可转化成丙酮、丁醇、异丙醇、丁二醇和其他的基本化学产品。

某些细菌发酵生产出医药、食品、饲料等广泛应用的氨基酸，如谷氨酸、赖氨酸等。目前医药上使用的维生素 B_{12} 几乎全部都是用微生物发酵制备的。

用曲霉制作酱油、豆酱；利用一种毛霉制作腐乳、豆豉；有许多甜药酒是用根霉制作出来的。

微生物通过三羧酸循环所产生的各种发酵产物有柠檬酸、葡萄糖酸（黑曲霉、产黄青霉）、丁烯二酸（根霉）、乳酸（乳酸菌），还有曲酸、五倍子酸等几十种有机酸。

已经发现许多种微生物都能分泌一种物质，叫做抗生素，有青霉素、四环素、链霉素、头孢霉素、庆大霉素、卡那霉素等。据 1978 年统计，报道过的抗生素有 5128 种，其中除 56 种为地衣产生的外，其余均为各种微生物所产生，特别是放线菌（占 61.7%）。至 1984 年人类已发现的抗生素超过 9000 种，在实践中常用的抗生素有五六十种。这些抗生素的广泛使用，使人类战胜了结核病、伤寒、霍乱等许多疾病，成为人类同疾病作斗争的有力武器。

微生物可用于催化漫长的化学合成链环中的某几步反应。这种微生物反应在其专一性和产率方面，常常优于化学反应。用淀粉酶水解淀粉，用蛋白酶加工皮革，用果胶酶生产果汁，以及许多其他工业用酶，都是从微生物培养物中提取的。

微生物应用的现代科技成果很多，如美国科学家设计出的供人类遨游太空时用的特殊电池，其中介质就是宇航员的尿和活性细菌。日本科学家经过多种探索，发现了一种制氢的细菌——红极毛杆菌，这种细菌只需在淀粉中掺入其他营养素的培养液进行培养，即可在透光的玻璃容器中产生氢气。加拿大生物学家把一些种类的细菌放在生长很快的藻类上，结果这些细菌使藻类变成了石油。美国科学家正在把一些亚微片段插在普通细菌的细胞内，使这些细胞具有了人类胰腺细胞产生胰岛素的能力。英国斯特莱大学研究成功的表面包有硫黄的尿素颗粒，撒在铁路上后可繁殖大量的细菌，这种细菌能有效地将铁轨上的油垢等污物除掉，从而保持铁路清洁。日本科学家发明了一种用细菌处理垃圾的系统，人们只要将垃圾装入容器内加热到 50～70℃，再掺入含有细菌的添加剂充分搅拌，让细菌和酶发生反应，垃圾便会分解。早上倒入的垃圾到傍晚就变成了茶褐色的干粉，它没有臭味不影响卫生，还可作肥料使用。细菌在医学上也有新的应用。细菌在探矿和采矿方面有着更诱人的前景[20]。

微生物在自然界物质循环中起着重要作用，可以说，没有微生物就没有这千姿百态、丰富多彩的世界。没有微生物的活动，地面上的动、植物遗体将堆积如山，甚至没有人类和其他生物活动和生存的空间。

真菌能够分解各种有机物质，由于它们的活动使动物、植物的遗体、排泄物、垃圾等迅速分解为简单的植物可以利用的无机盐，为植物补充各种无机营养，并为植物提供所需二氧化碳的 90%。使绿色植物得以茂盛地生长，对人类的衣食住行提供了间接的帮助。

微生物在自然界氮素循环及磷、硫、钾等元素的转化中也起着巨大作用。

二、霉腐微生物的危害

微生物造成的灾害是众所周知，并深恶痛绝。微生物污染涉及的范围很广，不仅对人体健康有直接影响，也与人们日常生活中的衣食住行关系非常密切。

1966 年井上真由美第一次证明了铝合金由于霉菌和细菌的作用而被腐蚀，飞机机翼的铝金属的腐蚀变质，引起机体强度的显著下降。油箱、热交换器等都遭到腐蚀和破坏；钢铁材料、管子、铁制品、装置等，因与水和土壤接触，长期埋没，除了化学腐蚀，电化学腐蚀外，还由于铁细菌、硫细菌、硫酸盐还原菌等的作用而发生腐蚀；在火力发电站冷却水通过的铜制管子里面，由于硫酸盐还原菌等的作用，发生了强烈的微生物腐蚀；电话的电子交换器、通信器材、测定仪器的电子回路、印刷线路板等，由于在树脂与导体的表面生长的霉菌菌丝会降低绝缘性，因此大大影响耐电压等电气特性；霉菌也可腐蚀聚氯乙烯的包覆电线、发电机的线圈、电容器、电器绝缘材料等；性质非常稳定的各种塑料材料，在使用过程中也会遭到细菌和霉菌的腐蚀。由于计算机电子回路的增强塑料表面繁殖了霉菌，致使机能发生了故障；在照相机、显微镜、投影仪、望远镜、测定仪器等的透镜、棱镜、反射镜、滤色器上生长灰绿曲霉，使玻璃遭到腐蚀影响观察和测量；在喷气机燃料、轻油、柴油、重油等里面容易繁殖细菌和霉菌，从而形成污泥和垢渣；涂料、化妆品、包装材料、药品、皮革制品、家庭用品、纤维制品、竹木制品、食品、文物等，无一能逃脱霉腐微生物的破坏作用。

某些霉菌在一定条件下能生成对人和动物有毒的代谢产物，这些代谢产物称为霉菌毒素。霉菌广泛存在于自然界，土壤、农作物、牧草、饲料、水、食品都可能被霉菌及其毒素污染。污染食品并产生毒素的霉菌有曲霉属的黄曲霉、赭曲霉、变色曲霉、烟曲霉和构巢曲霉；青霉属的有岛青霉、桔青霉、黄绿青霉、红青霉、纯绿青霉和展青霉。霉菌毒素的产生要求有一定的温度和湿度，大多数霉菌繁殖的最适温度为 25～30℃，环境的温度低于 0℃或高于 30℃，及相对湿度不超过 70%，都不易产生毒素。

霉菌毒素通过食品或饲料可引起人畜急性或慢性中毒。桔青霉毒素可使肾小管上皮细胞变性，黄绿青霉毒素能引起中枢神经中毒和肝损伤。黄曲霉毒素更具强烈的毒性，它的毒性比氰化钾大 10 倍，比砒霜大 68 倍，人和动物摄入后可诱发肝癌，有的引起中毒性肝炎，还可引起肺、肾、胃、直肠、乳腺的肿瘤。能使种子失去发芽能力。

据统计，世界每年收获的粮食中，由于霉坏变质而不能食用的占全部产量的 2%。我国每年约有 10% 的柑橘因霉坏而损失。在纤维织品中，仅美国的粗略统计，每年因霉腐损失 2 亿～5 亿美元[11,21]。

珍贵文物遭受霉害也是世界性的问题，霉腐微生物是文物保护的大敌，必须认真对待。

三、腐坏文物的霉菌

霉腐微生物中在常温常湿条件下最易发生的是霉菌，因此霉菌对文物危害最大。能够引起文物霉腐的霉菌种类很多，下面简述分布最广、最易发生、即可能对文物危害最大的霉菌种属。

（一）青霉属

属子囊菌纲散囊菌目散囊菌科，在自然界中分布极为广泛，种类很多，在工业上有很高的经济价值，如青霉素的生产，干酪的加工、有机酸的制造等。但此属有不少菌是水果、食品、工业产品及文物的有害菌。

青霉菌的营养菌丝体无色，淡色或具鲜明的颜色。有横隔，分生孢子梗也有横隔，光滑或粗糙，基部无足细胞，顶端不形成膨大的顶囊，而是形成扫帚状的分枝，称帚状枝（图2-13）。小梗顶端串生分生孢子，分生孢子球形、椭圆形或短柱形，光滑或粗糙，大部分生长时呈蓝绿色。

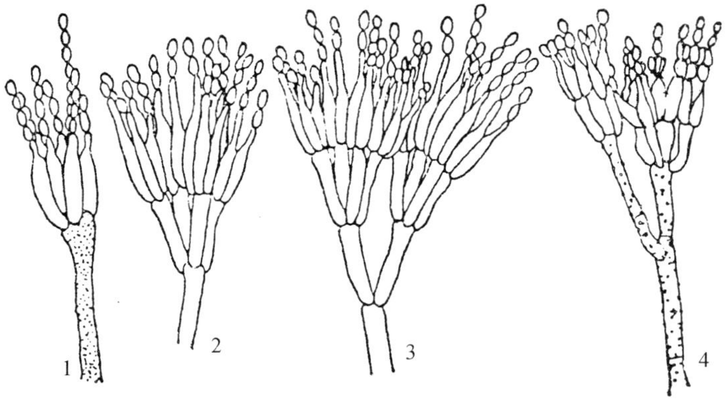

图2-13　青霉帚状体分枝方式（引自微生物学编写组编《微生物学》，1992）
1. 单轮生青霉群；2. 对称二轮生青霉群；3. 多轮生青霉群；4. 不对称生青霉群

桔青霉

属不对称生青霉群，菌落生长局限，有放射状沟纹，大多数菌系为绒状，有些呈絮状、艾绿色，反面黄色至橙色，培养基颜色相仿或带粉红色，渗出液淡黄色。分生孢子柄不分枝，壁光滑，帚状枝由3～4个轮生而略散开的梗基构成，分生孢子球形或近球形，光滑或近于光滑，分生孢子链为分散的柱状。

桔青霉分布普遍，除土壤外，一般的霉腐材料和储存的粮食上经常发现，在大米上生长会引起黄色病变，并具毒性。此菌是破坏文物重要的霉腐菌。

（二）曲霉属

曲霉属（图 2-14）与青霉属同属于散囊菌科，曲霉菌在发酵工业、医药工业、食品工业等方面具有重要作用，但其中不少种是分布极为普遍的霉腐菌，对文物危害很大。

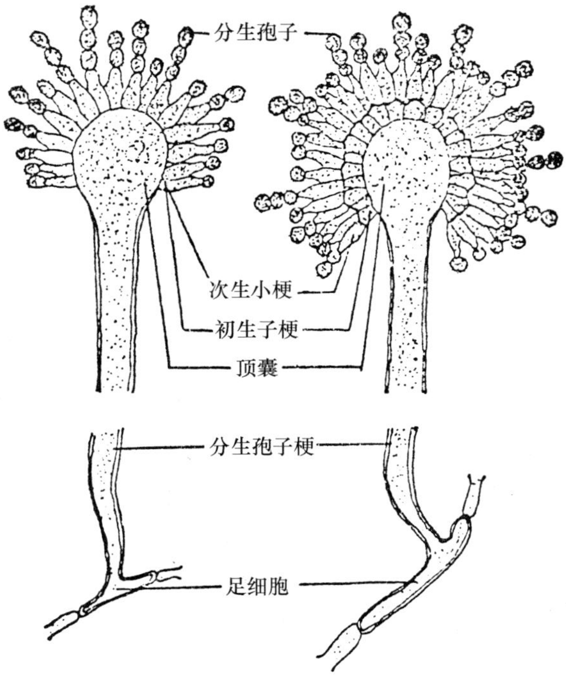

图 2-14　曲霉属各部示意图
（引自无锡轻工业学院等《微生物学》，1990）

曲霉的菌丝体由具横隔的分枝菌丝构成，通常是无色的，老熟时渐变为浅黄色至褐色。分生孢子梗从特化了的菌丝细胞（足细胞）生出，顶端膨大形成顶囊，顶囊有棍棒形、椭圆形、半球形或球形。顶囊表面生辐射状小梗，小梗单层或双层，小梗顶端分生孢子串生。分生孢子具各种形状、颜色和纹饰。由顶囊、小梗以及分生孢子构成分生孢子头，分生孢子头具各种不同颜色和形状，如球形、棍棒形或圆柱形等。

1. 黑曲霉

在自然界中分布极为广泛，在各种基质上普遍存在，能引起水分较高的粮食霉变，也是其他材料和文物常见的霉腐菌。菌丛黑褐色，顶囊大球形，小梗双层自顶囊全面着生，分生孢子球形，平滑或粗糙。

2. 黄曲霉

属于黄曲霉群，菌落生长较快，最初带黄色，后变为黄绿色，老熟后呈褐绿色。分生孢子头疏松放射形。分生孢子梗极粗糙，顶囊烧瓶形或近球形，小梗单层、双层或单双层同时存在于一个顶囊上。分生孢子球形，或稍洋梨形，粗糙。黄曲霉中的某些菌系能产生黄曲霉毒素，能引起家禽、家畜中毒，甚至死亡。黄曲霉是污染和腐坏文物的主要霉菌之一。

3. 变色曲霉

属于杂色曲霉群，在察氏琼脂培养基上菌落生长局限，14 天直径 2 ~ 3cm，绒状、絮状或两者同时存在。颜色变化相当广泛，不同菌系可能局部淡绿、灰绿、浅黄甚至粉红色，反面近于无色至黄橙色或玫瑰色。分生孢子头疏松放射状。

（三）木霉属

木霉属于半知菌类，广泛分布于自然界。木霉在生长时菌落生长迅速，棉絮状或致密丛束状，菌落表面呈不同程度的绿色。菌丝透明，有隔，分枝繁复，分生孢子梗为菌丝的短侧枝，其上对生或互生分枝，分枝末端为小梗，分生孢子由小梗相继生出，靠黏液把它们聚成球形或近球形的孢子头。分生孢子近球形、椭圆形、圆筒形或倒卵形，壁光滑或粗糙，透明或亮黄绿色。

木霉含有多种酶系，尤其是纤维素酶含量很高，因此，腐坏有机质地文物很迅速。

绿色木霉

菌株在培养基质上广铺，最初为白色致密的基质菌丝，而后出现棉絮状气生菌丝，并形成密实产孢丛束区，常排成同心轮纹深黄绿色至深蓝绿色的产孢区，菌落反面无色。菌丝透明，壁光滑，分枝繁复。厚垣孢子间生于菌丝中或顶生于短侧枝上，多数为球形，极少为椭圆形，通常在基底菌丝中产生。分生孢子梗的特征是同属的特征。小梗瓶形或锥形，基部稍窄，中部较宽，从中部以上变窄成长颈，近于直或中部弯曲。分生孢子大多数为球形，少数孢子为短倒卵形。孢壁具明显的小疣状凸起，在显微镜下单个孢子淡绿色。

绿色木霉是破坏文物的重要霉腐菌。

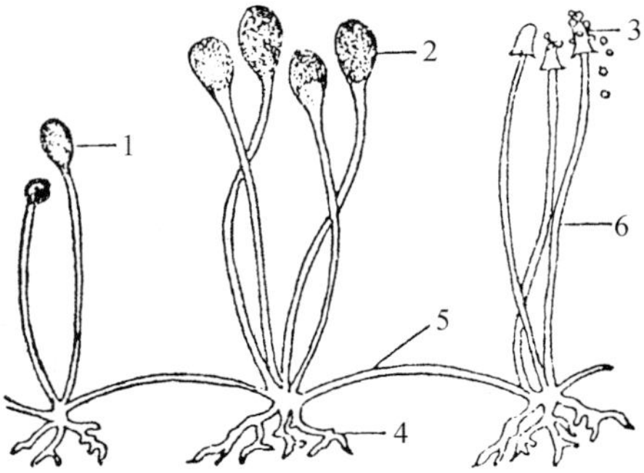

图 2-15　根霉（引自陕西省农林学校《微生物学》，1984）

1. 未成熟的孢子囊；2. 成熟的孢子囊；3. 孢囊孢子；4. 假根；5. 葡萄菌丝；6. 孢子囊梗

(四) 根霉属

根霉（图 2-15）在培养基上或自然基质上生长时，由营养菌丝体产生匍匐枝，匍匐枝的末端生特有的假根，在有假根处的匍匐枝上着生成群的孢囊梗，柄的顶端膨大形成孢子囊，囊内生孢子囊孢子。孢子囊内囊轴明显，球形或近球形，囊轴基部与柄相连处有囊托。孢子囊孢子有球形、卵形或不规则。

根霉的淀粉酶活力很强，能产生有机酸、芳香的酯类物质等。根霉也是分布广、危害大的霉腐菌。

黑根霉

黑根霉分布极广，一切生霉的材料上常有它出现。

菌落初期白色，老熟后灰褐色至黑褐色，匍匐枝爬行，无色，假根非常发达，根状，棕褐色。孢囊梗着生于假根处，直立，通常 2～3 根群生。囊托大而明显，楔形。此菌的生长适温为 30℃，37℃不能生长。

(五) 毛霉属

毛霉的菌丝体在基质上或基质内能广泛的蔓延，无假根和匍匐枝，孢囊梗直接由菌丝体生出，一般单生，分枝较少或不分枝。其顶端都有膨大的孢子囊，孢子囊球形。囊轴与孢子囊柄相连处无囊托。

总状毛霉

总状毛霉是毛霉中分布最广的一种，几乎在各地土壤中，生霉的材料上、空气中都能找到，是破坏文物重要的霉腐菌之一。

总状毛霉菌丛灰白色，菌丝直立而稍短，孢子囊柄总状分枝。孢子囊球形，黄褐色。接合孢子球形，有粗糙的凸起。

（六）拟青霉属

拟青霉

此菌普遍存在于自然界中，从土壤、粮食、食品及腐败的有机物上都能分离得到，是破坏文物的霉腐菌之一。拟青霉的菌落为白色、浅粉红色或黄褐色，质地紧密成毡状或松絮状。反面浅灰色或灰褐色。子实体结构变化较大，从相当复杂的帚状分枝到只有单个的小梗着生于菌丝上。分生孢子呈卵形或长椭圆形，大多数光滑。

（七）毛壳霉属

球毛壳霉

此霉广布于自然界中，它能在许多纤维织物上生长，是破坏文物的霉腐菌之一。在察氏琼脂培养基或麦芽汁琼脂培养基上生长时，菌落最初为白色，后变成浅褐色。反面无色或浅褐色。子囊壳灰褐色或橄榄褐色，卵圆形。

第三章　环境与文物

第一节　霉腐发生的条件

文物发生霉腐变质必须具备三个条件：第一，必须有微生物的存在；第二，必须有微生物生活所需要的营养物质；第三，环境适宜（合适的湿度、温度和 pH 等）。防止文物霉变，只要破坏其中一个必要条件，就可达到预期效果。

一、微生物的存在

（一）分布广

微生物分布极其广泛，大气中、土壤里、江河湖海以及自然物体上都能找到微生物。在太平洋水深 4000m 处，发现有四属酵母菌，在 6000m 的深海中，可以找到小球菌、芽孢杆菌、弧菌和螺旋菌等微生物。甚至高达 85 000m 的高空，深 1 万 m 的海洋，也能发现它们的踪迹。

微生物生长活动的场所无处不有，无孔不入。凡是动植物生存的地方都有微生物存在，而且能耐受动、植物不能生存的恶劣地理气候条件。即使在 pH 为 1～13、温度 −20～100℃、饱和硝酸银溶液、1400 个大气压的深海等极其恶劣的条件下，也有微生物存在。地球上微生物是占有最多的领土、领空和领海的生物，可以肯定，微生物将永远是生物圈上下极限记录的创造者和保持者。

许多微生物寄生在人和动物体内，可以从呼吸道排出直接污染大气，也可随排泄物如痰、液、脓汁或粪便等排出而进入地面，随灰尘飞扬造成污染。土壤中的微生物附着在尘埃颗粒上，飘浮空中也可造成大气污染。随着空气的流动可以漫游 3000km 之远，飞 2 万 m 之高。

在尘埃越多的地方微生物越多，一般城市的空气中微生物的数量比农村空气中的数量要大得多。低空比高空多，晴天比雨后的空气中多，夏季比冬季的空气中多。

（二）种类多、数量大

微生物类群庞杂，种类繁多。在自然界中已发现真菌10万种左右，细菌1000多种，放线菌500多种。其中对外界环境抵抗能力较强的种类，如枯草杆菌以及霉菌和酵母菌的孢子等，在大气中停留时间较长，是造成大气污染的主要微生物。

微生物的数量之多是高等生物难以比拟的。一张普通32开废纸上可找到150多万个微生物；指甲盖那么大的一块生肉上，就有上万个微生物。微生物聚集最多的地方是土壤，每亩①耕地的上层土壤如果有15万kg重的话，微生物的重量就会有500kg。通常在1g土壤里有数亿个微生物，即使在荒无人烟的沙漠，1g沙土里也有10多万个微生物存在。在土壤中的微生物，数量最多的是细菌，其次是放线菌和真菌。

一般地说，要想找到不存在微生物的地方是不太可能的，实际上地球上的一切都在微生物的包围之中。所谓的无菌条件，只是将所指定的空间范围内原有的微生物完全杀死，随后加以密封隔离，使有活力的菌无法侵入。

（三）代谢旺、繁殖快

微生物形体微小，但体表面积很大，其单位体积所占有的表面积大大地高于高等生物。例如，每毫克细胞所占有的表面积，大肠杆菌为$88cm^2$，人红细胞为$4cm^2$，而人体只有$0.0003cm^2$，每毫克细胞占有的表面积，大肠杆菌为人体的30万倍左右。

微生物小体积大面积系统的整个体表都具有吸收营养物质的机能，使它们的“胃口”变得格外庞大，如在合适的环境下，大肠杆菌每小时可消耗其自身重量2000倍的糖。它们能在很短的时间内，吸收大量的营养物质，排泄出大量的代谢产物，为菌体迅速生长和繁殖提供充足的物质基础。

微生物具有惊人的转化速度和代谢能力，微生物的代谢强度比高等动物大几千至几万倍，甚至几十万倍。乳酸菌每小时可产生其体重1000～10 000倍的乳酸。酒精酵母，1kg菌体1天内可发酵几千千克糖。

微生物以它惊人的生长繁殖能力而著称于生物界。按体重增加1倍的时间说，生长得最慢的微生物也只需要几小时就足够了。细菌生长繁殖的速度最快，在合适的条件下每20min就可繁殖一代，一天就可繁殖72代。一般微生物的生长速度要比农作物快500倍，比家畜快1000倍。

---

① 1亩≈$666.7m^2$，后同。

（四）适应能力强

微生物的灵活适应能力也是其他生物无与伦比的。当微生物的营养物质发生变化时，在千分之一秒内，微生物就会发生相应的反应，如大肠杆菌，当有葡萄糖时，就有一套酶将葡萄糖分解利用；当葡萄糖改换为乳糖时，大肠杆菌会立即产生另一套酶来分解利用乳糖。

当环境条件发生变化时，微生物能发生变异，使其适应当前的环境，而且这种变异还能遗传给后代。

由于微生物具有种类多、数量大、分布广、吸收多、转化快、生长繁殖速率高、适应能力强、易变异等特点，只要环境条件适宜，微生物就会旺盛生长、迅速繁殖，致使有机质地文物在短期内就霉腐变质。

二、营 养 物 质

微生物具有一般生物所具有的生命活动规律，需要从外界环境中不断吸收营养物质加以利用，从中获得进行生命活动所需要的能量，并合成新的细胞物质，同时排出废物。

（一）微生物的营养类型及其需要的营养物质

1. 微生物的营养类型

根据微生物所需要的营养和能源的不同，尤其是碳素营养来源的不同，可将它们分为自养型微生物和异养型微生物两大类。

自养型微生物不需要外界供给有机营养物质。它们以 CO_2 为唯一碳源，合成碳水化合物，进而再同化成复杂的多糖、类脂、蛋白质和核酸等细胞物质。能量来源于光或无机物（如 NH_3、H_2S）氧化所放出的化学能，因此自养微生物所需的碳源和能源分别为不同的物质。

化能异养微生物以有机碳素化合物作为碳源和能源，主要有单糖、寡糖、多糖、有机酸、醇类、脂类等。近来发现不少微生物能利用高度不活跃的碳氢化合物，如石蜡和各种烷烃化合物。氨基酸除作氮源外也能作为碳源。

化能异养型微生物种类多、数量大，包括大多数裂殖菌、放线菌、酵母菌和霉菌，因此霉腐微生物绝大多数都是化能异养型。

2. 微生物需要的营养物质

分析微生物细胞的化学组成是了解微生物营养的基础。

根据微生物细胞化学组成的分析结果表明，微生物细胞是由碳、氢、氧、氮、磷、硫、钾、钠、镁、钙、铁、锰、铜、钴、锌、钼等化学元素组成。其中碳、氢、氧、氮、磷、硫6种元素占细菌细胞干重的97%。微生物细胞中的这些元素主要以水、有机物和无机盐的形式存在于细胞中。

微生物需要的营养物质有碳素化合物、氮素化合物、水分、无机盐类及维生素等。

微生物对维生素的需要量很小，但不可缺少，它们起调节新陈代谢的作用，称为生长因子。

无机盐类是微生物生命活动所不可缺少的物质。无机元素包括主要元素和微量元素两类，这是依据微生物对它们需要量的大小而划分的。主要元素有磷、硫、镁、钾、钙等；微量元素如铁、铜、锌、锰、钼、钴、硼等。

无机盐类的主要功用是：①构成菌体的成分；②作为酶活性基的组成部分或维持酶的活性；③调节渗透压、pH、氧化还原电位等；④作为自养菌的能源。

碳素化合物、氮素化合物、水分、无机盐类和维生素等，对微生物具有以下功能：①提供生命活动所必需的能量；②提供合成菌体和代谢产物的原料；③调节代谢活动的正常进行；④提供适宜的代谢环境。

（二）有机质地文物的化学组成

可依文物的质地将文物分为两大类：一类是无机质地文物，如金、石、陶、瓷等制品；另一类是有机质地文物，如棉、丝、纸、竹、木等制品。无机质地文物本身不存在霉菌的营养，霉菌在其上难以生长，因此霉害少见。而有机质地文物的本身就是霉菌生长发育的良好营养源。因此，在环境的温度、湿度、pH等条件适宜的情况下，霉菌容易在这类文物上生长繁殖，而导致霉害发生。

有机质地文物的材质大部分都是由天然纤维组成的。根据来源不同，可把它们分为植物纤维和动物纤维。

植物纤维是植物的厚壁细胞。厚壁细胞是一种细长、两头尖、壁厚中空的细胞，是失去了生活力的死细胞。一根纤维就是一个厚壁细胞，存在于植物的茎、皮、子、叶中，它在植物体内起增进机械强度的作用，使植物具有一定的抗张强度、耐压强度和挠曲强度。

纸张、书画、棉、麻、竹、木等文物是属于植物纤维类文物。

构成植物纤维的化学成分主要有纤维素、半纤维素和木素，此外还有少量的果胶、灰分、无机盐等次要成分。

根据植物纤维中纤维素含量的多少，即强度的大小，又可分为禾本科植物纤维、木材纤维、韧皮纤维和种毛纤维。

禾本科植物纤维（即草类纤维）的原料有：稻秆、芦苇、高粱和玉米秆、竹等。禾本科植物纤维中纤维素含量少、杂细胞多、木素含量较高，纤维短、机械强度差。

木材纤维优于禾本科植物纤维。木材纤维的原料有：松木、柏木、杉木等针叶木和杨木、桦木、枫木等阔叶木。木材纤维中纤维素含量 40%～60%，木素含量 17%～32%。

韧皮纤维原料：包括各种麻类及某些树种的树皮，如亚麻、大麻、黄麻、苎麻及桑皮、檀皮、楮皮等。韧皮纤维中纤维素含量 60%～83%，木素含量 1%～15%。

种毛纤维原料是棉花，棉花中纤维素含量 90% 以上，有的可达 97%～98%。棉已成为全世界最主要的纺织原料，棉纤维制品适宜缝制各类衣着。

纸是由树皮、麻、破布、竹子、稻麦秆、藤、芦苇、高粱、玉米秆、木材等为原料制成的。用纤维素含量高的植物纤维原料造出来的纸张，耐久性较好，这是由于纤维素的性质比木素、半纤维素稳定。用纤维素含量低的禾本科植物纤维抄造出来的纸张强度低，耐久性差。

绫、罗、绸、缎等丝织文物和毛皮文物，是属于动物纤维类文物。动物纤维是动物的毛或分泌物，最重要的品种是羊毛和蚕丝。

丝有桑蚕丝、柞蚕丝、蓖麻蚕丝等，主要用作纺织工业原料。

丝绸是由天然动物纤维——蚕丝织成，蚕丝的化学组成为蛋白质，因此又称为蛋白质纤维。组成蚕丝的丝心蛋白是由蚕的绢丝腺细胞中粗面内质网核糖体上合成（五龄的后半，腺细胞开始大量合成和分泌丝心蛋白）。蚕丝是成熟蚕结茧时由蚕体内两根绢丝腺中的绢丝液，经吐丝孔排出遇到空气凝固而成的连续长纤维。

蚕丝有较好的强力和伸长，纤维细而柔软、富有弹性、光泽好、吸湿性好，所以用它织成的织物，可以轻薄如纱，也可以厚实丰满，具有很好的服用性能，是高级衣料和装饰品用料。

毛除羊毛外，还有骆驼毛、兔毛、牛毛等。毛的主要成分是蛋白质类角蛋白。

皮制文物的主要成分是蛋白质和脂肪。

（三）微生物对文物中大分子物质的吸收利用

微生物对营养物质的要求是多种多样的，有些微生物能利用的物质十分广泛，有些微生物能利用物质的面较狭窄。但就某一类微生物来说，它们所需要的营养物质却都有一定的范围，只能利用某些类型的物质。

环境中的营养物质是通过渗透和扩散作用进入菌体的。微生物的细胞膜是半透性膜，水、无机盐等小分子物质可以通过细胞膜，而蛋白质、淀粉、纤维素等大分子物质不能通过细胞膜而不能被吸收利用。能利用这些大分子物质的微生物，能向细胞外分泌出相应的水解酶（如蛋白酶、淀粉酶、纤维素酶等），亦称胞外酶。在酶的催化下，把大分子物质水解成能溶于水的小分子物质后被微生物吸收利用。

酶和一般催化剂一样，不能改变化学反应的平衡点，只能改变化学反应的速度。酶作为催化剂在参加一次化学反应后，酶分子立即恢复到原来状态，继续参加反应，周而复始。

微生物酶的特点：①催化反应的高效性：高效性是指极少量的催化剂，就可以使大量的物质发生化学变化。酶的催化反应比一般无机催化剂高 10^{5} ~ 10^{13} 倍，就是说在相同的条件下，无机催化剂需要作用数月甚至一年才能完成的反应，酶只要 1s 就可以完成。②作用的专一性：是指一种酶仅仅能催化一种或一类物质发生化学反应。③反应的温和性：酶本身是一种蛋白质，不能忍受高温、高压或强酸、强碱等剧烈环境条件的作用。所以大部分酶的催化反应都是在常温、常压和近于中性 pH 条件下进行的。

不同种类的微生物分解大分子物质的能力是不同的，有的能迅速分解蛋白质，有的能分解纤维素，有的分解脂肪的能力较强。这些差异主要取决于微生物所具酶的种类。当文物的化学组成或文物上的有机污染物与微生物所具酶的底物相一致时，微生物就可能迅速分解这种物质，使文物遭到损害。

1. 微生物需要碳源物质

碳素是构成微生物细胞成分的主要元素，也是各种酶的主要成分之一，其含量在各类微生物中均占细胞干物质重量的一半。凡是能够向微生物提供组成细胞物质或代谢产物中碳骨架的营养物质，都称为碳源。

可以做微生物碳源的物质很多，如葡萄糖、蔗糖、麦芽糖、淀粉、纤维素、半纤维素、木素、石油中的各种烷烃、甲烷等含碳、氢元素的化合物，以及乙醇、乙酸等有机醇、酸类，也可作为微生物的碳源。

（1）纤维素：是一种天然有机高分子化合物，由许多个失水 β-葡萄糖组成的多糖类，是构成植物细胞壁的主要成分。它的分子链很长，聚合度大，分子式为（$C_6H_{10}O_5$）$_n$，分子式中括号内的 $C_6H_{10}O_5$ 称为葡萄糖基，它是葡萄糖脱掉一分子水后的物质。纤维素的聚合度（n）为 200 ~ 10 000，聚合度越大，葡萄糖基越多，纤维素的分子链越长，其耐久性越好。

纤维素是白色、无嗅、无味的物质，不溶于水，也不溶于一般有机溶剂。

纤维素很难水解，不能直接被人和大多数动物消化。但它可被许多微生物分解利用，如木霉、青霉、曲霉、根霉；细菌中的黏菌属、纤维杆菌属；放线菌中的黑色旋丝放线菌、纤维放线菌属等微生物；担子菌中的一些种也能分解纤维素。

能利用纤维素生长的霉菌，能分泌胞外纤维素酶（纤维素酶是一群作用于纤维素的酶的总称），在酶的催化下，使纤维素水解成纤维二糖，再进一步水解，最后生成葡萄糖。葡萄糖是能溶于水的小分子物质，是霉菌能直接吸收利用的最好碳源和能源。葡萄糖进入霉菌细胞后，在线粒体中被彻底氧化，释放出能量，供细胞活动、物质合成等利用。

（2）半纤维素：也是高分子化合物，它是由许多单糖脱水聚合而成的聚糖类，其中的单糖有葡萄糖、木糖、甘露糖、阿拉伯糖等。半纤维素分子链短，聚合度小，单糖基的数目最多只能达到200，机械强度差。与纤维素相比，半纤维素容易被霉菌分解。由于半纤维素的组成类型很多，因而分解它们的酶也各不相同。在酶的催化下把半纤维素水解为单糖，被菌体吸收。

（3）果胶质：是构成高等植物细胞间质的主要物质，果胶质的主要化学组成为聚半乳糖醛酸。天然的果胶质是一种不溶于水的物质，梭状芽孢杆菌、黑曲霉、米曲霉，还有根霉属和毛霉属的一些种能产生果胶酶，可把果胶分解成半乳糖醛酸和果胶酸，半乳糖醛酸是半乳糖的氧化物，可作为分解果胶质微生物的碳源，也可被其他微生物利用。

（4）木素：木素存在于植物细胞的胞间层中，具有增强细胞壁和黏合纤维的作用。木素是由碳、氢、氧组成的一种芳香族高分子化合物，它的结构单体是苯基丙烷，主环是苯基，侧链是丙烷的衍生物，它的分子是网状的空间主体结构。

木素的组成与性质都比较复杂，并具有极强的活性。木素在常温下不溶于水，也不溶于稀酸和稀碱溶液，在高温下，某种一定浓度的酸或碱可使木素溶解，在造纸工业中利用这一性质除去木素。木素容易氧化，尤其在光照下，氧化速度加快，生成氧化木素，使纸张变黄发脆，因此造纸时应尽量把木素从纸浆中除去，除去的越彻底越好。木素不能被动物消化，但它可以被某些微生物利用。

书画、棉、麻及竹、木制品等文物长霉，就意味着它们的质地已经发生变化，其中的纤维素已程度不同的水解，生成水解纤维素。水解纤维素的化学结构与原来的纤维素相同，不同之处是它的聚合度小，因而水解纤维素的机械强度下降，当聚合度下降到200以下时，就变成粉末状态，此时它的机械强度等于零。

除有机质地文物本身能为霉菌提供营养外，文物周围环境中的其他有机物质也可为霉菌提供营养。

任何一件文物，包括保管条件最好的国家一级文物，也不会是绝对干净，一尘不染的。灰尘、油垢、汗渍（除含有脂肪外，也含有相当部分的蛋白质）及图书装订和书画装裱中使用的糨糊、动物胶等黏合剂，都含有霉菌能利用的营养物质。

糨糊的主要化学成分是淀粉，淀粉常用于印花浆的调制，纺织品的上浆及纸张的上胶等。

（5）淀粉：白色、无嗅、无味的粉末状固体，它的化学式为 $(C_6H_{10}O_5)_n$。

它是右旋葡萄糖的聚合物，是多糖类的一种，是大多数植物积蓄的碳水化合物。淀粉是由直链淀粉和支链淀粉组成的。直链淀粉是由200～980个葡萄糖分子缩合而成的长链分子。支链淀粉由600～6000个葡萄糖分子缩合而成。

在以淀粉为生长碳源与能源的霉菌中，利用本身合成并分泌到胞外的淀粉酶，将淀粉水解成葡萄糖后，被霉菌吸收到细胞内，进一步分解为二氧化碳和水，并释放出能量，供生长、繁殖等生命活动的需要。

图书散页，书画装裱处部分脱落等，都是霉菌等微生物同化其中的淀粉获得营养和能量的恶果。

（6）油脂：是自然界广泛存在的重要脂类物质，它是由甘油与三个长链脂肪酸通过酯键连接起来的甘油三酯。当环境中容易利用的碳源与能源物质都不存在时，有些微生物如毛霉、根霉、青霉和酵母菌能产生一种脂酶，油脂在脂酶作用下，逐步被水解成甘油和脂肪酸被微生物细胞吸收。甘油和脂肪酸分别在甘油激酶、脂酰脱氢酶的作用下，进一步水解产生能量。

脂酶广泛存在于真菌中，青霉属的真菌能产生较多的脂酶，分解油脂的能力较强。

（7）烃类化合物：烃类化合物由碳、氢两种元素组成，在好氧条件下，可以被一些微生物分解，能够利用烃类化合物的霉菌有枝孢霉等。

2. 微生物需要氮源物质

微生物细胞中各种蛋白质、核酸、酶以及产生的含氮代谢产物的合成中，都离不开氮元素。凡是能够作为微生物细胞或代谢产物中氮素来源的营养物质，都称为氮源。

氮源可分为有机氮源和无机氮源，有机氮源包括各种蛋白质、多肽和氨基酸等，无机氮源是指含氮的化合物，如硫酸铵、硝酸铵、磷酸铵、硝酸钾等。

文物中存在微生物能利用的氮源物质，主要是蚕丝蛋白、动物毛中的角蛋白，以及皮制文物中的蛋白质等。

蚕丝由丝素和包在丝素外面的丝胶组成，丝胶是线形肽链弯曲盘绕而成的球状蛋白质，它含有较多的极性氨基酸，水溶性较好。丝素是纤维状蛋白质，大分子链为线形曲折链。

蛋白质是由许多氨基酸通过肽链连接起来的大分子化合物。许多霉菌可以通过胞外蛋白水解酶催化，将它们水解成短肽，短肽在肽酶作用下进一步被水解为小分子氨基酸。氨基酸是霉菌良好的碳源、能源和氮源，被霉菌吸收利用。一般真菌分解蛋白质的能力强，并能分解天然蛋白质，而大多数细菌不能分解天然蛋白质。霉菌中分解蛋白质作用较强的有曲霉属、根霉属和毛霉属的一些种。

皮的主要成分是蛋白质和脂肪，它们是高分子物质，不能通过霉菌的细胞膜，因此，不能直接被吸收利用，而霉菌的菌丝体会分泌出蛋白酶、脂酶等水解酶，对皮革中的高分子物质进行水解，其中蛋白酶对皮革蛋白质起着极大的分解破坏作用，在蛋白酶作用下，皮革蛋白质被水解为可溶于水的小分子氨基酸。

霉菌在丝织或毛皮文物上生长，说明文物的质地已发生变化，其中的蛋白质已程度不同的发生水解，其强度已经下降。

霉菌能利用有机质地文物中的纤维素、半纤维素、木素、果胶、蛋白质及脂肪等，也能利用文物上或环境中的淀粉、油脂及烃类化合物等进行生长和繁殖。可供霉菌利用的营养物质是很多的，高等生物能利用的物质霉菌能利用，高等生物不能利用的物质某些霉菌也能利用，霉菌的营养来源比高等生物广泛得多。

有些霉菌能在养分极贫乏的条件下生长繁殖，只要有足够的水分（湿度），其他养分（氮素化合物、碳素化合物、矿质元素及维生素等）极少时也能生长。梅雨季节物质多生霉就是这个道理。一个指印或污迹以及环境中的少量挥发性有机物气体凝结在物体的表面，就足以支持霉菌生长。实际生活环境中不受这种可为霉菌利用的物质所污染的机会是很少的。即使完全没有外界养分，只要其他条件合适，霉菌的孢子靠本身储存的养料也能发育到一定程度。例如，某些光学仪器的透镜、棱镜、反射镜等本身并不能为霉菌所利用，但有时仍然会长霉，光学透镜遭到霉菌代谢产物有机酸的腐蚀，影响观察和测量。

空气中漂浮着大量的霉菌孢子，它们随时都会黏附在文物的表面，一旦环境的温度、湿度适宜，孢子就会吸收水分而萌发、生长出菌丝。开始是依靠孢子中储存的营养物质，当菌丝生长到一定阶段，自身储存的营养物质被消耗完了，就要从外界环境和有机质地文物中吸收营养物质，继续生长发育、繁殖后代。

文物生霉的过程，就是文物被霉菌消化、吸收的过程，也就是文物被霉腐破坏的过程，生霉越多，对文物的破坏越严重。

三、环境适宜

霉腐微生物生长发育适宜的环境是：有足够高的湿度、适宜的温度和pH等。

（一）水分

水分是微生物最基本的营养要素，微生物细胞中含有大量水分，如细菌含水量平均为80%，酵母菌含水量为75%，霉菌的菌体中含水量达到85%～90%，霉菌的孢子的含水量将近39%。水是微生物细胞的重要组成成分。

机体内的一系列生理生化反应都离不开水，营养物质的吸收与代谢产物的分泌都是通过水来完成的。

在微生物需要的物质中，只有分子较小的和具有合适溶解度的物质，才能在细胞周围形成适当的溶液，则可被微生物的细胞吸收利用。所以一些大分子不溶性物质，如蛋白质、纤维素等，必须在相应酶的作用下转变成能溶解于水的小分子物质，而酶的这些催化反应必须在水的介质中进行，并且水直接参加代谢作用中的许多反应。因此，水在生物化学反应中占极为重要的地位。

水的比热较高，它吸收细胞代谢过程中产生的热，不使细胞内的温度突然升高。水又是热的良导体，散热快，有利于调节菌体细胞的温度。总之，离开了水，微生物就无法活下去。

细菌的旺盛生长需要超饱和湿度或有液体的环境条件；酵母菌需要接近饱和的湿度；霉菌由于能长出菌丝，伸展到较大地域吸收水分，因而在相对湿度高于70%时，即能生长得较好。一般来说水分需要的程度是：细菌 > 酵母菌 > 霉菌（表3-1、表3-2），其中霉菌需要水分最少，因此霉菌才成了霉腐文物（特别是馆藏文物）的主要微生物类群。

表3-1　微生物的发育与相对湿度（RH）的关系

微生物	发育时最低 RH/%
普通细菌	90
普通酵母	88
普通霉菌	80

表3-2　某些霉菌生长时的最低 RH（孢子萌发）

霉菌	RH/%	霉菌	RH/%
根霉属	92 ~ 94	黄曲霉	80
毛霉属	92 ~ 93	灰绿曲霉	73 ~ 75
黑曲霉	80 ~ 88	红曲霉	65
青霉属	80 ~ 83		

相对湿度在64%以下任何霉菌都不能生长，如果相对湿度为65%时，少数尚能生长的霉菌就称之为干性霉菌。

霉菌菌丝生长需要的相对湿度比孢子发芽需要的湿度高，如灰绿曲霉发芽最低相对湿度是73%~75%，而其生长所需的相对温度在85%以上，生长速度最高的最适相对湿度必须为93%~97%。

干燥不利于微生物的生长和繁殖，干燥会引起细胞失水，细胞内盐分浓度增高或蛋白质变性，导致生命活动降低或死亡。

不同的微生物种类对干燥的抵抗能力不同，干燥时微生物所处的环境条件，干燥的程度等也影响干燥对微生物的效果。醋酸菌失水后很快死亡，酵母菌失水后可保存数月，细菌的芽孢，霉菌的孢子对干燥的抵抗力更强，可以数年或数十年不死亡，一旦遇到适宜的环境条件仍可发芽生长。据报道，有的芽孢经 500 ~ 1000 年，甚至经 1900 年的休眠后，仍有活力。

（二）温度

温度是影响微生物生长与存活的最重要的因素之一。

生物机体中每时每刻都迅速地进行着难以计数的各种化学反应，通过这些反应改变着物质的分子结构，满足生物自身的物质和能量的需要。而这种反应需要在一定的温度范围内进行，所以温度对微生物的整个生命过程都有着极其重要的影响。

在生物体内进行的诸多反应过程中都有酶参加。酶是由活细胞产生的，具有蛋白质性质的有机催化剂。酶与一般的无机催化剂一样，是通过降低活化能来加速化学反应速率的。

温度对酶促反应影响很大，一种酶在一定条件下，只有在某一温度时，才表现出最大活力，这个温度就是这一种酶反应的最适温度。各种酶都有它的最适温度。

温度对酶促反应的影响是两个过程协同作用的结果。一方面它与一切化学反应一样，反应的速度随温度的升高而增加；另一方面在临界温度之上，酶的热变性速率增加，酶的最适温度就是这两个过程平衡的结果。在低于最适温度时，通常每增高 10℃，酶反应速度增加 1 倍；在高于最适温度时，酶迅速变性失活而使反应速度很快地下降。多数酶在 60℃ 以上变性，少数酶能耐较高的温度。

组成细胞的重要物质，如蛋白质、核酸等对温度都较敏感，温度升到一定的高度，这些物质的立体结构开始受到破坏，生物活性降低，从而引起微生物生长的抑制，甚至死亡。因此只有在一定的温度范围内，微生物的代谢活动和生长繁殖才能正常进行。

微生物生长的温度范围较广，南极的温度会低到 −80℃，而在南极极点附近的豪山上，竟发现有细菌群体和酵母菌存在；在 60 ~ 70℃ 热气腾腾的温泉和发酵的堆肥里，也有细菌在生活着。前几年，有人从美国黄石公园温泉中分离到一株高温芽孢杆菌，它可在当地的沸水（92 ~ 93℃）里生活。但每一种微生物只能在一定的温度范围内生长。各种微生物都有其生长繁殖的最低温度、最适温度、最高温度和致死温度。

最低生长温度是指微生物能进行繁殖的最低温度界限。最适生长温度是使微生物迅速生长繁殖的温度。最高生长温度是指微生物生长繁殖的最高温度界限。细菌的最适生长温度是 30 ~ 37℃，霉菌的最适生长温度是 25 ~ 32℃，酵母菌的最适生长温度是 25 ~ 28℃（表 3-3）。

表 3-3　各种微生物的生长温度范围

微生物	生长温度范围/℃		
	最低	最适	最高
玫瑰色醋杆菌	10	30～35	41
枯草芽孢杆菌	15	30～37	55
大肠杆菌	10	30～37	43
干酪乳细菌	10	30	40
金黄色葡萄球菌	15	37	40
嗜热链霉菌	20	40～45	53
构巢曲霉	5	25～37	38
黑曲霉	7	30～39	47
灰绿葡萄孢霉	0	15～25	35
扩展青霉	0	25～27	30
灰绿曲霉	1	25～27	31～36
分枝毛霉	4	20～25	31
酵母菌	0.5	25～28	40

由最低生长温度开始，随着温度的上升生长速度加快，对绝大多数微生物来说，温度每提高 10℃，生长速度增加 1.5～2.5 倍，达到最适生长温度时，生长速度最快。超出最低和最高生长温度的范围，微生物的生命活动就要受到抑制或中断。因此可以通过对温度的控制，抑制或消灭有害微生物的生长，达到文物防霉的目的。

一般来说，微生物对低温的抵抗能力比对高温的抵抗能力强。酵母菌在零下 130℃可以一天不死。细菌的芽孢和霉菌的孢子在零下 190℃还能活半年之久。在冰冻状态下细菌可以生存几年，目前实验室普遍采用的真空冷冻干燥法保存菌种，就是根据这个道理。大部分微生物在低温条件下都处于休眠状态，代谢活动几乎全部停止，生长繁殖受到抑制。一旦遇到适宜的环境，就可以生长繁殖。

当环境温度超过微生物的最高生长温度时，可引起细胞内核酸、蛋白质变性，酶的失活，最终微生物死亡。温度越高，死亡越快。大多数细菌、酵母菌、真菌的营养细胞在 50～65℃加热 10min 就可致死。放线菌和霉菌的孢子比营养细胞抗热性强，在 76～80℃加热 10min 才致死。细菌的芽孢抗热性最强，要在 100℃高温下处理相当长时间才致死。

（三）pH

微生物需要在一定的酸碱度的环境中才能正常地生长繁殖。酸碱度的大小一般以氢离子浓度的负对数（pH）来表示。

氢离子浓度对微生物生命活动影响很大，它影响微生物的外环境，如溶解度、营养物质的理化状态、氧化还原电位等。更重要的是影响酶的形成、酶的活力、代谢途径及细胞膜的透过性。正常细胞膜上的电荷，有助于某些营养物质的吸收，当细胞膜上的电荷性质受到外界氢离子浓度的影响而发生改变时，微生物吸收某些物质的机能将发生改变。同时在微生物细胞内进行的各种反应所必须参与的酶，也都要求有一定范围的 pH，过低或过高都会影响细胞正常物质代谢的进行。

各种微生物都有自己的最适宜的 pH 和一定的 pH 范围。霉菌和酵母菌喜欢在偏酸性的条件下生长，细菌喜欢在中性或稍偏碱性条件下生长（表 3-4）。

表 3-4　微生物生长的 pH 范围

种类	最低 pH	最适 pH	最高 pH
细菌、放线菌	5.0	7.0～8.0	10.0
酵母菌	2.5	3.8～6.0	8.0
霉菌	1.5	3.0～6.0	10.0

（四）空气

空气对微生物的生长繁殖有极大的影响。霉菌是专性好气菌，仅在空气或有氧的条件下才能生长，它们要求空气中的分子态氧作为呼吸过程中最终的电子受体。

有机质地文物的霉变主要是由专性好气霉菌引起的，为避免霉害，可用除氧剂除掉小环境中的氧气，致使霉菌不能生长。

（五）渗透压

渗透压对微生物生命活动有很大的影响。微生物的细胞膜是半透性膜，它可以让水分子自由通过，而对其他物质的透过就有一定的选择性，这样往往会造成由于细胞膜内外溶液中溶质的浓度不同，而产生一种流体静压称为渗透压。如果菌体细胞在低渗透压的溶液中，就会有大量的水分进入细胞，使菌体膨胀甚至破裂致死。与此相反，如微生物在高渗透压的溶液中，菌体内的水分就会大量渗出，细胞质收缩与细胞壁分离，这称为质壁分离。如果水分继续渗出超过了微生物细胞的适应能力范围，生长就会受到抑制甚至死亡。在等渗溶液中，微生物的代谢活动最好，细胞既不收缩，也不膨胀，保持原形不变。常用的生理盐水（0.85% NaCl 溶液）就是一种等渗溶液[11,22～25]。

在培养微生物时，除注意必需的无机盐的种类外，还必须注意其浓度，以保持一定的渗透压。

第二节 地下古尸与文物不腐之谜

一、发人深思的实例

考古学家将其研究的遗存基本上分为遗址和墓葬两类。古代的居住地以及生产、军事、祭祀等设施，是活人活动的场所，废弃后成为遗址；墓葬是死人的生息地。古人为了把生前存在一定关系的死者安葬于一地，墓葬往往组成墓地。遗址是废弃后形成的，发掘时经常见到是一些残迹，以及破烂的陶、石、铜、铁等硬质器物。古人基本上是依死者生前的情形安葬死者，同时又是一次性深埋于地下，随葬的器物，至少是那些硬质器物，往往得以完整地保存。这是墓葬往往招引盗墓贼的原因。

从迄今的考古发掘来看，墓内安葬死者的设施、随葬品，乃至古尸被完整地保存下来的情况，虽然所见不多，但已不是鲜例了。在我国最早传出这方面信息的地区，是新疆及甘肃的河西走廊。秘藏于敦煌莫高窟藏经洞的大批写经、幡画，得以妥善地被保存下来而兴起了敦煌学。位于新疆罗布泊西北楼兰古城址，原是魏晋及前凉时期西域长史治所。如果从考古学家的眼光来看，这座城址几乎是被完整地保存了下来。城墙、建筑、金属制品、玻璃器具及木质器物，就不必说了，丝、毛、麻、棉织物，纸文书以及小麦、大麦，都也较好地被保存着[26,27]。至于从新疆古墓中出土的而保存完好的绢画、文书、丝麻织品、毛织物及植物编织品，更是屡见不鲜。从墓葬中还出土过剪纸及饺子之类面食，至于被誉为木乃伊的干尸，也是屡屡发现[28~32]。由于遗址及墓葬内遗物及遗址中的遗迹保存完好，使考古学家从它们那里获得更多的研究古代历史的信息。

不过，在上述地区发现的遗迹、遗物所以被较完整地保存下来的原因，除了当然地归之于气候干燥等自然环境外，并未引起学者们的深思。

只到长沙马王堆一号汉墓的发掘，才引起人们广泛而深入地思考墓中古尸及随葬物为何能较完好地保存下来的原因。

这座古墓是1972年发掘出来的，年代属西汉前期，距今已两千多年了。墓中的棺、椁保存完好，其上的油漆颜色及绘画图案清晰可辨。随葬的漆、木、竹器保存完整，丝麻织品做成的衣服及帛画均完整无损，更引人注意的是墓主人尸体的保存情况。

尸体外形完整，皮肤浅褐黄色，润泽有弹性。结缔组织胶原纤维保存良好，内脏器官完整，主要病变尚可确认。肢体内血管结构清楚，股动脉颜色与新鲜尸体动脉相似，注射防腐剂时，软组织随时鼓起，以后逐渐扩散。骨组织和软骨组织保存也较好[33,34]。可见，这具墓主人尸体的保存情况，是埃及木乃伊及新疆的干尸远不能比拟的。他为何能如此好地被保存了两千多年。这个问题，当时引起了广泛的讨论。有人认为是因为自觉或不自觉地使用了防腐剂。有的学者对此持反对意见，而认为是由于埋藏的时间及埋葬所造成的环境等多种综合原因造成的。

马王堆一号汉墓的发现，引起了全社会的轰动。湖北省的考古学者，据以往考古发掘所见到的古墓埋葬情形，决心要在湖北揭出一座保存情况与马王堆一号汉墓类似的古墓。这个愿望终于在与湖南邻近的江陵县实现了。他们在凤凰山发掘出一座编号为168的古墓，时间仅晚于长沙发掘后的3年，即1975年。

凤凰山168号墓的年代，据墓中竹牍记载，死者下葬于西汉文帝十三年，即公元前167年，比起长沙马王堆一号汉墓的年代还早一点。但这座古墓的规模，却比长沙马王堆一号汉墓小多了。它是一座长方形竖穴墓，椁盖板离地表深达7.9m，仅一椁二棺，封闭严密，棺内有绛红色的棺液约1万ml。内棺下部厚达20～31cm的绛红色堆积物中，发现有半透明的白色结晶体、朱砂、黑豆、麻布衣物及丝织品，随葬品总共只有500多件。特别值得一提的，是墓主人穿的那双双尖翘头方履。这双方履保存完好，长29cm、头宽11cm、后跟深6cm。鞋底有磨损痕迹，当为死者生前穿用过的。鞋面、底、垫、帮均为麻织，用麻线纳缝而成。

这里之所以例举凤凰山168号墓，主要还是墓主人尸体的保存情况。墓主人死时55岁左右。尸长1.657m，体重52.5kg，外形保存基本完整，全身无一根毛发，皮肤基本完整，唯在前额正中和两下肢膝盖部分略有缺损。32颗牙完好，且很牢固。舌头上卷，鼻腔通畅，中、下鼻甲完整，左耳鼓膜尚存。肌肉有弹性。硬脑膜完整，脑膜血管清晰可见，12对脑神经几乎都能辨认。脑髓尚存，重达970g，占整个颅腔的4/5，内脏保存基本齐全[35～37]。

1975年10～11月，又在凤凰山发掘了167号墓。该墓较凤凰山168号墓规模更小一些，为一棺一椁。死者尸体已腐烂，仅残存部分脑髓及毛发。而值得提出的是放在陶仓内的四束稻穗，出土时色泽鲜黄，穗颖、茎、叶外形完好，穗形齐整如新，芒及刚毛清晰可见，颗粒饱满[37]。保存如此完好的成束稻穗，至今仍是唯一的发现。

类似长沙马王堆一号汉墓及凤凰山168号汉墓所见墓主人尸体及服饰软件保存完好的情况，据杨伯峻先生所辑（《略谈我国史籍上关于尸体防腐的记载和马王堆一号汉墓墓主问题》《文物》1972年9期），知古人早有所见识，而且事例还不少，现择选几例说明之。

《太平御览》卷557引王隐《晋书》："愍帝建兴中，曹嶷发景公及管仲冢，尸并不朽。缯帛可服，珍宝巨万"。曹嶷发掘这临淄古墓，据《刘聪载记》，当在建兴三年，即公元315年。据《史记·齐世家》，管仲死于周襄王八年，即公元前644年；据《左传》，齐景公死于周敬王三十二年，即公元前488年。自葬至墓被发掘，相距长的有960年，短的也有805年。

《晋书·愍帝纪》：建兴三年"六月，盗发汉霸·杜二陵及薄太后陵，太后面如生，得金玉采帛不可胜记。时以朝廷草创，服章多阙，敕收其余，以实内府"。所盗陵墓，均位於现今西安。薄太后死于汉景帝二年，即公元前155年，坟墓被掘在公元315年，相距470年。不但面貌如生，而且采帛都还可用。

《水经·湘水注》引郭颁《世语》："魏黄初末，吴人发芮冢取木，于县立孙坚庙，见芮尸容貌衣服并如故。吴平后，与发冢人于寿春见南蛮校尉吴纲曰：'君形貌何类长沙王吴芮乎！但君微短耳'。纲瞿然曰：'是先祖也'"。吴芮死于公元前201年，墓之被挖当在黄初六年或七年，即公元225年或226年。自吴芮死到墓发，经过420年。

《水经·沔水注》：［襄阳］城东门外二百步刘表墓，太康中为人所发。见表夫妻，其尸俨然。颜色不异，犹如平生。这是刘表夫妻尸体历80多年不坏的记载[38]。

上引诸例，尸体及服饰于墓中保存年代，虽均不及长沙马王堆一号汉墓及凤凰山168号汉墓。但它们却将这类例证的地域分布，扩至汉水及黄河中、下游。然而，如下的例证，又进一步把尸体或服饰于墓中保存良好的记录，延伸到我国的北方及东北更远的地方。

1974年春，在辽河流域上游的辽宁法库叶茂台发掘出一座公元10世纪后期的辽墓。墓主人为一年老贵族妇女，安葬于一很讲究的石棺中。身着长袍、短袄、裙、裤、套裤等10余件衣裳，头戴四层冠帻，手戴绣花分指手套，脚穿齐膝刻丝软靴，均保存相当完好。这些纺织品经鉴定，都是桑蚕丝织成，包括绢、纱、罗、绮、锦和绒圈织物及刻丝等共7类90余个品种。更为引人注意的是，在木构棺室内东西壁悬挂的山水和花鸟两幅画轴，还完整地被保存了下来。

山水楼阁图立幅：绢地青绿山水画，长154.2cm，宽54.5cm。画中山水、楼阁、树木及人物均清晰可辨，所施青绿重彩鲜艳如新，绢色虽然黝黑，但不像是入葬后起的变化。

竹雀双兔图立幅：绢地设色花鸟画，长155.5cm，宽60.2cm。上画三竿双钩竹子，上各立一雀。下画在吃草的两只兔子，神态生动。此画上部偏右一处破绢，颜色发黄，整个来看，它比山水画绢"新"一些[39]。

1981年，在内蒙古的乌兰察布盟察右前旗豪欠营这个地方，发掘了几座辽墓。这里的墓葬，约在10年前遭群众乱挖破坏，后由当地部门组织发掘时，亦欠科学。然而，六号墓是这处墓地中最幸运的一座墓葬。

六号墓内葬一女性，年龄 24 岁左右。其身着的长袍、短袄、背心、裙等丝织品，有的已腐朽，有的已残破，有的保存尚为完好。即使是已腐朽的，也能分辨层次、质料及式样。尸体出土时，皮肉还有一定弹性。在清理过程中，逐渐干燥出现局部爆裂。尸体外形保存完整，呈干尸状，皮肤干硬，胸腹下陷，耻骨突起，五脏大部干朽，胸腹之间的隔膜保存较好，肺叶保存良好。背部及腰部的肌肉仍有韧性。四肢外形基本完整。头部脸面基本成骷髅状，但双目、嘴、鼻尚未露窍。发型完全保持原样[40,41]。这女尸的保存状况，虽远比不上长沙及江陵见到的尸体，但在迄今为止的考古发掘中，她是唯一见到的一具契丹女尸。

1988 年在黑龙江巨源金齐国王墓，是座竖穴土坑石椁木棺墓。下葬夫妇二人，男左女右。墓主人虽只剩骨骼，但男性著 8 层 17 件及女性身穿的 9 层 16 件衣服，却十分完整地保存下来。种类有袍、衫、裤、裙、腰带、鞋、袜、冠帽等，原料品种有绢、绸、罗、锦以及绫、纱等，蚕丝质料较好，有光泽、弹性，韧性良好[42]。

为什么在那么多埋有尸体及丝织品等这类软件的有机物质的墓葬中，竟有些墓葬中的尸体和纺织品及谷物一类的有机物质，被保存了下来。已知的数量虽然不多，分布地域却十分辽阔，在东经 90°～125°和北纬 23°～46°，均存在这类例证。年代最长的达近 2200 年；年代少者，从发掘所见来看，亦近千年。这里所说的年代，是可能保存的最低年限。像本节所述分布于长沙及江陵那种汉墓，如果不经发掘，仍原封不动地在墓中保存的话，其中的有机物质再能经多少年而不腐呢？这是我们难以说明白的。

至今，从上引例证取出的有机物质，尽管经目前所掌握科学技术加以保护，还能延长它们多少寿命？从已知情况看，所有从墓中取出的尸体及文物的状况，都比不上刚出土时的情形。这是可以肯定的。换句话说，迄今可提供的科学技术及文物保护的设施条件，事实上还达不到原封不动地保存于地下时所获得的实际条件。所以，目前谁也不敢肯定它们再能延长一两千年，即相当于这些尸体和文物存于墓中的那段时间。进而言之，马王堆女尸能再保护 200 年，就目前的科技状况而言，可以肯定地说是不能达到的。

基于这里所讲情况，一些有见识而又有责任感的考古工作者，都不主张急着挖那些可能有珍贵价值的大墓。

搞清楚上述有机物质能在墓中长久保存的情况，究明原因，对推动文物保护科技的发展，将是有益的。

二、古尸与文物不腐之谜及其启示

古墓中的尸体、棺椁和有机质地的随葬品都是腐败微生物的良好营养源。其中尸体不仅含有丰富的有机营养物，也有适量的水分，最适合于腐败微生物（是霉腐微生物的一部分，这里主要指腐生细菌）的生长繁殖。因此，尸体最易腐烂。在高温季节中，只需一周时日，尸体就腐坏发臭，一两年内，其肌肉等软组织都腐烂殆尽，数十年内，坚硬的长骨也将瓦解消失。至于棉、麻、丝、纸、木、竹等质地的随葬品及棺椁，几年，最多在数十年内，腐败微生物都能将它们分解消失掉[43]。

然而，前节所举的古籍记载及考古学发现之实例，说明墓中的有机物质，乃至尸体，可以完好地或较完好地保存几百年，一两千年，甚至更久。这些实证，是当前文物保护实验及实践中难以求得的。因此，明晰这些古墓中尸体和文物保存及保护状况，究明其原因，揭示其不腐之谜，将会从中获得保护古尸及文物的有益启示。

我国古代迷信灵魂，崇祖、敬祖，推行孝道，实行厚葬。妥善地保存尸体、墓地及墓葬设施和随葬品，是实行埋葬，尤其是厚葬所追求的一个目标。从考古发掘情况来看，在实行厚葬的墓葬中，尸体及墓葬中的有机质地棺椁及文物保存完好或比较完好者，仍是凤毛麟角。可以说，古人追求的上述目标，基本上未能达到。

为何如此，究其原因，根本上是因古人缺乏有关微生物方面的知识，对如何科学地防止腐败微生物的侵蚀，更是一无所知。那么，为何又能见到前节中那些尸体及随葬品中的有机物质得到完好地或较好地保存的实例？原因相当复杂。例如，死者以干尸的形式在干燥的环境中得以保存的原因，是干燥的环境缺乏水分。水分是微生物细胞的重要组成成分，同时，微生物体内的各种新陈代谢过程都离不开水，干燥会引起细胞失水，引起细胞内盐分浓度增高或蛋白质变性，导致生命活动降低或死亡。尸体在干燥的环境中，体液迅速蒸发，脱水干化，及时抑制了细菌腐化的酶解尸体过程。这样，就使尸体以干尸的形式被保存下来。这是墓中有机质伴葬品得以保存的原因，当然也是由于干燥的环境。可见，当我们追究死者以干尸形态和有机质随葬品得以较好地保存下来的原因时，尤其是在考古发掘未见保护尸体及随葬品措施的情况下，不便将死者以干尸形态和有机质随葬品被保存下来的原因，归之于是实现了人们埋葬死者时的有意追求。

宋人文惟简《虏廷事实》载："北人丧葬之礼，盖各不同。……惟契丹一种特有异焉。其富贵之家，人有亡者，以刃破腹，取其肠胃涤之，实以香药、盐矾，五采缝之；又以尖苇筒刺于皮肤，沥其膏血且尽，用金银为面具，铜丝络其手足。耶律德光之死，盖用此法"。"以尖苇筒刺于皮肤，沥其膏血且尽"，减少尸体水分，可造成减缓腐败微生物繁殖的条件；洗涤肠胃，"实以香药、盐矾"，能求到尸体防腐的效果。契丹这种木乃伊式处理尸体的办法，说明他们不仅已有了追求尸体不腐的愿望，而且还有尸体防腐的措施。无疑，这当然对尸体防腐起些作用，但效果上却未实现尸体不腐的追求。事实是：其一，考古发掘所见契丹墓葬中的尸体保存较好者，仅是鲜例；其二，内蒙古乌兰察布盟察右前旗豪欠营第六号辽墓墓主人尸体得以较好地保存下来的原因，据分析不是这里所说的处理尸体的直接结果。

据对豪欠营第六号辽墓女性墓主人尸体所进行的测定可知：一是尸体内砷含量较高，经换算约超出正常范围7～14倍；二是铜含量偏高，超出正常量300～800倍，是与尸体周身套穿铜丝网络有密切关系。有人认为砷能延缓尸体腐败过程。铜和铜绿［是铜表面所生成的绿锈，主要成分是碱式碳酸铜，化学式 $CuCO_3 \cdot Cu(OH)_2$］一直被认为是有毒物质，近年来的研究证明，铜和铜绿有杀菌作用[45]。遗憾的是，目前缺乏对墓葬及其环境测试的资料，而据迄今能掌握的材料估计尸体得以较好地保存的原因，很可能是：上述木乃伊式处理尸体的措施，对尸体防腐起了一定的作用，推迟了发生腐败的时间。据尸体解剖情况看，胸膜、腹膜，尤其是肺脏等组织中均发现数量不等的细菌芽孢可知，尸体发生了腐败过程。同时，也出现了或继续出现着使尸体中的砷、铜及铜绿含量提高的过程。而且在木乃伊式处理尸体减少水分基础上，尸体仍继续失水干化。从而使尸体增强了抑制乃至杀死细菌的因素，出现不利于细菌生长繁殖的环境，迫使腐败菌停止活动，形成芽孢进入休眠状态，于是尸体的腐败过程停止。这样，尸体才得以保存下来。在这一尸体能得以保存的诸原因中，砷的毒性强，对尸体防腐可能起主要作用。

玉匣殓尸能保持尸体不坏，是盛行于西汉统治者的方法。但在考古发掘中，无论是良渚文化中的被称为玉殓葬的墓葬，还是西汉以玉衣为殓的诸墓葬，均未见到完整的尸体。1968年在河北满城发掘的刘胜和其妻窦绾墓，墓主人均著金缕玉衣，然而尸体却已完全腐朽[46]。足见玉匣殓尸能保持尸体不坏只是古人的想象。那么又如何解释《后汉书 · 刘盆子传》叙述盗掘西汉诸陵所见“有玉匣殓者率皆如生”的情况？一是因为当时盗掘难如现代考古发掘那样，能识别出由于尸体腐烂的诸原因，导致玉匣失形以至散落成玉片后的玉匣，更不能据盗掘时可能见到其散失情况，将玉匣复原起来。因此，凡玉匣殓者而尸体已腐烂的死者，他们是难以发现的；二是此次盗掘的诸墓，均封实严密，盗掘时间离死者入墓时间不长，至多不过200年，故尸体当有保存完整者。故“玉匣殓者率皆如生”虽属实情，但以“如生”之原因归为玉匣殓尸，则难以成立。我国古代所说的玉，是近代矿物学的软玉，属于钙镁硅酸盐类，呈显微纤维结构，韧性很强。在我国软玉有白玉、青玉、碧玉、黄玉和墨玉等品种。1978年张培善同志对河北省满城汉墓出土的两件金缕玉衣进行了化学分析，其中二氧化硅（SiO_2）55.11%～55.60%、氧化铝（Al_2O_3）0.62%～1.24%、氧化亚铁（FeO）5.13%～5.12%、氧化镁（MgO）22.66%～23.02%、氧化钙（CaO）12.15%、氧化钠（Na_2O）

0.35%、氧化钾（K_2O）0.25%、结晶水（H_2O^+）0.57%～0.62%、吸附水（H_2O^-）0.18%～0.47%[47]，以上分析结果，组成该玉的各种化学成分均无毒，玉不具尸体防腐作用。

古人虽无微生物方面的知识，但从气候寒暖、潮湿与干燥、窖藏深浅以及冬藏食物是否密封等不同条件下，是否出现腐败和腐败程度的体验中，了解到在什么情况下，可延缓腐败现象的发生，甚至不出现腐败现象。《吕氏春秋·节丧篇》："家弥富，葬弥厚……题凑之室，棺椁数袭。积石积炭，以环其外。"，埋葬用炭，《左传》亦有记载。成公十二年传说："宋文公卒，始厚葬，用蜃炭"。蜃炭，据孔颖达《正义》引刘炫说是"用蜃复用炭"[38]。从考古学发现可知，这类墓葬自东周就已出现了。同时，在两湖地区，这类墓除用木炭外，其墓室还用白（青）膏泥填充。棺椁数袭，可密封尸体及随葬品，白膏泥、炭、蜃，对椁起着密封、断水、防潮的作用。显然，这是防止尸体及有机质随葬品腐烂所采取的措施。

长沙马王堆一号汉墓和湖北江陵凤凰山168号汉墓，就是因采取了上述那些措施，才得以妥善地保存了下来。

马王堆一号汉墓墓深16m，尸体用多层丝麻织物紧密包裹，置于一椁四棺内，棺均涂油漆，再在椁室上、下及四周，都塞满木炭和白膏泥，然后再在其上层层填土，夯实封固。木炭厚40～50cm，共约5000kg，白膏泥厚1～1.5m。木炭是具有许多细孔的无定形碳，吸水防潮性能好。白膏泥的化学成分是二氧化硅、三氧化二铝、氧化铁以及硫、钙、镁、钠、钾等，它黏性强、可塑性好、含水分多、渗透性极低。严密封实的白膏泥层，隔断了内外空气和水分的交流。除墓穴深外，其上还有高20多米的封土，对减少地面上的影响，防止雨水渗入墓室，均起重要作用。这使椁室与外界完全隔绝，其本构成高标准的恒温（温度精度在±2℃）、恒湿（湿度精度在±5%以内）、缺氧，腐败微生物无法生存的环境，基本上排除了物理、化学、生物等因素对各种物质的损毁作用，故墓内多层棺椁、墓主尸体及随葬器物都完好地保存下来[48]。

湖北江陵凤凰山168号墓墓坑深达10m，自地表至椁盖板深7.9m，椁室周围及椁盖板以上0.14m均填塞密度较大的青膏泥，其上5.26m为质粗且硬的青灰泥，青灰泥上面为五花土，填土均经夯打，夯层厚度为6～13cm，越接近椁室的青灰泥质地越细腻，夯层越薄，夯筑越紧，造成一个防潮、防水和隔绝空气的环境，使细菌无法生长。加之葬具坚实密封，棺液为碱性有抑菌杀菌及抑酶的作用，这些都是古尸能保存下来的重要因素。

上述两墓年代相近，所处地理环境相同。但墓中的尸体和随葬品的保存情况，存在一定差别。

其一，江陵凤凰山168号墓男尸尸体内部和体表组织内检出大量细菌芽孢，说明腐败微生物曾一度在尸体上繁殖过，引起了尸体初期腐败过程。尸体前额正中和两膝盖部分略有缺损，可能就是曾出现过腐败过程的证据。马王堆一号汉墓女尸的体内及体表都没有分离出真菌、细菌和病毒，尸体保存的程度与鲜尸差不多。可见，马王堆一号汉墓女尸，比江陵凤凰山 168 号汉墓男尸保存的更完整，更新鲜。

其二，长沙马王堆一号汉墓从棺椁到千余件随葬器物，如帛画、丝织品、漆器、竹木器、陶器、木俑等都保存得相当完整[49]。而江陵凤凰山 168 号汉墓葬具一椁二棺保存完好，随葬品五百多件，有竹简、漆器、木器、木俑、车，船等绝大多数保存完好，但丝麻织品绝大多数已腐朽，只有出于内棺尸体足部的双尖翘头方履保存极好。

出现这些差别的原因，一是马王堆一号汉墓埋的深度，远比凤凰山 168 号汉墓深；二是密封的程度，也远超过凤凰山 168 号汉墓。马王堆二、三号墓，特别是二号墓，则因白膏泥堆积较薄，分布不匀，密封程度不如同地的一号墓，导致墓内的保存情况就较一号墓差得多。正因为马王堆一号汉墓和凤凰山 168 号汉墓密封程度存在差异，就造成前者成了火坑墓，后者为水墓的不同情况。

168 号汉墓是典型的水墓，尸体浸泡在约 10 万 mL 的棺液中，积水线随着地下水位的升降而变化，说明棺液是来自地下渗水。而马王堆一号汉墓是典型的火坑墓，就是人们说的“火洞子”，据说墓的填土挖到接近白膏泥时，施工工人在地里用铁钎穿孔时，孔里喷出一股气，用火一点即燃，火焰颜色似酒精灯，明火无烟，这就是沼气，起燃烧作用的是甲烷。沼气是沼气菌（甲烷菌，属能运动的芽孢杆菌）在无氧的条件下分解纤维素等有机物质而产生的。沼气菌是厌氧菌（在有氧的环境中不能生存），沼气的产生说明墓中已无氧，那么墓中的氧气哪里去了？

在马王堆一号汉墓的随葬品中有猪、牛、狗、兔、鸡、鱼等熟肉食品，一笥约 40 个鸡蛋，还有梨、枣、梅等水果，都已败坏得只剩骨头、蛋壳和果核了。在女尸解剖过程中，发现女尸的肠道内发生过细菌繁殖、发酵产气的腐败过程[33,78]。这些事实说明马王堆一号汉墓，在埋葬的早期经历了一小段时间的腐败过程。由于墓室密闭不透气，大气中的气体难以进入，而腐败微生物是好氧微生物，在有氧气的环境中才能生长繁殖，在它们的新陈代谢过程中消耗氧气，产生二氧化碳和其他废物，由于腐败微生物的生长繁殖，使墓室中的氧气越来越少，环境条件越来越不适于腐败微生物生存。因此新陈代谢受阻，生命活动逐渐减弱，最后被迫停止生命活动，走向死亡。

在好氧微生物生命活动逐渐减弱，墓室中氧气逐渐减少的同时，厌氧微生物趁机繁殖起来。甲烷细菌在无氧条件下分解纤维素等有机物质产生甲烷、二氧化碳和有机酸等。甲烷细菌最初生长繁殖越来越旺，产生的甲烷（沼气）越来越多，当甲烷及二氧化碳等气体达到一定浓度，又抑制了甲烷细菌，由此甲烷细菌的生命活动逐渐减弱，最后死亡。这时墓室中的环境，无论是好氧微生物，还是厌氧微生物，都无法生存，一切生命活动停止。至此，墓室中的温度、湿度、气体成分和气压等都达到恒定状态，墓中的尸体和随墓品从此不受任何侵害长眠地下，而得到完好保存。如果，不因自然或人为的干扰而导致墓室环境变化的情况下，马王堆一号汉墓的墓主人尸体、墓内设施及随葬器物，将如发掘前那样，永远地保存下去。

第三节　环境条件对藏品的影响

一、温、湿度对藏品的影响

温度是衡量物质冷热程度的指标，我们所说的库内外温度是指库房内外空气的温度。测量温度的高低一般常用摄氏温度表示。

湿度是表明空气中水汽含量的多寡或空气干湿的程度。空气的湿度是以绝对湿度和相对湿度来表示的。绝对湿度是 $1m^3$ 的空气中所含有水蒸气的重量，以 g/m^3 表示。相对湿度是 $1m^3$ 空气中实际所含水蒸气的重量与同温度下饱和状态时所含水蒸气重量的百分比，用 RH 表示。它表明某一温度下空气中的含水蒸气的量与饱和点的差距，百分数越大，说明空气中含水蒸气量越接近饱和点，即湿度越大。

在影响馆藏文物寿命的诸多因素中，温、湿度是首要因素。不适宜的温湿度不仅会直接影响文物材质的耐久性，而且会加速一些不利因素对文物材质的破坏作用。例如，库房温度高于保管临界点 38℃ 时，纤维因水分散失而收缩，收缩的结果会使纤维质地藏品出现变色、发脆、强度降低等现象。特别是书画变化最为严重，常有起翘、卷曲、干裂等现象发生。据报道，温度在 10℃ 以上，每升高 10℃，各种化学反应会加速 1 ~ 2 倍，如纤维素的氧化作用加快，生成易粉碎的氧化纤维素。

库房温度低一些会减缓各种不利因素对文物材质的破坏速度，但也不是温度越低越好。因为纸张等藏品的纤维中，只有在一定的温度下，其内部结构的“水”才会处于平衡状态，才能具有相应的塑性和柔软度，而获得较理想的强度。大量实验证明，纸张含水率在 7% ±1% 时，纸张的强度和韧性最好。

温度过高或过低都会导致其内部结构的破坏，而加速藏品的老化。

库房湿度增高纤维会吸水膨胀，它们的吸水量随纤维的种类和大气的温、湿度而定，一般来说相对湿度越大，纤维的吸水量越大。例如，温、湿度变化过骤，常可引起文物的机械损伤，这种损伤从外观上不易被发现，在其内部悄悄地进行，对藏品是一种严重的威胁。由几种不同膨胀系数的材料制成的器物如木胎漆器，温、湿度的急剧变化，会使木胎变形，漆皮脱落。

库房湿度大会加速纤维素的水解，生成强度很差的水解纤维素，影响文物的耐久性。湿度大使金属文物如铁器、铜器等的电化锈蚀过程得以进行。石制文物也吸附空气中的水分而造成溶盐运动。湿度大更是霉腐微生物生长繁殖的极好条件。可以认为空气中含有的水分是文物保护工作中最有害的敌人。

总之，当不利因素存在时，库房的温、湿度越高，各种不利因素对文物材质的破坏作用越大。

库房内温、湿度变化常常是相伴发生，在不同的温度下，会有不同的相对湿度，如同一库房内温度升高，则相对湿度下降。

库房的温、湿度控制范围应依藏品的质地而定。纤维质地藏品库房温度最好能控制在 14 ~ 18℃，夏季也不超过 20℃，库内 24h 温差变化不超过 2 ~ 5℃。相对湿度最好能控制在 50% ~ 65%，库内相对湿度的变化不超过 3% ~ 5%。金属文物库房相对湿度必须控制在 45% 左右，湿度过大会加速金属的腐蚀作用。

二、光线对藏品的影响

博物馆展厅和文物库房采光，通常利用两种光源——日光和灯光。藏品中一切有机质地文物在光的直接照射下，都会遭到不同程度的损害。

光对文物材质耐久性的影响有三个方面。

1. 光辐射热

光具有能量，当其向外辐射时会产生热效应，可见光与红外线热效应大，称为热射线。

光辐射热会影响棉、纸张等植物纤维素材料的耐久性，使藏品局部温度升高，湿度下降，它可以使大分子断裂成小分子，使纤维素聚合度降低，机械强度下降。从而导致纸张、纺织品等材料变脆，弹性减弱。还可以使纸张变黄，使染料、颜料褪色，还能引起某些文物的局部过热或干燥，使一些漆器、木器起皱、龟裂、起泡、粉化剥落等。

2. 光氧化

聚合物在含氧的环境中，受到光的照射时会发生光氧化反应，经常引起聚合物的断链。纸张中的纤维素发生光氧化反应时，生成易粉碎的氧化纤维素，影响纸张的强度和耐久性，字迹材料在光氧化作用下也会产生褪色现象。

3. 光能的破坏作用

光是从发光体发射出的辐射线、电磁波，由于光在行进中成波状，所以也称光波。从太阳发射出现的光，其波长从 200nm 一直延续到 10 000nm。但当其穿过大气时，被吸掉了波长短于 290nm 的短波紫外线和波长长于 3000nm 的长波红外线。能够到达地面的光，根据其波长的不同可分为三类。一类是可见光，即人的视觉可以感受到的，其波长为 400～760nm，可见光又分为赤、橙、黄、绿、青、蓝、紫七种颜色，它们的波长各不相同。另外两类光是不可见光，即人的视觉感受不到的。一类是波长为 760～3000nm 的光，称为红外线。另一类是波长在 400～290nm 的光，称为紫外线。

光是具有一定能量的，发光体的原子在发射光波的时候，是一份一份地发射，好像一个一个的“能量颗粒”被发射出来，通常把每一份大小固定的能量颗粒称为光量子。光的吸收是以光量子为单位，通常以一个分子或一个原子吸收一个光量子的方式进行。当一个分子吸收了光的能量后，分子高度活化或者形成电子激发态，这种激发态分子是极不稳定的，只能保留一个极短的时间（约 1 亿分之 1 秒），必须通过各种途径失去这部分能量，回复到基态。通常有三种途径：第一，将能量以热量形式（分子振动）传递给邻近的分子，从而回到基态；第二，通过荧光、磷光和热的形式，以长波长发生再辐射；第三，引起光化学反应，以这种途径吸收能量而引起的光化学反应，能够使有机物受到破坏。

不同物质在一定能量的光的照射下引起化学反应，光的能量的大小，决定其破坏作用的大小。光的频率越大，波长越短其能量越大，紫外线波长最短，能量最大，因此对文物材质的破坏作用也最大。波长短于 250nm 的紫外线，能使空气中氧分子分解，形成活跃的、不稳定的、有毒的臭氧。波长在 160nm 以下的真空紫外线，可使氮分子和氧原子形成氮氧化物，是形成化学烟尘污染的一个要素。

纸张的基本成分是纤维素（$(C_6H_{10}O_5)_n$），是由许多个葡萄糖分子脱水聚合而成的长链大分子，在阳光的照射下，将加速纤维素的水解，水解产物为葡萄糖分子（$C_6H_{12}O_6$）。光亦可直接破坏纸张，紫外线能够切断纤维素的长链分子，破坏纤维素的内部结构，使纸张的机械强度大大降低。

半纤维素是多聚糖分子的混合物，包括多聚木糖、多聚甘露糖、多聚葡萄糖等，在光的照射下可加速多聚糖的水解，生成容易溶于水的木糖、甘露糖等简单的单糖。

木质素也是碳氢氧的化合物，它的结构单体是苯基丙烷，主环是苯基，侧链是丙烷的衍生物。在光的照射下将加速木质素的氧化过程，温度越高其氧化速度越快，氧化后生成褐色的氧化木质素。像期刊、报纸等的印刷纸中含木质素较多，遇光后就容易氧化，变黄发脆，使图书纸张的强度降低。

太阳光对纸张有破坏作用，人工灯光亦同样对纸张等有破坏作用。例如，用静电复印机复印、用照相机拍摄资料等，由于经过照度很大的白炽灯、石英灯、弧光灯照射，会使纤维素的机械强度下降。我们平时照明的白炽电灯、日光灯等对图书纸张亦有破坏作用。日光灯的乳白色玻璃管的内壁涂有一层荧光物质，灯管内充一些氩气和水银蒸气，通电后能发出紫外线，虽然大部分紫外线转变为可见光，但还有少量的紫外线没有转变为可见光，最低能放射 240mW 的紫外线，而且日光灯的瓦数越大，放射的紫外线就越多，对图书纸张的破坏作用就越严重。对丝织文物亦同样具有破坏作用。

据有关资料介绍：纸张如果在太阳高度角为 40°时，照射 50h 左右，就会变黄、发脆。在阳光的照射下，天然丝经过 200h，亚麻经过 999h，棉经过 940h，羊毛经过 1120h，其纤维机械强度都比原来降低了 50% 。

紫外线照射能引起丝绸泛黄，丝素分子中含有可能引起泛黄的带有芳香支链的氨基酸有色氨酸、组氨酸、酪氨酸、苯丙氨酸及脯氨酸。从结构上看，苯丙氨酸及脯氨酸的化学活泼性较低，难以在紫外线照射后产生变化，生成有色物质的可能性小，经紫外线照射引起泛黄的氨基酸主要是色氨酸和酪氨酸。

紫外线波长不同引起泛黄的程度不同，能引起丝绸泛黄的紫外线波长为 200 ~ 331nm，其中影响最大的波长是 279 ~ 292nm。

光照的影响是一种渐进的化学变化过程，经过一段时间后才能觉察出它破坏的严重性。除掉紫外线，可以使光化学反应造成的损失率减缓 2 ~ 3 倍，有的可以使展品的寿命延长 10 倍。

三、有害气体对藏品的影响

（一）臭氧

化学式 O_3，氧的一种高能同素异形体，呈蓝色气体，有特殊臭味。液态臭氧是深蓝色，固态臭氧是紫黑色，熔点 -192.7℃ ±2℃，沸点 -111.9℃。臭氧稳定性极差，在常温下的空气中 30min 左右即可自行分解为氧气。空气经紫外线照射和静电放电都可产生臭氧。

臭氧是一种强氧化剂，对许多无机物和有机物都具有氧化作用。臭氧在空气中含量虽然很少（每 $100m^3$ 空气中含 2.5mg 臭氧），但它对文物变质产生很大影响。

$$O_3 \longrightarrow O_2 + [O] + 24.3\text{kcal/g 分子}$$

原子态氧的活性比氧气大得多，再加上放出能量，对有机质地文物具有很强的破坏作用。臭氧可使有机物中的碳-碳双键、碳-氮双键等化学键断裂，还能生成过氧化物，这些过氧化物又可按自由基过程继续反应，使有机材料变质。

有氧存在，并有光照的情况下，纤维质地文物会发生强烈的氧化作用，生成易粉碎的氧化纤维素。氧的存在对金属文物也十分有害，金属因氧化而锈蚀。

氧对紫外线照射引起的丝绸泛黄有很大影响，是由于紫外线照射丝素分子产生自由基，再与氧反应所致。

（二）二氧化硫

化学式 SO_2，又名亚硫酸酐，是无色而有刺激性气味的一种有毒气体。熔点 -72.7℃，沸点 -10℃，二氧化硫是人口密集地区的最重要的大气污染物。大气中 SO_2 浓度达 $1\times10^{-6}\sim5\times10^{-6}$时，会刺激呼吸道，可使气管和支气管的管腔缩小，气道阻力增大。树木长期接触 SO_2 生长会减慢。

这种气体主要来自含硫燃料的燃烧、金属冶炼、石油炼制、硫酸生产和硅酸盐制品焙烧等过程。全世界每年向大气排放的二氧化硫约为 1.5 亿 t。工厂上空大气中的二氧化硫含量不得超过 0.02mg/L。

排至大气中的二氧化硫可缓慢地被氧化成三氧化硫，三氧化硫只占硫氧化物总量中的很小部分。

二氧化硫在常压下（-10℃）就能液化，易溶于水，通常情况下每升水溶解 40L 的 SO_2，和水反应生成亚硫酸：

$$SO_2 + H_2O \longrightarrow H_2SO_3$$

亚硫酸有漂白作用，对颜料和字迹均能使之褪色。又因亚硫酸是极不稳定的化合物，吸收空气中的氧以后，生成化学性质较稳定的硫酸：

$$2H_2SO_3 + O_2 \longrightarrow 2H_2SO_4$$

硫酸是一种强酸，具有强烈的吸水性、脱水性和氧化性，尤其是在较高温度时，能与许多金属或金属氧化物作用生成硫酸盐。因此，硫酸对铁质文物和铜质文物都有很强的腐蚀作用。对建筑材料、石制文物、壁画和有机质地文物都有腐蚀作用。

在书画等文物中，硫酸生成后会长久地存留在纸中，随着时间的推移硫酸越积越多，纸张的酸度越来越高。

书籍纸张在有硫酸存在时，将加速其中纤维素的水解速度，使纤维素聚合度降低，当聚合度降到 200 以下时，就会碎裂成粉末，使纸张的强度下降到零。

（三）硫化氢

化学式 H_2S，是一种大气污染物，有毒、恶臭的无色气体，熔点 -85.5℃，沸点 -60.7℃。当空气中含有 0.1% H_2S 时，就会引起人们头疼、晕眩，当吸入

大量 H_2S 时，会造成昏迷，甚至死亡。它来源于工业废气（炼油、炼焦、煤气、橡胶工业等）、废水、废渣和自然界。

硫化氢溶解在水中呈酸性反应，生成氢硫酸。氢硫酸是一种弱酸，具有漂白作用，可使字迹、颜料褪色，也可以使植物纤维素遭到破坏。氢硫酸还能使银、铜制品的表面发黑，能与许多金属离子作用，生成不溶于水或酸的硫化物沉淀。

（四）二氧化氮

化学式 NO_2，呈棕色气体，易溶于水，具有刺激性的气味。燃料在空气中高温燃烧时，可使空气中的氮氧化成氧化氮，化肥厂、制造硫酸或硝酸的工厂及各种用硝酸处理的工序都会排出氧化亚氮，氧化亚氮吸收空气中的氧气后生成二氧化氮。二氧化氮与水反应生成硝酸

$$3NO_2 + H_2O \longrightarrow 2HNO_3 + NO$$

二氧化氮在光的作用下会分解为氧化亚氮和初生态氧，因此，二氧化氮既是酸性有害气体，又是氧化性有害气体。

硝酸能加速植物纤维素的水解作用，使纤维素降解，强度降低。初生态氧又可加速纤维素的氧化，使之生成氧化纤维素。

（五）氯气

化学式 Cl_2，氯单质为黄绿色气体，有毒，剧烈窒息性臭味，熔点 -100.98℃，沸点 -34.6℃。氯气对人的鼻腔和喉有刺激作用，能引起胸部疼痛和咳嗽，每升大气中含有 2.5mg 的氯气时，即可在几分钟内使人死亡。在空气中，通常可允许的游离氯最高浓度为 0.001mg/L。氯气来源于制碱厂、氯气厂和用氯制造其他化学产品的工业。

氯具有强的氧化能力，能与有机物和无机物进行取代和加成反应；同许多金属和非金属能直接起反应。

空气中的氯离子是腐蚀金属特别活跃的因素。氯离子极易溶解在吸附水中，并具有很强的穿透力和盐吸湿性，青铜器上形成的绿色粉状锈，即“青铜病”就是氯化物腐蚀产生的。

氯易溶于水，在常温下，1 体积的水约能溶解 3 个体积的氯气。氯溶解在水中生成盐酸和次氯酸。

$$Cl_2 + H_2O \longrightarrow HCl + HClO$$

次氯酸不稳定，易分解为盐酸和初生态氧，初生态氧又会与空气中的氧发生作用，生成臭氧。

$$HClO \longrightarrow HCl + [O]$$

$$[O] + O_2 \longrightarrow O_3$$

因此，氯气既是酸性有害气体，又是氧化性有害气体。氯气的存在能加速书籍纸张纤维素的氧化作用和水解作用，缩短文物的保藏寿命，又可使字迹、颜料褪色[9,10,12,50~52]。

环境条件对文物材质的影响，往往不是一个因素在单独起作用，而是诸多因素相互促进，综合作用的结果。例如，在纤维素的水解过程中，酸促进 H_2O 电离成 H^+ 和 OH^- 离子。水的电离度很小，若没有酸存在水中 H^+ 很少，很难使纤维素水解。当有酸存在时，特别是硫酸、硝酸、盐酸等强酸，在水中几乎完全电离，能在很短的时间内满足纤维素水解时所需要的 H^+ 离子，酸加速了纤维素的水解。环境的温度过高或过低，光的照射，有害气体存在等情况下，都会导致纤维素内部结构的破坏而加速藏品老化。

第四章　霉害的防治

第一节　环境条件的控制

环境因素，如温度、湿度、氧气、pH、光线等都与微生物的生命活动有着密切关系，采取必要措施控制和调节这些环境因素，可抑制霉腐微生物的生长，使文物得到妥善保护。

一、控制库房的温湿度

空气调节装置能使库房内空气的温度、湿度、洁净度和流动速度符合一定的要求，因此，是达到文物保护要求环境条件的理想设备。一些发达国家的文物库房几乎全部空调化，使库房内长久地保持清新洁净、恒温恒湿的环境，这对延长文物的寿命起了良好的作用。随着我国机械工业的发展，空调设备在文物保护中的使用会越来越普遍。但目前空调设备价格较高，而且使用费也颇多，大多数博物馆都无力负担。许多中小型博物馆都采用密闭、通风、降湿等方法控制与调节库房的温湿度。

（一）密闭

密闭的作用是防止或减少库外不适宜的温湿度对库内的影响，以便使库内比较适宜的温湿度能够相对稳定。因此，密闭是控制和调节库房温湿度不可缺少的措施。

库房密闭的重点是门窗的密闭。对于库房多余的门窗要完全封闭，不再打开。对于需保留的门窗，则采取措施提高其密封程度。一般的做法是在门窗框上嵌以橡皮条、呢条、绒条或用纸条将缝隙糊严。

库房通往库外的门应有一个过渡间，进库房时先打开过渡间的门，进入过渡间后把门关好，再打开库房门进入库内，再关好库房门。这样可减少库外不适宜的温湿度对库内的影响。

密闭只能控制库房温湿度，而不能起调节作用。只靠密闭这一措施是无法使库房温湿度达到标准范围的，因此，密闭必须和通风及调节库房温湿度的其他措施相结合。

（二）通风

通风是根据空气流动的规律，有计划地使库内外的空气进行交换，以达到调节库内空气温湿度的目的。通风是调节库内空气温湿度的简便易行且比较经济的有效措施。

通风的方式有两种：一种是机械通风；另一种是自然通风。机械通风是在库房的通风口装有风扇，靠风扇的机械力量使库内外的空气得以交换。在使用机械通风时，既要设进风口，又要设排风口，以保证空气能够对流，使库内外空气得到充分交换。

自然通风就是打开库房的门窗进行通风，它是利用库内外空气的热压差和库外风力进行的。当温度不同时，空气的密度不同，压力也不同。空气温度越高，空气密度越小，压力也越小；空气温度越低，空气密度越大，压力也越大。因此，当打开库房门窗时，只要库内外温度不同，空气压力大的一方就向压力小的一方流动，这样就使库内外的空气得到交换，达到通风的目的。库外风力越大通风效果越好，但风力过大空气中含尘量增加，不利于文物防尘。因此，一般通风时，库外风力不能超过三级。

库房通风的主要目的是降低库房湿度，同时调节库房温度。

自然通风降潮必须根据库内外相对湿度的大小来进行，因此要掌握相对湿度的变化规律。

当温度和绝对湿度发生变化时，相对湿度也随之发生变化，但变化时情况不同。相对湿度随绝对湿度的变化是成正比关系，即在温度相同的条件下，绝对湿度增大时相对湿度也增大；绝对湿度减小时，相对湿度也减小。但是，相对湿度随温度的变化却是成反比关系。即在绝对湿度相同的情况下，温度上升时，相对湿度下降；温度下降时，相对湿度上升。

环境温湿度的实际变化情况比较复杂，往往温度和绝对湿度两个因素同时在起变化。如果因温度的关系所起的变化大于因绝对湿度的关系所引起的变化时，其结果相对湿度主要将随温度的变化而变化。

进行自然通风有三种情况。

（1）库外温度高于库内温度，库外绝对湿度小于库内绝对湿度时，是利用自然通风降湿的最理想情况。这时自然通风可以使库内的相对湿度下降，这种情况一般出现在盛夏或初秋季节，库外的相对湿度往往低于库内50%左右。

（2）当库外的温度和绝对湿度都小于库内时，也是利用自然通风的良好时机。这种情况大多出现于冬季。

（3）当库外的温度和绝对湿度都高于库内，这种情况一般不可随便通风，否则可能使库内湿度上升。

自然通风是简单易行的库房降潮方法，只要掌握住库内外温湿度的变化规律，就可以应用于实践。

自然通风不仅能调节库房的温湿度，还是防止大气微生物污染的有效措施。通过空气流动、空气的稀释作用和微生物的沉降作用，可使室内空气中微生物的数目明显减少[9,10,51~57]。

（三）降湿

自然通风降潮受季节的限制，不能随时有效地控制库内的相对湿度，因此，采用去湿机是个好办法。

去湿机的种类很多，但其原理相同。去湿的原理是用冷冻方法使通过的空气温度降到露点温度以下，将一部分水蒸气凝析出来，以降低空气中的湿度。

去湿机性能稳定可靠，可以连续降湿，而且使用管理比较方便。如 KQF-6 型空气去湿机，在环境温度 10 ~ 30℃，相对湿度 90% 以内能正常工作，去湿量（室温 27℃，相对湿度 70%）6kg/h，适用面积 300 ~ 500m^2。

目前我国去湿机的品种繁多，性能也各不相同。在购买去湿机时，首先要了解各厂家去湿机的型号、性能等方面的情况，否则选择不当，可能会使机器负荷过大，容易造成事故；也可能使机器负荷过低，在经济上造成浪费等。因此，选用适当的降湿设备是经济有效地控制库房温湿度的先决条件。

根据库房面积所需去湿机的除湿量如下：

库房面积（m^2）	除湿量（kg/h）
100 ~ 300	2 ~ 4
300 ~ 500	6 ~ 10
500 ~ 1000	10 ~ 15

二、防光的措施

为了防止或减少光对文物材质的破坏作用，一般可采取如下措施。

（1）为了防止阳光的直接照射，库房的窗子要小、要少。在窗上可采取遮阳措施，如搭凉棚、遮阳板等，以太阳光不能直接照射在文物柜、架上为宜。

（2）为了防止或减少漫射（散射）光中的紫外线进入库内，在库房窗玻璃上应采取一定的措施：

第一，在库房窗子上加设窗帘或百叶窗，可以减少紫外线的透入。也可在库房窗子上设置木板窗或铁皮窗，当库内不需使用自然光源时，可将木板窗或铁皮窗关上。

第二，库房窗子使用毛玻璃、花纹玻璃等，因其表面粗糙不平，对光线可产生重复反射，从而减少了光透过量。也可使用有色玻璃，不同颜色的玻璃对可见光中的各种颜色光的透过情况不同，如红色玻璃可以透过可见光中波长较长的红光，而对波长较短的蓝紫光具有吸收作用。一般以用红、绿、黄色玻璃为宜。另外，以白铅粉和桐油相混合（2∶1），用汽油稀释，涂在玻璃上，也可以滤掉一部分紫外线。

第三，在库房窗玻璃上涂刷紫外线吸收剂，能取得更为理想的效果。

紫外线吸收剂要具有足够的光稳定性和对最有害的波长（一般为 300 ~ 400nm）范围内的光具有较强的吸收能力。例如，2，4-羟基二苯甲酮，可吸收 380nm 以下的紫外光。2，2-羟基二苯甲酮，可以吸收 400nm 以下的紫外光。

紫外线吸收剂完全可以透过可见光，不影响库内采光。

（3）为了防止或减少人工光源中的紫外线，库内使用人工光源时，应使用白炽灯，即普通的钨丝灯泡。不宜使用日光灯，因为日光灯发射出的紫外线比白炽灯多。白炽灯发出的可见光成分中，长波光谱强，短波光谱弱，呈红色，因此紫外线比例小。

（4）当文物被淋湿或受潮时，不要放在烈日下曝晒，应放置在阴凉通风处自然晾干。

（5）古籍类的书一般不宜用静电复印机复印，必须要复印的资料，尽量做到不用太强的光和减少曝光次数。尽量减少文物被拍照的次数[9,53,54,58～61]。

三、防有害气体与防尘的措施

防有害气体与防尘的措施具体有七方面。

（1）正确选择文物库房的地址是防有害气体与灰尘的经济而有效的办法。文物库房的地址尽量做到不靠近污染较大的工厂、矿区，与大居民点或繁华的街道有一定的距离。最好库房建在这些地区的上风处，可大大减少有害气体与灰尘的影响。

（2）文物库房要实行密闭，以减少有害气体和灰尘对文物的影响。

（3）库房内的天花板、墙壁、地板等，以水平、光滑、坚固易清洗为宜，以防建筑物内表面起尘。

（4）使用空调装置净化和过滤灰尘与有害气体，能收到较理想的效果，这是空气通过过滤器而实现的。

（5）文物入库前应做适当的除尘处理。进入库房的工作人员衣服、鞋、帽要干净，最好能更换工作服和拖鞋。

（6）库房周围要保持清洁，厨房、锅炉房等不能靠近库房，库房附近更不能堆放煤、杂物及垃圾等，更须经常做好库房内的清洁卫生工作。

（7）在文物库房周围进行绿化，植物特别是树木，对灰尘有明显的阻挡、过滤和吸附作用。

树木的减尘作用表现在两方面：一方面由于树木的枝叶茂密，具有减低风速的作用，随着风速的减低，空气中携带的大粒灰尘就会下降；另一方面，由于植物的叶片表面凸凹不平，有的多皱纹，有的叶面粗糙或有绒毛，还有的叶子能分泌油脂和汁液等，这些特点都有利于吸附和黏着空气中的飘尘。

植物净化大气主要是通过叶片的作用实现的。因此，就同一种植物而言，叶的面积越大，叶片生产量越高，净化作用越强。一般可以应用植物生态学中的“叶面积指数”（即植物的总叶面积与该植物所占土地面积之商）作为衡量植物净化功能的一个参数。在这方面，木本植物比草本植物有明显的优势。

吸附灰尘的叶表面，经过雨水的冲刷后，又恢复其滞尘作用。据资料介绍，$1hm^2$ 森林可有 $75hm^2$ 过滤烟尘、粉尘的叶表面积，尤以槐树、杨树等阔叶树的过滤效果最好，松、杉等针叶树较差。

以下是绿色植物（包括树木和草坪）净化大气的主要作用。

（1）对降尘和飘尘有滞留和过滤作用。据测定，$1hm^2$ 栎树林，每年吸尘量高达 680t；$1hm^2$ 云杉林，每年吸尘 320t；一条 36m 宽的乔木林带，能使空气中飘尘含量减少 30% 以上；绿化较好的街道比无绿化街道，空气中含尘量低 56.7%；榆树叶每平方米叶面积，在 24h 内就能吸尘 3.93g。草地吸附粉尘的能力比裸露的地面大 70 倍。在温暖、湿润、养料充足、供氧良好的环境中，植物的吸尘净化能力强。

（2）绿色植物光合作用能吸收二氧化碳，放出氧气，维持人类生存环境中二氧化碳与氧气的平衡。

花草树木是天然的“吞碳能手”和“制氧工厂”，通过光合作用，以每吸收 44g 二氧化碳，同时生产出 32g 氧气的能力，自动地调节空气中氧气和二氧化碳的浓度和比例，使空气清新。

整个地球上的绿色植物，在阳光作用下，每年可从大气中吸收二氧化碳 2300 多亿吨，其中森林的吸碳量占 70%。在城镇里，$1hm^2$ 公园绿化面积，夏秋季节每天能吸收二氧化碳 900kg，$1hm^2$ 阔叶树林，在生长季节每天吸收二氧化碳高达 1t，就是 $1m^2$ 生长良好的草坪，每天也能吸收二氧化碳 36g。通常一个 $10m^2$ 的森林绿化面积或 $25m^2$ 的草坪，就能把一个人一天呼出的二氧化碳全部吸收掉。

（3）在植物抗性范围内，能通过吸收而减少空气中的二氧化硫、氟化氢、氯气等有害物质的含量。

据研究，绝大多数的花草树木，都具有较强的吸硫能力，如 $1hm^2$ 柳杉树林，每年就能从空气中吸收 SO_2 达 720kg；$1hm^2$ 柑橘树林，每年从空气中吸收的 SO_2

高达 1400kg 余；紫花苜蓿的吸硫能力更强，25km^2 的紫花苜蓿地，每年的吸硫量达 600t 以上，许多树木及花草，都能从空气中吸收大量的 SO_2。

氟化氢（HF）是无色、具有臭味的剧毒气体。绿色植物普遍具有吸收氟的能力。当氟化氢毒气通过一条约 20m 宽的臭椿、榆树等组成的林带后，其浓度可降低 40% 以上；通过厚度为 30cm 的紫花苜蓿覆盖层之后，其浓度可降低 80%。

大多数的花草树木都具有吸收、积累氯气的能力，都能起到降低空气中氯气浓度的作用。例如，生长在距氯气污染源 400 ~ 500m 处的刺槐、银桦，每千克干叶含氯量分别为 16.68g 和 13.72g，而生长在非污染区的这两种树，每千克干叶中含氯量却都在 0.5g 以下。

（4）在植物抗性范围内，能减少臭氧的发生。许多花草树木都具有吸收空气中臭氧的能力。尤其以银杏、柳杉、海桐、悬铃木、樟树、松树、刺槐、女贞、冬青、连翘、夹竹桃等树种的吸收臭气能力最强。一片 5m 高的松树林，就可使周围空气中臭氧含量减少 1/3。

（5）对某些重金属有吸收和净化作用。许多树木花草能吸收汞蒸气，如夹竹桃、棕榈、樱花、桑树、大叶黄杨、八仙花、美人蕉、紫荆、桂花等。吸收铅烟能力强的树木，有悬铃木、构树、女贞、大叶黄杨、槐树、刺槐、石榴等。还有一些树木，如红楠木、五爪楠、柃木、天仙果等能吸收空气中的铜、锌、镉等重金属物质。

（6）绿色植物能吸收放射性物质。一些绿色植物，如栎树和一些杜鹃花科的乔木，不但能吸收大量放射性物质，而且仍能生长良好。有人研究证明，阔叶树林吸收放射性物质的能力，比针叶树林强得多。

（7）有过滤细菌或杀菌作用。花草树木杀灭细菌和病毒的能力，主要取决于它分泌并散发的挥发性芳香物质。全世界森林，每年散发出来的挥发性芳香物质有 1.75 亿 t 以上。1hm^2 松树或桧柏树林，一昼夜分泌挥发性芳香物质可达 30 ~ 60kg，并均匀地散发到周围 2km 远的地方，对该环境空气中的细菌有杀灭作用。白皮松、雪松、桧柏、柏树、柳杉、柠檬、橙树、紫薇、稠李等树木散发的挥发性芳香物质，可在 5 ~ 8min 内把病菌杀死。黑胡桃树的挥发性芳香物质灭菌能力更强，可在 5 ~ 15s 内速战速决。因此，人们称花草树木的挥发性芳香物质为净化空气的天然“杀菌素”。可见绿色植物是大气的天然净化器和滤器。

（8）绿色植物能调节局部环境的温湿度，冬季使环境的最低温度升高，春秋两季可以缓和温度的日变化幅度，夏天具有降温作用。据北京、南京等地测定，夏天绿地的气温比非绿地的气温低 3 ~ 5℃，比建筑群的气温低 10℃左右。

在北方绿化可以防止环境过分干燥[54,59~61]。

绿色植物不断地进行着水分蒸腾作用。蒸腾作用主要是指水分在叶片的同化细胞表面蒸发为细胞间隙的水汽，水汽再经过气孔下空隙由气孔向外发散的过程。植物一生不断地吸收水分，耗水量十分巨大，植物吸收水分90%～99%以上由蒸腾作用向外发散。水分蒸发必然要带走大量的热，因此蒸腾作用能降低环境的温度，同时增加了空气的湿度。

第二节　文物霉菌的监测与调查

一、文物霉菌的监测

据故宫博物院实验室测定，1992年故宫储秀宫室外空气温度，6月最高平均温度为31.2℃，最低平均温度为18.7℃；7月最高平均温度为33.3℃，最低平均温度为22.6℃；8月最高平均温度为30.6℃，最低平均温度为21℃，6～8月的北京自然温度均适合霉菌生长，当相对湿度达到80%以上，便可能长霉。因此，从6月开始就要定期检查文物库房的湿度和文物是否长霉，特别是湿热天气更要格外注意。

我国大部分地区位于北温带和亚热带，我国夏季普遍高温，降水量多。长江流域及其以南地区，夏季平均温度为30℃，相对湿度为85%，湿热时间长，一年中平均每天有12h温度超过20℃，相对湿度超过80%的时间。这样的温、湿度条件很适合霉菌生长，因此，这些地区的文物霉菌监测工作就显得更加重要。根据本地区的气候特点和本馆文物库房的具体情况，制定方便适用的监测方案。

如发现有文物生霉的情况，采取措施把霉菌消灭在萌芽状态，消灭得越早、越彻底越好。

二、文物霉菌调查

为防止霉害发生，或者对已存在的霉害如何治理，首先要了解清楚文物上生长的霉菌有哪些种；它们的分类位置怎样；并找出数量多危害大的霉菌种类，以便对症下药，为此要对文物上的霉菌进行调查分析。

下面简述故宫文物霉菌的调查情况：

时间：1989年8月初

地点：故宫各文物库房

方法：在霉菌高发季节，用经过消毒的脱脂棉球在有霉斑或没有霉斑的文物表面采样，然后培养、分离纯化、鉴定。培养温度为25℃和28℃。一般说，在28℃情况下不如25℃生长好，如毛霉、根霉在低于26℃的情况下才能长好。因28℃是北京夏秋之交高湿季节的温度，所以，除使用25℃作为培养温度外，也使用28℃作为培养温度。

共调查文物35件，其中有纸、丝、棉、鸟毛、兽毛、骨、木、漆器、皮、象牙、竹、墨、玉、玻璃砂等不同质地的文物。从用途上看，有床上用品（木床、围帐）、衣物（龙袍、绸缎衣、盔甲）、书画、笔墨、棋盘、扇子、门神、盆景、供桌等，涉及面广，具有代表性。

每件文物上鉴定出的霉菌，按数量从多到少依次排列，见表4-1。

表4-1　故宫文物霉菌

编号	文物名称	菌名
1	袁昭道蓬莱仙境	绿色木霉（*Trichoderma viride* Pers. ex Fr.） 变色曲霉（*Aspergillus variecolor* Thom & Raper） 桔青霉（*Penicillium citrinum* Thom）
2	扇面	黄曲霉（*Aspergillus flavus* Link） 华丽曲霉（*Aspergillus ornatus* Raper. Fennell & Tresner） 毛霉属（*Mucor*）
3	扇骨	斜卧青霉（*Penicillium decumbens* Thom） 绿色木霉（*Trichoderma viride* Pers. ex Fr.）
4	门神（布）	球毛壳霉（*Chaetomium globosum* Kunge ex Fries） 烟曲霉（*Aspergillus fumigatus* Fresenius） 蜡叶枝孢霉［*Cladosporium herbarum*（Persoon）Link］
5	朗吟阁法贴（纸）	绿色木霉（*Trichoderma viride* Pers. ex Fr.） 水节霉属（*Leptomitus*）
6	蓝色团龙直径纱	黑根霉（*Rhizopus nigricans* Ehrenberg） 荨麻青霉（*Penicillium urticae* Bainier）
7	缎女披	毛霉属（*Mucor*） 宛氏拟青霉（*Paecilomyces varioti* Bainier） 黑曲霉（*Aspergillus niger* V. Tiegh）
8	盔甲上的红绸	黑根霉（*Rhizopus nigricans* Ehrenberg） 枝孢属（*Cladosporium*）
9	盔甲上的皮条	黑根霉（*Rhizopus nigricans* Ehrenberg） 牵连青霉（*Penicillium implicatum* Biourge） 黄绿青霉（*Penicillium citreo-viride* Biourge）
10	盔甲蓝布夹里	黑根霉（*Rhizopus nigricans* Ehrenberg） 牵连青霉（*Penicillium implicatum* Biourge） 毛壳霉属（*Chaetomium*）
11	盔甲上蓝棉布带	黑根霉（*Rhizopus nigricans* Ehrenberg） 淡黄青霉（*Penicillium luteum* Zukal） 黑曲霉（*Aspergillus niger* V. Tiegh）

续表

编号	文物名称	菌名
12	龙袍缎袖	绿色木霉（*Trichoderma viride* Pers. ex Fr.） 桔青霉（*Penicillium citrinum* Thom） 荨麻青霉（*Penicillium urticae* Bainier）
13	孔雀毛（龙袍）	牵连青霉（*Penicillium implicatum* Biourge） 黑根霉（*Rhizopus nigricans* Ehrenberg） 常现青霉（*Penicillium freguentans* Westling）
14	红木画轴	黑曲霉（*Aspergillus niger* V. Tiegh） 变灰青霉（*Penicillium canescens* Sopp） 牵连青霉（*Penicillium implicatum* Biourge）
15	棋盘（纸）	黑曲霉（*Aspergillus niger* V. Tiegh）
16	紫檀供桌	枝孢属（*Cladosporium*）
17	松木床	黄曲霉（*Aspergillus flavus* link） 蜡叶枝孢霉［*Cladosporium herbarum*（Persoon）Link］ 黑曲霉（*Aspergillus niger* V. Tiegh） 桔青霉（*Penicillium citrinum* Thom）
18	松木床帐（石青缎）	枝孢属（*Cladosporium*） 烟曲霉（*Aspergillus fumigatus* Fresenius） 球毛壳霉（*Chaetomium globosum* Kunge ex Fries）
19	骨	桔青霉（*Penicillium citrinum* Thom）
20	漆器	变色曲霉（*Aspergillus variaecolor* Thom & Raper）
21	丝线	桔青霉（*Penicillium citrinum* Thom） 点青霉（*Penicillium notatum* Westling）
22	玻璃砂	桔青霉（*Penicillium citrinum* Thom） 绿色木霉（*Trichoderma viride* Pers. ex Fr.） 变色曲霉（*Aspergillus variaecolor* Thom & Raper）
23	玉	桔青霉（*Penicillium citrinum* Thom） 水节霉属（*Leptomitus*） 蜡叶枝孢霉［*Cladosporium herbarum*（Persoon）Link］ 宛氏拟青霉（*Paecilomyces varioti* Bainier） 牵连青霉（*Penicillium implicatum* Biourge）
24	绢叶	绿色木霉（*Trichoderma viride* Pers. ex Fr.） 蜡叶枝孢霉［*Cladosporium herbarum*（Persoon）Link］ 宛氏拟青霉（*Paecilomyces varioti* Bainier） 常现青霉（*Penicillium freguentans* Westling） 紫色红曲霉（*Monascus purpureus* Went）
25	鸟毛	未检出

续表

编号	文物名称	菌名
26	纸假山	黑曲霉（*Aspergillus niger* V. Tiegh） 变色曲霉（*Aspergillus variaecolor* Thom & Raper）
27	缎垫（象牙盒内）	根霉属（*Rhizopus*） 康氏木霉（*Trichoderma koningi* Oud.） 宛氏拟青霉（*Paecilomyces varioti* Bainier）
28	沉香木	康氏木霉（*Trichoderma koningi* Oud.） 宛氏拟青霉（*Paecilomyces varioti* Bainier） 黄曲霉（*Aspergillus flavus* Link） 圆弧青霉（*Penicillium cyclopium* Westling） 黑曲霉（*Aspergillus niger* V. Tiegh）
29	白玉花瓣	绿色木霉（*Trichoderma viride* Pers. ex Fr.） 黄曲霉（*Aspergillus flavus* Link） 米曲霉［*Aspergillus oryzae*（Ahlb.）Cohn.］ 常现青霉（*Penicillium freguentans* Westling）
30	象牙花瓣	未检出
31	丝线（盆景）	黑曲霉（*Aspergillus niger* V. Tiegh） 桔青霉（*Penicillium citrinum* Thom） 绿色木霉（*Trichoderma viride* Pers. ex Fr.）
32	墨	桔青霉（*Penicillium citrinum* Thom） 微小毛霉（*Mucor pusillis* Lindt）
33	漆器	黄绿青霉（*Penicillium citreo-viride* Biourge）
34	墨笔杆	绿色木霉（*Trichoderma viride* Pers. ex Fr.）
35	笔毛	绿色木霉（*Trichoderma viride* Pers. ex Fr.） 黄曲霉（*Aspergillus flavus* Link） 宛氏拟青霉（*Paecilomyces varioti* Bainier）

此次调查出文物霉菌的分类，基本按《真菌的形态和分类》一书所提出的标准划分，属于真菌门3纲、5目、7科、10属、24个种。具体分类情况如下：

真菌门（Eumycota）
　子囊菌纲（Ascomycetes）
　　真子囊菌亚纲（Euascomycetidae）
　　　炭角菌目（Xylariales）
　　　　毛壳科（Chaetomiaceae）
　　　　　毛壳霉属（*Chaetomium*）
　　　　　　球毛壳霉（*Chaetomium globosum* Kunge ex Fries）
　　　散囊菌目（Eurotiales）

散囊菌科（Eurotiaceae）
　曲霉属（*Aspergillus*）
　　黑曲霉（*Aspergillus niger* V. Tiegh）
　　黄曲霉（*Aspergillus flavus* Link）
　　变色曲霉（*Aspergillus variaecolor* Thom & Raper）
　　烟曲霉（*Aspergillus fumigatus* Fresenius）
　　米曲霉［*Aspergillus oryzae*（Ahlb.）Cohn.］
　　华丽曲霉（*Aspergillus ornatus* Raper，Fennell & Tresner）
　青霉属（*Penicillium*）
　　桔青霉（*Penicillium citrinum* Thom）
　　斜卧青霉（*Penicillium decumbens* Thom）
　　荨麻青霉（*Penicillium urticae* Bainier）
　　牵连青霉（*Penicillium implicatum* Biourge）
　　黄绿青霉（*Penicillium citreo-viride* Biourge）
　　淡黄青霉（*Penicillium luteum* Zukal）
　　常现青霉（*Penicillium freguentans* Westling）
　　变灰青霉（*Penicillium canescens* Sopp）
　　点青霉（*Penicillium notatum* Westling）
　　圆弧青霉（*Penicillium cyclopium* Westling）
　红曲霉属（*Monascus*）
　　紫色红曲霉（*Monascus purpureus* Went）
裸囊菌科（Gymnoascaceae）
　拟青霉属（*Paecilomyces*）
　　宛氏拟青霉（*Paecilomyces varioti* Bainier）
藻状菌纲（Phycomycetes）
　接合菌亚纲（Zygomycetidae）
　　毛霉目（Mucorales）
　　　毛霉科（Mucoraceae）
　　　　毛霉属（*Mucor*）
　　　　　微小毛霉（*Mucor pusillis* Lindt）
　　　　　　根霉属（*Rhizopus*）
　　　　　黑根霉（*Rhizopus nigricans* Ehrenberg）
　卵菌亚纲（Oomycetidae）
　　水节霉目（Leptomitales）
　　　水节霉科（Leptomitaceae）

水节霉属（*Leptomitus*）

半知菌类（Deuteromycetes）

丛梗孢目（Moniliales）

丛梗孢科（Moniliaceae）

木霉属（*Trichoderma*）

康氏木霉（*Trichoderma koningi* Oud.）

绿色木霉（*Trichoderma viride* Pers. ex Fr.）

暗色孢科（Dematiaceae）

枝孢属（*Cladosporium*）

蜡叶枝孢霉［*Cladosporium herbarum*（Persoon）Link］

在35件文物中已鉴定出的24种霉菌出现的概率见表4-2～表4-4。

表4-2 故宫文物霉菌各属出现概率排次 （单位：次）

青霉属		曲霉属		木霉属		根霉属		拟青霉属		芽枝霉属		毛壳霉属		毛霉属		红曲霉属	
菌名	菌次	菌名	菌次	菌名	菌次	菌名	菌次	菌名	菌次	菌名	菌次	菌名	菌次	菌名	菌次	菌名	菌次
桔青霉	9	黑曲霉	8	绿色木霉	10	黑根霉	6	宛氏拟青霉	6	蜡叶枝孢霉	4	球毛壳霉	2	微小毛霉	1	紫色红曲霉	1
牵连青霉	5	黄曲霉	5	康氏木霉	2												
常现青霉	3	变色曲霉	4														
荨麻青霉	2	烟曲霉	2														
黄绿青霉	2	华丽曲霉	1														
斜卧青霉	1	米曲霉	1														
淡黄青霉	1																
变灰青霉	1																
点青霉	1																
圆弧青霉	1																

表 4-3　故宫文物霉菌各种出现概率排次　（单位：次）

菌名	出现菌次	菌名	出现菌次
绿色木霉	10	黄绿青霉	2
桔青霉	9	康氏木霉	2
黑曲霉	8	球毛壳霉	2
黑根霉	6	华丽曲霉	1
宛氏拟青霉	6	斜卧青霉	1
牵连青霉	5	淡黄青霉	1
黄曲霉	5	变灰青霉	1
变色曲霉	4	点青霉	1
蜡叶枝孢霉	4	紫色红曲霉	1
常现青霉	3	圆弧青霉	1
烟曲霉	2	米曲霉	1
荨麻青霉	2	微小毛霉	1

从表 4-2 统计，共出现 79 菌次，其中青霉属出现 26 菌次，占全部的 33%；曲霉属出现 21 菌次，占全部的 27%；木霉属出现 12 菌次，占全部的 15%；根霉属和拟青霉属都出现 6 菌次，各占全部的 7. 6%。青霉属和曲霉属共出现 47 菌次，占全部的 60%，说明青霉属和曲霉属的霉菌种类多、数量大、分布广、最易发生，当是危害文物最普遍而可能最严重的属，其次是木霉属、根霉属、拟青霉属。从表 4-3 看，出现概率较多的霉菌有：绿色木霉、桔青霉、黑曲霉、黑根霉、宛氏拟青霉、牵连青霉、黄曲霉、变色曲霉、蜡叶枝孢霉。它们当是危害文物最普遍而可能是最严重的霉菌，具体危害程度需待进一步实验和定性定量分析[62~66]。

一次文物霉菌调查很难避免片面性和不准确性，因为文物库房的自然条件与人工培养条件差异很大，霉菌的生长情况不会完全相同。因此，要搞清楚霉菌在文物上的发生规律，为防霉、治霉提供可靠依据，就需要在不同环境中的同类文物或相同环境下的不同类文物上做大量的调查研究工作。

表 4-4 故宫各类文物霉菌的种类与数量

霉菌	丝织品					木制品					书画			布衣			竹		皮			玉					水笔毛			墨		布画			孔雀毛			玻璃砂			漆器		骨	
	1	2	3	4	5	1	2	3	4	5	1	2	3	1	2	3	1	2	1	2	3	1	2	3	4	5	1	2	3	1	2	1	2	3	1	2	3	1	2	3	1	2	1	2
黑曲霉	1		1			1		1		1	2					1																											
黄曲霉						1		1			1											1					1																
变色曲霉													2																												1	1			
烟曲霉		1																																1											
米曲霉																									1																				
华丽曲霉													1																																
桔青霉	1	2							1					1									1									1									1					1	
斜卧青霉																			1																										
荨麻青霉		1	1																																									
牵连青霉								1							1					1						1										1								
黄绿青霉																							1																			1			
淡黄青霉															1																												
常现青霉				1																					1													1						
变灰青霉							1																																					
点青霉		1																																									
圆弧青霉									1																																			
绿色木霉	2		1								2						1	1				1					1													1					

续表

霉菌	丝织品					木制品					书画			布衣			竹		皮			玉					水笔毛			墨		布画			孔雀毛			玻璃砂			漆器		骨	
	1	2	3	4	5	1	2	3	4	5	1	2	3	1	2	3	1	2	1	2	3	1	2	3	4	5	1	2	3	1	2	1	2	3	1	2	3	1	2	3	1	2	1	2
康氏木霉		1				1																																						
毛壳霉属																1																												
球毛壳霉			1																													1												
枝孢霉属	1	1				1																																						
蜡叶枝孢霉		1					1																	1										1										
紫色红曲霉					1																																							
毛霉属	1												1																															
微小毛霉																															1													
根霉属	1																																											
黑根霉	2													2					1																	1								
水节霉属												1											1																					
宛氏拟青霉		1	2				1																		1				1															

注:表中数值表示的是霉菌级别。

三、关于文物霉菌培养的实验室工作

在霉腐微生物中对馆藏文物危害最大的是霉菌。为保护好藏品，不但要对文物霉菌定期监测，采取必要的防治措施，在有条件的情况下还要对文物上的霉菌进行采样、培养、分离纯化和鉴定。此项工作要求严格，需要进行清洗、消毒、灭菌等一系列程序。

（一）灭菌

在微生物学工作中，培养基和器皿的彻底灭菌是防止杂菌污染，确保工作顺利进行的基本技术之一，也是保证科研的关键性措施。

所谓灭菌，即指杀死或除去一切微生物的营养体、孢子及芽孢。可用高温、过滤及其他的物理或化学方法，使器皿、培养基或溶液中所有微生物的营养体、孢子或芽孢完全被杀死或除去。

灭菌方法有很多种，由于灭菌对象不同、实验目的不同，所采用的灭菌方法也有所差别。一般玻璃器皿可用干热灭菌，培养基一般采用高压蒸气灭菌，对某些不耐高温的可用间歇灭菌或过滤除菌。无菌室、无菌罩等一般用紫外线照射、化学药剂喷雾或熏蒸等方法灭菌。

由于微生物对高温的敏感性大于对低温的敏感性，所以高温灭菌是一种有效的灭菌方法。

热是一种能量表现的形式，它能使物质中的许多化学键遭到破坏，特别是对于与生命密切相关的蛋白质、核酸结构中结合力较弱的氢键，很容易被热破坏断裂，使蛋白质、核酸结构变化，导致了生命的死亡。从而达到消灭微生物的目的。

常用的高温灭菌法有两种：一种是干热灭菌法，一种是湿热灭菌法。

1. 干热灭菌法

干热灭菌主要有两种方法。

（1）火焰灭菌。是直接在火焰上烧灼的灭菌方法。例如，接种针和一些金属小工具、试管口、三角瓶口等的灭菌采用此法。

（2）干热灭菌。不宜直接用火焰灭菌的物品，则利用热空气灭菌。一般微生物的繁殖体在100℃1h可被杀死，而芽孢则需要160℃2h才能杀死。目前常用的方法是：把要灭菌的物品放入烘箱中，堆置时要留空隙勿使接触四壁，关闭箱门，160～170℃维持1～2h，即可达到灭菌的目的。但温度不要超过180℃，降温要缓慢进行，以免玻璃破裂，待温度降到80℃以下时，才能打开烘箱的门。此法适用于一般玻璃仪器、瓷器、金属等物品的灭菌。

2. 湿热灭菌法

湿热灭菌法就是根据灭菌物品的不同性质，选择不同温度的热蒸汽进行灭菌。在同一温度下比干热杀菌效力大，这是因为：

（1）在湿热下，菌体吸收水分，蛋白质容易凝固。因为凝固蛋白质所需的温度与蛋白质的含水量有关，蛋白质含水量增加，所需凝固的温度就降低。

（2）湿热蒸汽的穿透力大。

（3）湿热的蒸汽有潜热存在，当被灭菌物体的温度比蒸汽温度低时，蒸汽在物体表面上凝结为水，同时放出潜热，这种潜热能迅速地提高灭菌物体的温度。

高压蒸汽灭菌法是最有效而广泛应用的灭菌方法。

高压蒸汽灭菌是使用封闭的高压蒸汽灭菌锅，在密闭的容器内，加热时蒸汽不外溢，则容器内的气压上升，水的沸点随之提高，也就是提高了蒸汽的温度，因此提高了杀菌力，并缩短灭菌时间。加压蒸汽灭菌器便是应用这个道理。但是，如果灭菌锅内存在少量空气，则实际温度要比相应压力下的温度低得多，由于灭菌效果取决于温度而不是压力，所以在使用高压灭菌锅时，必须将灭菌锅内的冷空气全部赶光。

实验室经常用的压力是1kg/cm^2，温度121℃，维持15～20min，在这种条件下可杀死各种微生物与芽孢。常用的培养基、水及其他不适宜干热灭菌的物品，均可采用此法灭菌。

具体操作如下四步。

（1）打开灭菌锅盖，向锅内或从加水口处加水。

（2）加水后，将待灭菌的物品放入锅内，不要放得太紧，以免影响蒸汽的流通和灭菌效果。物品不要靠锅壁，以免冷凝水顺壁流入物品中。加盖旋紧螺旋，使锅密闭。

（3）打开放气阀，加热，自开始产生蒸汽后约3min再关紧放气阀，此时蒸汽已将锅内的冷空气由排气孔排尽，让温度随蒸汽压力增高而上升。待压力逐渐上升至所需压力时，控制热源，维持所需时间。一般控制在1kg/cm^2，灭菌20min。停止加热，压力随之下降。

（4）灭菌完毕应缓缓减压，若急速减压，则容器内装的液体必然会突然沸腾，将棉塞顶出或弄湿。应在压力下降到零后再打开灭菌锅的盖子，否则蒸汽外溢会烫伤人。

（二）无菌室消毒

1. 紫外线杀菌

紫外线的波长为15～390nm，其中240～280nm范围的紫外线对灭菌有效，而260nm左右的紫外线灭菌作用最强。现在实用的紫外灯是一种低压水银蒸汽灯，能辐射出强烈的253.7nm的短波紫外线，灭菌力强而且较稳定。紫外线穿透力弱，因此主要用于空气灭菌、表面灭菌。

紫外线灭菌机制：紫外线容易被核酸吸收，引起DNA断裂，影响DNA复制，抑制霉腐微生物的繁殖。空气在紫外线灭菌灯的照射下，会产生臭氧，臭氧也有一定的灭菌作用。

在无菌室接种前应先搞好卫生，然后打开紫外线灯照射20～30min，即可起到室内杀菌作用。

2. 苯酚杀菌

苯酚又名石炭酸，分子式C_6H_5OH，为无色或淡红细长的针状结晶，或结晶性块状。有特臭，遇光或在空气中颜色逐渐变深，有吸潮性能，腐蚀皮肤及黏膜。在水中溶解，水溶液呈弱酸性。

苯酚能杀死或抑制大部分细菌的繁殖体，对霉菌孢子则效果不大。

无菌室可用5%苯酚溶液喷雾进行空气消毒，此法与紫外线灯结合使用效果较好。

3. 甲醛熏蒸杀菌

甲醛又名福尔马林，分子式CHOH。本品为甲醛水溶液，含甲醛不得少于36%，无色澄清液体，有刺激性的特臭，刺激鼻、喉、黏膜、眼等，本品能与水或乙醇以任意的比例混合。

甲醛杀菌能力很强，用甲醛熏蒸时，每立方米空间用35mL甲醛水溶液(37%～40%甲醛)，加17～18g高锰酸钾作氧化剂，房间密封24h或更长一些时间即可达到杀菌的目的。

（三）玻璃器皿的清洗与消毒

微生物试验所用的玻璃器皿清洁、灭菌工作是防霉研究的重要环节，如不严格掌握，不仅要影响培养基的质量和微生物检验的正确性，而且会使工作人员污染到致病菌，并给环境带来污染。

1. 玻璃器皿的清洁工作

新买来的培养皿、试管、吸管、烧杯、三角烧瓶等玻璃器皿，先用水冲洗，然后放在5%的碱溶液内洗刷，再放在3%的盐酸溶液内中和，最后用水冲洗、晾干即可。

培养（或污染）过微生物的玻璃器皿，在洗涤之前必须进行消毒。一般用高压灭菌，也可用常压煮沸或其他化学药品消毒。高压灭菌法消毒彻底且省时间，一般于 $1kg/cm^2$ 压力下灭菌，30～45min 即可。

培养过微生物的玻璃器皿消毒之后，最好用洗涤液清洗。

通常用的洗涤液是重铬酸钾（或重铬酸钠）的硫酸溶液。这是一种强氧化剂，去污能力很强。实验室常用它来洗去玻璃和瓷质器皿的有机物质，但不能用于洗涤金属器皿。因为会造成对金属的腐蚀而使器皿损坏。

浓配方：	重铬酸钾（工业用）	40g
	清　　水	160mL
	浓硫酸（工业用）	800mL

稀配方：

（1）	重铬酸钾（工业用）	50g
	清　　水	850mL
	浓硫酸（工业用）	100mL
（2）	重铬酸钾（工业用）	20g
	清　　水	100mL
	浓硫酸（工业用）	100mL

配法：将重铬酸钾溶解在温水中，冷却后将硫酸慢慢加入，边加边搅拌，为了安全起见可将配制容器放在冷水浴里，以利于散热，配好后可盛在有玻璃塞的容器里，以防氧化变质。配制洗涤液时千万不能把程序搞错，若不慎将水倒入硫酸中，可能引起暴沸，使酸溅出伤人。用洗涤液进行洗涤时，要尽量避免稀释，如要加快作用速度可将洗涤液加热到45～50℃再进行洗涤。若器皿上有大量的有机物质，应先将其除去，再用洗涤液洗涤，否则会使洗涤液很快失效。此液可反复使用，直到变成青褐色为止，这时铬酸已经被还原没有去污的作用了。

洗涤液腐蚀性很强，因此不能用手直接接触，要注意不让其溅出，以免烧坏衣物。

用洗涤液洗过的器皿，必须用流水冲净。

5% 的高锰酸钾溶液是很好的洗涤液。例如，加入少许硫酸（100mL 溶液加 3～5mL 浓硫酸）再将溶液加热到 50～60℃洗涤效果会更好。经高锰酸钾洗涤后的玻璃器皿必须用流水冲净。

2. 玻璃器皿的灭菌

清洗干净的玻璃器皿晾干后分别进行封口、包扎，然后灭菌。

培养皿一般用牛皮纸包裹（10 套一包），用绳扎牢。试管应先加棉花塞（用脱脂棉），棉塞的大小松紧要适宜，以便操作时易于拔取和塞回。然后 10 个一捆用牛皮纸包好。三角烧瓶加棉花塞或用牛皮纸将瓶口包扎好。其他玻璃器皿如针筒、玻璃棒等，也都要用牛皮纸包裹后再进行灭菌。在 $1kg/cm^2$ 压力下消毒 45min 左右即可。灭菌后取出、烘干备用。

(四) 霉菌培养基

培养基是将微生物生长繁殖所需要的各种营养物质，用人工方法配制而成的各种营养基质。其中含有水分、碳水化合物、含氮化合物和无机盐类及各种必要的维生素等，此外微生物还必须在最适酸碱度范围的培养基上生长繁殖，因此，对不同种类的微生物应将培养基调节到一定的 pH 范围。根据研究目的的不同，可将培养基制成固体、半固体和液体三种形式。固体培养基是在液体培养基中加入 1.5%~2% 的琼脂作凝固剂，半固体培养基则加入 0.5%~0.8% 的琼脂。有时为了特殊目的，也可用明胶或硅胶等作为凝固剂。

下面介绍两种制作简便又适合霉菌生长的培养基。

1. 豆芽汁葡萄糖（或蔗糖）培养基

成分：黄豆芽 10g
葡萄糖 5g
琼 脂 1.5~2g
水 100mL
自 然 pH

称新鲜黄豆芽 10g，放入烧杯中，加入 100mL 自来水，小火煮沸 30min，用纱布过滤，最后加水补足量，制成 10% 的豆芽汁。再加入葡萄糖 5g，煮沸后加入琼脂 1.5g，继续加热使之溶化，补足失水。

2. 马铃薯葡萄糖培养基

将马铃薯去皮，并切成薄片，立即放入水中，否则马铃薯易氧化变黑。

每 200g 马铃薯加自来水 1000mL，80℃温水浸泡 1h（或煮沸半小时），用纱布过滤，然后稀释到 1000mL。配制培养基时，按 100mL 马铃薯浸汁加入葡萄糖 2g，琼脂 1.5~2g。

琼脂是从海藻中提取出来的。能供提取琼脂的海藻主要有石花菜及其相近的一些种类。琼脂冷至 40℃凝固，热至 96℃溶化。从化学性质来说，琼脂是一种多糖类物质，绝大多数微生物不能使琼脂分解，所以它本身不能作为微生物的养料，只起着使培养液凝成固体的作用[67,68]。

(五) 显微镜的结构及使用方法

光学显微镜是生物科学研究中的常用工具，是由一组光学放大系统和支持及调节它的机械系统组成，有的还附加光源部分。

1. 显微镜的机械装置

显微镜的机械装置包括如下 10 个部分。

（1）镜臂；

（2）镜柱；

（3）镜筒；

（4）载物台；

（5）物镜转换器；

（6）粗动螺旋；

（7）微动螺旋；

（8）聚光器螺旋；

（9）聚光器的可变光阑；

（10）滤光玻璃片架。

2. 显微镜的光学系统及各部件性能

显微镜的光学系统及各部件性能有 5 个方面。

（1）物镜：物镜的作用是将标本作第一次放大，物镜是决定显微镜性能的最主要部件，如关键性性能——分辨力的高低。各工厂出品的各种不同放大倍数的物镜的螺旋口径都是统一的，必要时可以互换使用。

干燥物镜：观察标本时，在物镜与标本间不加任何液体介质，如 10 倍、40 倍物镜都是干燥物镜。

浸液物镜（油浸、水浸）：在光路中的一段（自聚光器上端透镜至物镜前透镜之间）需要用折射率大于 1 的液体作为介质。

放大倍数、数值孔径和工作距离是物镜的主要参数。物镜上标有 10/0. 25、160/0. 17，各数字具体表示如下：① 10 为放大倍数；② 0. 25 为数值孔径，有的写 *N. A*0. 25；③ 160 为镜筒长度，单位：mm；④ 0. 17 为盖片厚度，单位：mm。

工作距离：物镜的前端透镜下面到标本的盖玻片上面的距离。物镜的焦距越长放大倍数越低，其工作距离也越长。

数值孔径（*N. A*）：显微镜的分辨力的大小是由物镜的分辨力决定的，而物镜的分辨力又由它的数值孔径和照明光线的波长两个参数决定的。

$$d = \frac{0.61\lambda}{N.A} \tag{4-1}$$

式中，d 为物镜的分辨距离，单位：nm；λ 为照明光线波长，单位：nm；$N.A$ 为物镜的数值孔径。

数值孔径越大，分辨距离越小；波长越短，分辨距离越小；分辨距离越小，显微镜的分辨力越高。

（2）目镜：各种目镜的口径大小都是统一的，可以互换使用。目镜的作用是把已经被物镜放大了的实像进一步放大。目镜只起放大作用，并不增加显微镜的分辨力。目镜是由上下两组透镜组成，上面的透镜叫接目透镜，下面的透镜叫会聚透镜或场镜。上下透镜之间或场镜下面装有一个光阑，这个光阑的大小决定了视场的大小，光阑的边缘就是视场的边缘，标本正好在这个光阑上成像，可在这光阑上放一指针或测微尺。

（3）聚光器：视场亮度与放大倍数的平方成反比，放大倍数越高视场越暗。为了得到足够的亮度必须安装聚光器。聚光器是由聚光镜和可变光阑组成。数值孔径（*N. A*）是聚光器的主要参数。刻在上方透镜边框上的数字是聚光器的最大数值孔径，通过调节可变光阑的开启程度，可得到此数字以下的各种不同数值孔径，以适应不同物镜的需要。聚光镜由一片或数片透镜组成，起会聚光线的作用。可变光阑由十几张金属薄片组成，中心部分形成圆孔。推动可变光阑的把手，可以随意调节圆孔的大小。可变光阑的作用是调节光强度，使聚光器的数值孔径与物镜的数值孔径相适应。

（4）反光镜：一面是平镜，另一面是凹镜，装在聚光器下面的镜座上，可以在水平和垂直两个方向任意转动。反光镜的作用是使由光源发出的光线或天然光射向聚光器。

（5）照明光源：为使观察到的标本最清晰，必须使标本得到充分而均匀的照明。比较好的显微镜都附加光源部分。

3. 显微镜的使用方法

显微镜的使用方法有 4 个部分。

（1）显微镜的对光：以自然光为光源时，首先把聚光器提上，打开聚光器的可变光阑，然后由镜筒上取下目镜，转动反光镜，当筒内看到窗子的景象时，反光镜的位置就合适了，这时放上接目镜，一边看镜内视野，另一边使聚光器慢慢下降，至视野内光线均匀而且强度适当，这样光就算对好。

以光源灯为光源时，如用日光灯，首先把聚光器提上，打开聚光器的可变光阑，取下目镜，转动反光镜，当筒内看到灯管在视野的正中，反光镜的位置就合适了。放上目镜，一边慢慢下降聚光器，同时看镜内视野，至视野内光线均匀，强度合适，对光结束。对光都用低倍镜。

（2）低倍镜调焦：对好光后，在载物台上放上需要观察的载玻片或切片，眼睛看视野同时调节粗动螺旋，把要观察的标本移至视野的中央，不甚清楚时再调微动螺旋，至获得清晰的物像为止。

（3）高倍镜调焦：低倍镜焦点对好之后，要用高倍镜进行观察。由低倍镜转到高倍镜之前应注意所用物镜镜头是否是原显微镜上的，如是由其他显微镜上移来的，则应先把镜筒稍提上，然后再转动物镜转换器。如果是原显微镜上的镜头，可以由低倍镜直接转到高倍镜（同高调焦）。调微动螺旋至物像清晰。这时先取下目镜，望着镜筒，把聚光器的可变光阑关闭到最小，然后慢慢开大，直到可变光阑的边缘与视野的边缘相重合时为止。这时，聚光器的数值孔径与所用高倍镜的数值孔径才互相匹配。这时，显微镜的性能（最大分辨力）才能全部发挥出来。放上目镜调微动螺旋进行观察。

（4）油镜的使用：使用油镜（90×或100×）时，先用低倍镜找出切片所需观察的部分，再转用高倍镜，需用油镜观察的部分移至视野中央。然后升高镜筒更换浸油物镜，将香柏油少许滴加在盖玻片上，同时还在切片的另一面，即载玻片具有观察材料的部位，滴加1～2滴香柏油。调节粗动螺旋，使物镜的透镜与香柏油接触，可在镜筒的一侧观察物镜慢慢下降，距盖玻片1～2mm为止。此时切勿用力过猛，以免压碎切片或损伤物镜镜头。然后使聚光器升至最大限度，使聚光器透镜与载玻片下面的香柏油相接触，把聚光镜下的可变光阑开至最大。这时的聚光器数值孔径才与油镜的数值孔径相匹配，能发挥油镜的最大分辨力。

观察者一边看视野，一边轻轻地转动粗动螺旋，使镜筒微微升高。当出现物像而不甚清楚时，换用微动螺旋，缓慢地转动微动螺旋至获得清楚的物像为止。

观察完毕后，升高镜筒，用显微镜纸擦掉镜头上的香柏油，再在其上滴加1～2滴二甲苯，重复擦净镜头上的油迹。取下载玻片同样擦净其上油迹。

4. 显微镜的保养

显微镜的保养有5方面。

（1）防潮：长期放在潮湿地方，透镜容易发霉，金属部分也易生锈。不经常使用的显微镜擦干净后放在箱内保存，箱内放干燥剂。

（2）防尘：落入镜筒的灰尘会直接掉到物镜上端透镜上面，影响成像质量。如灰尘太多，显微镜机械装置的运动部分容易受阻和磨损。

（3）防腐蚀：显微镜不要与腐蚀性酸类、碱类放在一起，以免腐蚀。

（4）防热：显微镜不应直接在阳光下曝晒，也不要靠近炉子和暖气。因金属和玻璃的热膨胀系数不同，受热后透镜有变形与脱落的危险。有一些镜头是用树胶黏起来的，树胶在高温下可能融化以致胶合的透镜分离，造成镜头的损坏。

（5）搬动显微镜时，动作要轻和稳，右手抓牢镜臂，左手托住镜座，注意防止滤光片或反光镜落地。

第三节　文物霉害的防治措施

目前全国各地的博物馆对文物霉害的严重性已比较重视，并采取一定措施防治霉害。由于各地气候条件及设备不同，防治霉害的方法也各异。下面简述几种使用广泛而有效的防霉治霉的文物保护措施。

一、除氧封存

氧气是需氧微生物和昆虫生长的必要条件之一。试验证明，在其他条件都满足的情况下，密闭容积内的氧浓度在1%以上，内装的物品就会发霉。需氧生物需要不断地从周围环境中吸进氧气，以维持其正常的生理活动。如果在存放物品的密闭容积内，放适量的除氧剂，当除氧剂耗去其空间的氧气，使之成为相对的无氧状态时，需氧生物（霉菌和昆虫）的新陈代谢受到抑制而死亡，密闭容积内的物品得到长期保存。

除氧封存技术国内外都有应用，而且应用的范围在不断扩大，主要用于加工食品的保存，新鲜肉类和水果的保鲜，还可用于香烟、织物、药材、毛皮、精密机械、电器元件、胶卷、文物、档案、标本等物品的保存。

1. 除氧剂

除氧剂是能够除去氧气的药剂，这种药剂是通过与氧进行化学反应，有效地吸收密闭空间内空气中的氧，以达到除氧目的。

能和氧气起反应的物质是很多的，主要有连二亚硫酸钠、间苯二酚、硫化钠、亚硫酸钠、维生素C、葡萄糖、碳酸铁、锌、铜、铁粉等物质。我国大多采用的是以铁粉为原料制成的除氧剂。

铁除氧机理是利用铁能生锈而大量除氧，$5FeO + O_2 \longrightarrow Fe_2O_3 + Fe_3O_4$。将铁粉经过特殊处理而得到活性氧化铁再配制成除氧剂。将除氧剂包装在特制的小包纸袋中，若干小包除氧剂封装在用透气率很低的复合薄膜制成的外包装袋内，并加有氧指示剂，就是作为商品出售的除氧剂。

目前国内生产的801除氧剂，是铁基型除氧剂，它能在24h内使一定密闭容积中氧含量降到0.1%以下，而吸氧速度受温度和湿度的影响很小，适用于含水量低的物品封存。

801除氧剂规格齐全，有100型、200型、300型、500型和1000型等型号，可根据需要选用。

801 除氧剂的实际除氧量比公称除氧量大得多（一般大 3 ~ 4 倍），主要是考虑被封存的物品的小环境，不仅几天时间内要使氧浓度降低到 0.1%，而且要使整个有效封存期内都能保持氧浓度为 0.1% ~ 0.5%，要求能把从外部渗透到密闭包装内的氧气即时除掉，才能保证封存物品不被虫害和霉害，所以必须大大提高实际的除氧能力。801 除氧剂是根据有效封存期至少为一年设计的。

铁基型除氧剂的特点：（1）除氧能力大；（2）产品无毒，不产生有害气体；（3）除氧时，局部温度升高可控制，一般小于 45℃；（4）来源广、价格便宜。

2. 氧指示剂

氧指示剂是一类通过颜色变化来了解密闭系统中有无氧气的药品。它能方便可靠地检测除氧剂的效能，是除氧封存技术中不可缺少的一部分。一般的氧指示剂为圆形片剂，在有氧环境中呈现蓝色，无氧环境中呈现桃红色，从有氧环境过渡到无氧环境时呈现紫色，氧指示剂能可逆地变化，多次使用。当放置在用除氧剂封存的密封包装中的氧指示剂 1 ~ 2 天后由蓝变红，说明除氧封存有效，反之则说明失效。

3. 包装材料

在除氧封存技术中，作为除氧剂的包装材料（内包装材料）和用作物品的包装材料（外包装材料）非常重要，是除氧技术成败的关键。

包容除氧剂的内包装材料必须具有与除氧剂吸氧速度相配合的透气度，并要有一定的机械强度和热封存性能。这样才能保证外包装容器内的氧气顺利地进入除氧剂袋中被除氧剂吸收掉，又能保证除氧剂的细粉不外泄，不污染物品。而外包装材料必须具备良好的阻氧性能，一定的机械强度和热合性能等。外包装材料是用聚酯/聚乙烯和尼龙/聚乙烯等复合薄膜做成。

不经常使用的小件文物、档案和标本等都可无氧封存，要根据被封存的物品形状和大小做成合适的外包装，然后按照外包装的容积计算出应该放入的除氧剂数量，将物品、除氧剂、氧指示剂一起放入，将外包装封好口，即可放置保藏。

4. 除氧封存应注意的事项

应注意以下 6 方面。

（1）除氧封存技术的关键是用合适的复合外包装材料，要求有良好的阻氧性，一定的机械强度和热合性能。

（2）用 801 除氧剂封存的物品，其本身的含水量应小于 20%，或容器中的相对湿度应低于 95%，否则，除氧剂会渗透到被封存的物品上造成污染。

（3）801 除氧剂的转包时间规定为 3h，因它接触空气就吸氧，封存时现拆现用，操作熟练、动作快。已经使用过的除氧剂不能重复使用。

（4）使用时，根据外包装袋的容积大小来选择除氧剂的规格并确定用量，目的是使密封容器中的氧浓度降至0.1%以下。

（5）除氧剂必须放置在密封容器中空气流通的位置上，使除氧剂的功能充分发挥出来。

（6）801除氧剂的有效期最少为一年，保存时应放在阴凉避光处[11,12,69,70]。

无氧封存杀虫、灭菌很彻底，无污染，操作安全、方便。但封存后的文物、标本等不便于使用。再者，目前密封材料的透氧率不能完全满足文物除氧封存的要求，因此，难以在文物保护工作中广泛应用。

二、环氧乙烷熏蒸杀菌

全国各地博物馆收藏大量珍贵的历史文物，其中有些藏品如纸、棉、丝等质地的文物，受不良环境条件的影响易生虫发霉，给文物保管工作带来灾难。

近年来，采用气体熏蒸的方法杀虫灭菌已被广泛采用，但能直接应用于文物的熏蒸剂不多，其中环氧乙烷被认为对文物安全可靠，杀虫灭菌行之有效。

环氧乙烷又名氧化乙烯，分子式为（$(CH_2)_2O$），结构式为 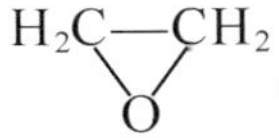 ，相对分子质量为44.5，密度为0.8838，沸点10.73℃。

环氧乙烷结构简单，溶于乙醇、乙醚和其他有机溶剂，如天然油、合成油和10℃水。化学性质极为活泼，沸点较低，10.73℃低温下为液体，在常温常压下为无色气体，具有醚味。在低浓度时对人有愉快感，高浓度时有刺激味，对人畜均有中等程度的毒性。易燃易爆，在空气中的爆炸浓度范围为3%～100%。

环氧乙烷沸点低、挥发快、蒸汽压比较大、穿透性强、灭菌谱广。杀虫灭菌效果可靠，对各种类型的微生物及昆虫杀灭作用都很强，并能杀灭芽孢。而且，对书画、棉、丝等质地的文物的颜色及强度基本无影响。经大量测试数据证明，环氧乙烷用于文物杀虫灭菌是安全有效的。

环氧乙烷的灭菌机理：在一般温度中，环氧乙烷能迅速同许多重要的生命大分子物质，如蛋白质、核蛋白等起化学反应，可作用于蛋白质的巯基（—SH）、羟基（—OH）、氨基（$—NH_2$）和羧基（—COOH），取代各基团上的活泼氢原子，生成一种烷基化合物羟乙基（CH_2CH_2OH），阻止微生物酶的正常生理功能，使微生物的新陈代谢发生障碍而死亡。

环氧乙烷杀虫，是环氧乙烷的蒸汽混合在空气中，当达到一定浓度时，环氧乙烷通过昆虫的呼吸系统进入体内，引起中毒而死亡。

环氧乙烷易燃易爆，使用时要特别警惕。杀虫、灭菌工作要在合格的专用设备中进行。现在我国已生产有环氧乙烷与二氧化碳、环氧乙烷与氟利昂相混合的安全气体（钢瓶装），二氧化碳、氟利昂等惰性气体在混合气体中，降低了环氧乙烷的易燃、易爆性，增强了环氧乙烷的穿透能力，提高了杀虫、杀菌效果。同时，还降低了有害残留气体的浓度。

为达到熏蒸效果，要保证熏蒸设备在充气前能抽真空，并在内压状态下的密封。最好能承受 $2kg/cm^2$ 的内压。预真空度为450mm 汞柱以上，灭菌温度 18～28℃，施药量（以纯环氧乙烷计）不低于 $500g/m^3$，灭菌时间为20h[12,71,72]。

三、微波杀菌

微波是指波长1mm 至1m，频率300～300 000MHz 的电磁波。由于微波具有良好的杀菌效能，有作用速度快及处理后不遗留有害物质等优点，因而在半个世纪前人们就开始研究将微波应用于消毒。近年来微波在国防、工农业生产、天文地理、医学、通信等方面已得到应用。国内有的单位也已将微波应用于文物保护工作中，取得了较理想的效果。首都图书馆开元新技术公司和档案科学技术研究所共同进行了微波辐照对纸张影响的检测工作，其结果表明对纸张没有明显的影响。北京市印刷技术研究所检测了微波辐射对纸张、字迹颜色的影响，经色差仪测试，对纸张字迹的色差均没有明显影响，仅宣纸的色差稍大一些。

微波杀菌机理：对微波的杀菌机理迄今仍存在不同的解释。

“热效应”说：微波的杀菌作用完全是由于微波照射时产生的热所致。经微波照射后，物品温度迅速上升，致使微生物大量死亡。微波照射热效应的产生，是由分子内部激烈运动所致。极性物质（如水）的分子两端分别带有正负电，形成偶极矩，此种分子称为偶极子。平时，偶极子作不规则运动，分子排列亦无一定取向。当置于电场中时，偶极子即沿外加电场的方向排列，外加电场每改变180°，偶极子取向也随之转动180°。在高频交变电场中，物质内偶极子的高速运动引起相互摩擦，从而使温度迅速升高。因此，微波加热与其他方式不同，不是加热物体表面使之传到内部，而是经偶极子运动使物体内外温度同时上升。Rosen 提出，微波照射时的量子能量仅0.000 012eV，而断裂一个弱氢键所需的结合能即达0.1eV。因此，要断蛋白质中的氢键，微波照射的量子能量太小，故微波的生物作用只有热效应。

“综合效应”论者说：微波的生物作用不仅有热效应，同时还存在非热效应，如电磁场效应、量子效应、超电导作用等所引起的变化。生物分子得到微波光子能量之后增加分子的动能（即产生热效应）；使分子产生次级电子发射；使分子内部重新排列，并造成内部运动，对化学反应提供能量。因而微波照射影响菌细胞酶的活性，影响细胞膜的电特性和通透性，影响 DNA 和 ATP 合成及理化性质等[52,73]。

微波照射既能杀菌也能杀虫，首都图书馆等单位对几种档案图书害虫进行了致死结果的研究，取得了较理想的效果。

四、防霉剂在文物保护中的应用

防霉剂是能把物品上的霉腐微生物杀死或抑制其生长繁殖，来保护物品不遭霉害的化学物质。

防霉剂的种类繁多，用途各异，而且在国内外许多方面都已广泛应用。例如，食品、化妆品、皮革、塑料制品、涂料、纺织品、鞋类、铜版纸、胶黏剂、包装材料、感光材料、电工材料、光学仪器、航空燃料、金属加工液ㄕ等，由于应用了防霉剂，保护了大量的财产免遭霉害。但防霉剂应用于我国的文物保护工作当中，虽早已有人做过研究，但至今应用甚少。

我国幅员辽阔，气候条件复杂多变。特别是长江以南地区，高温多雨适合霉菌生长，给文物保护工作带来极大困难。若有理想的防霉剂应用于这些地区的中小型博物馆，文物保护工作将出现奇迹。

（一）防霉剂的作用原理

微生物经过化学防霉剂处理以后，很多特性都会发生变化：如生长、繁殖、形态、孢子形成、孢子萌发、孢子膨胀、细胞的有丝分裂和减数分裂、细胞膜的透性、呼吸作用、孢子的颜色以及其他生理、生化反应和代谢活动等，都会受到影响。最终表现为抑制微生物的生长繁殖，甚至杀死微生物。

防霉剂如何对微生物细胞起作用？首先防霉剂与细胞外膜进行接触并被吸附，然后通过细胞膜进入到原生质内。由于各种防霉剂的功能不同，因此，对微生物细胞作用的部位也有差异。

防霉剂的作用部位大致可分为，作用于维持微生物细胞生命的各种代谢机制，如细胞壁合成、细胞膜功能、蛋白质合成、核酸合成、能量代谢等；或作用于与这些代谢机制有关的各种酶系，使代谢紊乱，抑制微生物的生长和繁殖，甚至致微生物于死地。

（二）对应用于文物的防霉剂的基本要求

文物是无价之宝，即不能生产也不能再生，必须保护好祖先留下来的文化遗产为子孙后代所用。

在我国空调设备还没有广泛普及的今天，如能将理想的防霉剂应用在文物保护当中，对防霉、治霉及延长文物的使用寿命等方面会起到巨大作用。

防霉剂的种类很多，但能够应用在文物上的理想防霉剂却很难得，对文物防霉剂的基本要求如下面5点。

（1）高效、广谱、低毒。抗菌效果好，只要添加或喷涂少量防霉剂，就能杀死或抑制微生物的生长，常用的药剂浓度为0.05%～0.5%。杀菌谱广，对多种微生物有杀死或抑制作用。药剂在使用时不污染环境，不影响工作人员健康，安全性高。

（2）长效，稳定性好。防霉剂的有效期长，能在一年或几年时间内，不分解，不失效。对光、热、酸、碱等物理化学因素不起分解反应。

（3）溶解性好，应用于有机质地文物上的防霉剂，要求水溶性好。

（4）无色、无臭、无腐蚀性，不影响文物材质的性能和质量，对颜色、强度等无不良影响。

（5）在通常场合使用的防霉剂要求挥发性低，挥发性越低保持时间越长。但利用其挥发性的特点来达到防霉目的的防霉剂，要求挥发性强，而且必须在密闭的空间使用。

（三）防霉力的判断

文物材料或添加过防霉剂的材料，是否能有效地阻止微生物生长和繁殖？必须采用适当的方法对材料进行防霉力的测定，常用的判断方法是：圆片培养皿法、湿室挂片法等。

1. 圆片培养皿法

圆片培养皿法适宜测定质地比较柔软，厚度比较小的材料，如纸张、纺织品、皮革等材料。例如，测定防霉剂的防霉效果，可借用滤纸做载体，将各种材料或滤纸剪成一定直径大小的圆片，放在琼脂培养基中间，主要是为了观察抑菌圈。一般地说，抑菌圈的大小即代表材料防霉力的高低。

测试过程如下面6点。

（1）将材料（或滤纸）裁剪成直径为2cm的圆片。

（2）取供试菌株制成孢子悬浮液。

（3）用刻度吸管（或针筒）向培养皿（灭过菌直径9cm）中注入一定量的孢子悬浮液。

（4）向上述培养皿内倒入15mL左右的溶化状（45℃）琼脂培养基，摇匀，放置、凝固。

（5）用镊子将直径为2cm的试样置于上述带菌培养基平板的中央，盖上盖子。

（6）置适宜温度下，培养一定的时间，观察结果并记录。

注意事项如下面5方面。

（1）此法既可采用单个菌测试，亦可采用混合菌测试；既可采用霉菌测试，亦可采用细菌或其他菌测试。

（2）必须在同样条件下，做空白对照试验（即使用未添加过防霉剂的材料作对照）。

（3）观察时间一般为7天、14天、21天、28天，应注意保持培养皿内的湿度。

（4）制作带菌培养基平板时，应控制培养基的温度在45℃左右。否则，温度太高会杀死微生物；温度低便会迅速凝固。

（5）操作均需在无菌室内火焰旁进行。

由于材料添加过防霉剂，当试样圆片置于带菌培养基平板的中央时，其防霉剂就逐渐向四周扩散、渗透。如果该防霉剂的抗菌效果好，则试样的周围就呈现出明显的抑菌圈，无疑，试样上面不长菌。一般地说，抑菌圈的大小即代表材料防霉力的高低。同样也可以对没有添加过防霉剂的材料进行防霉力的判断。

以上圆片培养皿法须在无菌室中操作，并要有供试孢子悬液。一般博物馆不能满足以上试验条件，我们可以对此法进行改良，做不同材料或不同防霉剂的防霉效果比较试验，试验在一般实验室中进行，培养皿中不加孢子悬液，其他条件同上。但须每天观察长霉情况，并详细记录，从中比较其防霉力的强弱。

2. 湿室挂片法

所谓湿室挂片法就是在保持一定温度和湿度的空间内，悬挂一系列喷洒上孢子悬浮液的供试样品，定期观察其霉变情况。

测试过程如下面4点。

（1）将添加过防霉剂的材料剪成一定大小的试样（例如，20mm×200mm或40mm×100mm等）。

（2）将裁剪好的试样悬挂在密闭的玻璃柜内，均匀地喷洒上孢子悬浮液。

（3）将喷洒上菌液的试样移至调温调湿箱中，依次悬挂。

（4）调节所需要的温度和湿度（如霉菌培养温度29℃，湿度93%）。

注意事项如下面4方面。

（1）试样的大小视情况而定，不求一律。

（2）喷洒孢子悬浮液的浓度一般为10^6～10^7个/mL，以洒湿试样表面为宜。

（3）试样必须依次悬挂，并保持一定的距离，且不要贴住箱壁。

（4）观察时间一般为7天、14天、21天、28天。

试样在恒温恒湿箱内悬挂一定时间以后，用肉眼观察其表面菌的生长情况。假如某材料具有防霉力，则试样的表面看不到菌丝的生长，反之，有菌丝生长。

由试样表面菌丝生长繁殖的程度可以判断材料防霉力的高低。

试样表面菌丝生长情况与防霉力评定的关系见表 4-5。

表 4-5 菌丝生长情况与防霉力评定关系

菌丝生长情况	霉菌抗性表示	防霉力的评定
试样的表面看不到菌丝的生长	-	0 级
试样的表面看到菌丝的生长，但菌丝生长面积不超过全面积的 1/3	+	1 级
试样的表面看到菌丝的生长，菌丝生长面积超过全面积的 1/3，但不超过全面积的 2/3	+ +	2 级
试样的表面看到菌丝的生长，菌丝生长面积超过全面积的 2/3	+ + +	3 级

一般地说，经过 28 天恒温恒湿喷菌考验后，材料的防霉力达到 0 级或 1 级为合格，否则为不合格[11,12]。

在实验室里通常选用的常规试验菌如下：

霉菌（10 株）：

黑曲霉（*Aspergillus niger*）

黄曲霉（*Aspergillus flavus*）

变色曲霉（*Aspergillus versicolor*）

桔青霉（*Penicillium citrinum*）

拟青霉（*Paecilomyces* sp.）

蜡叶枝孢霉（*Cladosporium herbarum*）

木霉（*Trichoderma* sp.）

球毛壳霉（*Chaetomium globosum*）

交链孢霉（*Alternaria alternata*）

毛霉（*Mucor* sp.）

细菌（5 株）

枯草杆菌（*Bacillus subtilis*）

巨大芽孢杆菌（*Bacillus megaterium*）

大肠杆菌（*Escherichia coli*）

荧光极毛杆菌（*Pseudomonas fluorescens*）

金黄色葡萄球菌（*Staphylococcus aureus*）

酵母菌（2 株）：

啤酒酵母（*Saccharomyces cereuisiae*）

酒精酵母（*Klocckeria janke*）

实验条件好，且能找到标准的孢子悬浮液的文保研究单位，要按以上步骤进行实验。若很难找到标准的孢子悬浮液，可对此法稍加改良，就是不喷涂孢子悬浮液（霉菌的孢子到处都有，可以自然接种），其他条件不变。

（四）介绍两种防霉剂

1. 香叶醇徐放剂

香叶醇是一种无色至淡黄色液体，有玫瑰香气，无毒，分子式 $C_{10}H_{18}O$。密度为0.889，熔点 -15℃，沸点230℃。不溶于水，溶于乙醇、乙醚、矿物油和动物油，氧化可生成柠檬醛和香叶醛。香叶醇徐放剂是将香叶醇浸于一种无机徐放载体中制成的片剂。将其放置在空气中，会不断挥发出香叶醇蒸汽，具有防霉作用。应用香叶醇徐放剂防治图书、档案霉菌效果好，不污染图书、档案，不污染环境且对图书档案材质无不良影响。

香叶醇徐放剂的使用方法：将香叶醇药片装在纱袋内或放在敞口的玻璃瓶内，每个档案柜或图书柜内放置5～10片。

2. 麝香草酚熏蒸杀菌

麝香草酚学名3-羟基对异丙基甲苯和5-甲基-2-异丙基苯酚。分子式 $C_{10}H_{10}OH$，无色晶体或白色结晶粉末，有百里草或麝香草的气味。密度为0.979，熔点为48～51℃，沸点233℃，微溶于水，易溶于乙醇、氯仿、乙醚等有机溶剂。对图书、档案上的霉菌具有较好的杀灭作用。

使用麝香草酚为图书、档案灭菌，要在特制的熏蒸箱内进行。在熏蒸的过程中一定要密封好，药剂用量一般为20～120g/m^3[12]。

（五）PM防霉剂在书画装裱中的应用研究

PM防霉剂为浅灰色或奶黄色结晶或结晶性粉末。熔点155～158℃（分解），溶于水，微溶于甲醇、乙醇。性能稳定，见光不易分解，不具吸湿性，水溶液pH为4～6。（1984年上海市第二军医大学药学院研究合成了PM防霉防腐剂，1986年经上海市工业微生物研究所作抗菌试验，证明效果良好。）

PM防霉剂抗菌效果优异，抗菌谱广，低毒，是目前国内外新开发的防霉剂中的最佳品种之一。它对真菌和细菌显示出良好的杀死或抑制作用，其最低抑制浓度为 0.5×10^{-6}～50×10^{-6}。它在皮衣上光剂、闹钟钟面纸、照相簿、洗发精、酶制剂、工业冷却循环水、高级香精片等制品中应用都有防霉效果。

PM防霉剂在工业防霉中发挥了巨大的作用，它能否用于文物防霉？用于文物防霉的可能性与可行性？为解决这一问题，就要做一系列的实验研究。下面简述 PM 防霉剂在书画装裱中应用研究的实验步骤及结果。

1. PM 防霉剂在裱画中的防霉效果

采用湿室挂片法判断 PM 防霉剂的防霉力。

实验材料：PM 防霉剂、裱画浆糊、宣纸和剪刀。

实验仪器：恒温恒湿箱

实验方法：

（1）称取 4 份 100g 的裱画糨糊，1 份作为空白对照，另外 3 份分别加入 30mg、50mg、70mg 的 PM 防霉剂，配制成 PM 防霉剂浓度为 0.03%、0.05%、0.07% 的糨糊。

（2）用以上 4 种不同浓度的 PM 防霉剂糨糊，分别将两张宣纸裱糊在一起，干燥，分别剪成 5cm×30cm 的长方形，每种浓度做两个平行样，共 8 条样品。

（3）将裁剪好的样品悬挂于恒温恒湿箱中，恒温恒湿箱中温度为 30℃，相对湿度为 93%，注意试样间应保持一定的距离，且不要贴住箱壁。

（4）每隔一周时间观察一次，用肉眼观察霉斑生成情况，结果见表 4-6。

从表 4-6 明显看出：A-1 空白对照试样一周就能长霉，而且随着时间的推延霉斑越来越多，4 周后整个试样几乎均被霉斑所覆盖。而在裱画糨糊中加入 PM 防霉剂的三种试样 A-2、A-3、A-4，始终没有出现长霉的迹象。

表 4-6　PM 防霉剂在裱画中的防霉效果（$T=30℃$，RH = 93%）

编号	深度	时间			
		1 周后	2 周后	3 周后	4 周后
A-1	空白	—	+	+ +	+ + +
		—	+	+ +	+ + +
A-2	0.03%	—	—	—	—
		—	—	—	—
A-3	0.05%	—	—	—	—
		—	—	—	—
A-4	0.07%	—	—	—	—
		—	—	—	—

在书画装裱中所使用糨糊中的淀粉，是一种比纸张更容易生霉的多糖化合物，因此，采用淀粉糨湖装裱的书画，更易生霉，加入 PM 防霉剂可以抑制这种情况的发生，大大减少了书画生霉的可能性。实验结果表明 PM 防霉剂的确有抑制霉菌生长的作用，防霉效果好。在用药量仅 0.03% 浓度时，即可达到满意的防霉效果。

2. PM 防霉剂对宣纸性能的影响

书画及其装裱的主要材料是宣纸。宣纸的纤维柔韧，交织紧密，它能承受笔锋在纸面上多次摩擦，而不易起皱、掉毛；也能够耐折、耐揉，卷起收藏和展开观赏都很方便。作为保护书画使用的防霉剂，绝不能影响宣纸的耐久性，至少应使其保持固有的强度和韧性。为此对涂有防霉剂的宣纸和对照样进行耐拉力、耐折度测试比较。

实验材料：PM 防霉剂、同期出厂的两张较均匀的宣纸。

实验仪器：纸张拉力机（2H-30 型）、IMT 立式耐折机。

实验方法：

（1）将 PM 防霉剂配制成 1% 的水溶液。

（2）取一张宣纸为对照样，均匀涂上蒸馏水，自然干燥，编号为 A。另一张宣纸均匀涂上浓度为 1% 的防霉剂水溶液，自然干燥，编号为 B。

（3）将干燥后的两张宣纸按以下要求分别裁剪成所需尺寸的试样。

耐拉力试样　1. 5cm × 25cm　横向、纵向各 10 条。

耐折度试样　1. 5cm × 15cm　横向、纵向各 10 条。

（4）将耐拉力试样用 2H-30 纸张拉力机测试，分别求出试样的横向、纵向平均值为试样的耐拉力。将耐折度试样用 IMT 立式耐折机测试，分别求出试样的横向、纵向平均值为试样的耐折度，结果见表 4-7。

表 4-7　PM 防霉剂对宣纸耐拉力和耐折度的影响

时间	温度/℃	相对湿度/%	纸张	耐拉力/N		耐折度/次	
				纵向	横向	纵向	横向
2 周后	18	63	A	16. 6	9. 0	50. 4	12. 3
			B	17. 1	9. 0	48. 4	15. 8
			降低	-3. 01%	0	3. 97%	-28. 5%
1 个半月后	24	65	A	17. 1	8. 4	45. 2	11. 4
			B	15. 8	9. 0	44. 5	12. 4
			降低	7. 60%	-7. 14%	1. 55%	-8. 77%
6 个半月后	22	62	A	18. 6	7. 5	50. 3	13. 3
			B	16. 9	9. 6	47. 2	10. 9
			降低	9. 14%	-20%	6. 16%	18. 05%

注：①耐折度测试张力为 0. 5kg。

②A 为对照样，B 为处理样；A、B 数值均为 10 条平行样品的平均值。

③降低值 $= \frac{处理样 - 对照样}{对照样} \times 100\% = \frac{B - A}{A} \times 100\%$

由表 4-7 看出处理样与对照样之间耐拉力与耐折度的差异并不明显，大多数在 10% 以下，而且这种差异并不随时间的延长而增大。产生这种微小差异的原因与我们选择的宣纸本身有关，所取的宣纸试样虽然是同期出厂的，即使是同一张宣纸的不同部位，强度也不可能一样。另外自然条件的变化，如温度、湿度的差异也可导致这种微小变化。

宣纸本身制作精细，纤维损伤小，纸内含杂质也少，更重要的是由于碳酸钙滞留在纸内使它呈碱性，能够抵抗空气中酸性气体的腐蚀。在酸性条件下，纸张纤维素分子易断裂，使纸的强度下降。PM 防霉剂呈弱酸性，使用量很小，能被宣纸中的碱性中和，所以 PM 防霉剂的加入不会影响纸张的强度。防霉剂的性能很稳定，在一般气候、光照条件下不分解成小分子的活性物质，不与纸张中的某些成分及环境中的化学成分起反应，因此 PM 防霉剂的防霉性能能持久地作用于书画上，特别适用于展览用的书画。在实验中 PM 防霉剂的浓度为 1%，远大于正常使用的浓度 0.03%，可认为 PM 防霉剂用于书画防霉，是不会影响宣纸的耐久性能及强度的。

3. PM 防霉剂对书画颜料色度的影响

实验材料：PM 防霉剂、宣纸、裱画糨糊。植物颜料：花青、藤黄、墨。矿物颜料：赫石、赭石 + 墨、石绿、朱磦、朱砂、石青。

实验仪器：TC-PⅡ全自动测色色差计

实验方法：

（1）配制 PM 防霉剂浓度为 0.03%、0.05%、0.07% 的裱画糨糊，另取一份糨糊为空白对照。

（2）将宣纸裁剪成 5cm × 30cm 的长方形，分别均匀地涂上上述各种颜料，每种颜色涂 4 张，干燥后再用 4 种不同 PM 防霉剂浓度的糨糊在颜料的背面裱糊一层宣纸，制成每种颜色包含 4 种不同 PM 防霉剂浓度的试样。

（3）用 TC-PⅡ全自动测色色差计测定每一试样与标准白板的色差 ΔE_2，每一样品取 4 个测试点，求其平均值为本试样的色差 $\overline{\Delta E_2}$，空白对照试样的平均色差为 $\overline{\Delta E_1}$。

$$\overline{\Delta E} = \left| \overline{\Delta E_2} - \overline{\Delta E_1} \right|$$

（4）每隔一定时间测定一次色差。

结果见表 4-8、表 4-9。

表 4-8　PM 防霉剂对植物颜料的影响

颜料	时间	PM 浓度					
		0.03%		0.05%		0.07%	
		$\overline{\Delta E}$	级别	$\overline{\Delta E}$	级别	$\overline{\Delta E}$	级别
花青	半月后	0.09	5	0.06	5	0.41	5
	时隔 1 个月	0.02	5	0.01	5	0.50	5
	时隔 1 个月	0.04	5	0.25	5	0.54	5
	时隔 1 个月	0.12	5	0.23	5	0.60	5
	时隔 3 个月	0.09	5	0.20	5	0.61	5
	时隔 3 个月	0.03	5	0.27	5	0.55	5
	时隔 3 个月	0.36	5	0.47	5	0.83	5
	时隔 6 个月	0.19	5	0.41	5	0.82	5
	时隔 6 个月	0.79	5	0.99	5	1.29	4
	时隔 6 个月	0.76	5	0.96	5	1.28	4
藤黄	半月后	0.65	5	0.61	5	0.23	5
	时隔 1 个月	0.70	5	0.62	5	0.26	5
	时隔 1 个月	0.65	5	0.65	5	0.16	5
	时隔 1 个月	0.70	5	0.51	5	0.13	5
	时隔 3 个月	0.55	5	0.36	5	0.01	5
	时隔 3 个月	0.41	5	0.29	5	0.11	5
	时隔 3 个月	0.30	5	0.09	5	0.38	5
	时隔 6 个月	0.17	5	0.17	5	0.60	5
	时隔 6 个月	0.13	5	0.22	5	0.25	5
	时隔 6 个月	0.05	5	0.50	5	0.88	5
墨 A	时隔 1 个月	0.25	5	0.60	5	0.60	5
	时隔 1 个月	0.58	5	0.75	5	0.66	5
	时隔 1 个月	0.23	5	0.77	5	0.67	5
	时隔 1 个月	0.17	5	0.47	5	0.73	5
	时隔 3 个月	0.41	5	0.39	5	0.74	5
	时隔 3 个月	0.03	5	0.30	5	0.84	5
	时隔 3 个月	0.64	5	0.92	5	0.48	5
	时隔 6 个月	0.02	5	0.61	5	0.77	5
	时隔 6 个月	0.37	5	0.55	5	0.62	5
	时隔 6 个月	0.39	5	0.45	5	0.64	5

续表

颜料	时间	PM 浓度					
		0.03%		0.05%		0.07%	
		$\overline{\Delta E}$	级别	$\overline{\Delta E}$	级别	$\overline{\Delta E}$	级别
墨 B	时隔 1 个月	0.37	5	0.99	5	1.05	4
	时隔 1 个月	0.27	5	1.11	4	1.22	4
	时隔 1 个月	0.39	5	0.95	5	1.13	4
	时隔 1 个月	0.22	5	1.16	4	1.26	4
	时隔 3 个月	0.47	5	0.85	5	0.87	5
	时隔 3 个月	0.45	5	0.74	5	0.94	5
	时隔 3 个月	0.48	5	0.83	5	1.03	4
	时隔 6 个月	0.72	5	0.58	5	0.84	5
	时隔 6 个月	0.27	5	0.90	5	1.19	4
	时隔 6 个月	0.50	5	0.75	5	1.02	4

表 4-9　PM 防霉剂对矿物颜料的影响

颜料	时间	PM 浓度					
		0.03%		0.05%		0.07%	
		$\overline{\Delta E}$	级别	$\overline{\Delta E}$	级别	$\overline{\Delta E}$	级别
赭石	1 周后	0.42	5	0.32	5	0.16	5
	时隔 1 个月	0.36	5	0.23	5	0.16	5
	时隔 1 个月	0.35	5	0.11	5	0.25	5
	时隔 1 个月	0.37	5	0.19	5	0.03	5
	时隔 1 个月	0.54	5	0.29	5	0.07	5
	时隔 3 个月	0.46	5	0.32	5	0.18	5
	时隔 3 个月	0.38	5	0.34	5	0.04	5
	时隔 3 个月	0.05	5	0.21	5	0.19	5
	时隔 1 年	0.61	5	0.43	5	0.55	5

续表

颜料	时间	PM 浓度					
		0.03%		0.05%		0.07%	
		$\overline{\Delta E}$	级别	$\overline{\Delta E}$	级别	$\overline{\Delta E}$	级别
赭石+墨	半周后	0.98	5	0.63	5	0.08	5
	时隔 1 个月	0.62	5	0.90	5	0.18	5
	时隔 1 个月	0.02	5	1.16	4	0.60	5
	时隔 1 个月	0.37	5	1.11	4	0.20	5
	时隔 3 个月	0.29	5	0.86	5	0.30	5
	时隔 3 个月	0.39	5	0.82	5	0.19	5
	时隔 4 个月	0.44	5	0.67	5	0.18	5
	时隔 6 个月	0.35	5	0.58	5	0.26	5
	时隔 6 个月	0.49	5	0.41	5	0.11	5
	时隔 6 个月	0.62	5	0.54	4	0.06	5
石绿	1 周后	0.56	5	0.16	5	0.27	5
	时隔 1 个月	0.57	5	0.23	5	0.15	5
	时隔 1 个月	0.62	5	0.24	5	0.41	5
	时隔 1 个月	0.59	5	0.28	5	0.39	5
	时隔 1 个月	0.60	5	0.20	5	0.34	5
	时隔 3 个月	0.60	5	0.16	5	0.27	5
	时隔 3 个月	0.63	5	0.27	5	0.25	5
	时隔 3 个月	0.46	5	0.06	5	0.34	5
	时隔 1 年	1.08	4	0.71	5	0.27	5
朱磦	1 周后	0.09	5	0.50	5	0.47	5
	时隔 1 个月	0.37	5	0.96	5	0.78	5
	时隔 1 个月	0.30	5	0.86	5	0.59	5
	时隔 1 个月	0.20	5	0.39	5	0.46	5
	时隔 1 个月	0.21	5	0.48	5	0.40	5
	时隔 3 个月	0.04	5	0.62	5	0.50	5
	时隔 3 个月	0.06	5	0.88	5	0.57	5
	时隔 3 个月	0.03	5	0.83	5	0.81	5
	时隔 1 年	0.15	5	0.72	5	0.68	5

续表

颜料	时间	PM 浓度					
		0.03%		0.05%		0.07%	
		$\overline{\Delta E}$	级别	$\overline{\Delta E}$	级别	$\overline{\Delta E}$	级别
朱砂	1 周后	0.07	5	0.55	5	0.58	5
	时隔 1 个月	0.11	5	0.34	5	0.30	5
	时隔 1 个月	0.03	5	0.85	5	0.69	5
	时隔 1 个月	0.43	5	0.83	5	0.77	5
	时隔 1 个月	0.31	5	0.62	5	0.52	5
	时隔 3 个月	0.48	5	0.54	5	0.59	5
	时隔 3 个月	0.24	5	0.40	5	0.35	5
	时隔 3 个月	0.22	5	0.68	5	0.48	5
	时隔 1 年	0.29	5	0.53	5	0.47	5
石青 A	时隔 1 个月	0.70	5	1.24	4	1.45	4
	时隔 1 个月	0.55	5	1.09	4	1.50	4
	时隔 1 个月	0.62	5	1.02	4	1.36	4
	时隔 1 个月	0.62	5	1.06	4	1.50	4
	时隔 3 个月	0.31	5	0.69	5	1.07	4
	时隔 3 个月	0.35	5	0.59	5	0.93	5
	时隔 3 个月	0.14	5	0.51	5	0.57	5
	时隔 6 个月	0.27	5	0.75	5	1.01	4
	时隔 6 个月	0.24	5	0.60	5	0.56	5
	时隔 6 个月	0.11	5	0.63	5	0.85	5
石青 B	时隔 1 个月	0.83	5	0.05	5	0.20	5
	时隔 1 个月	0.58	5	0.14	5	0.33	5
	时隔 1 个月	0.57	5	0.16	5	0.02	5
	时隔 1 个月	0.81	5	0.08	5	0.36	5
	时隔 3 个月	0.63	5	0.02	5	0.43	5
	时隔 3 个月	0.61	5	0.03	5	0.21	5
	时隔 3 个月	0.53	5	0.12	5	0.38	5
	时隔 6 个月	0.59	5	0.13	5	0.29	5
	时隔 6 个月	0.43	5	0.07	5	0.47	5
	时隔 6 个月	0.60	5	0.02	5	0.48	5

根据 GB250—64 技术规定复制的染色牢度褐色样卡，将 ΔE 分为 5 级，每组的变化范围如下：

一级	$\Delta E>12$	大变化
二级	$\Delta E>6$	明显变化
三级	$\Delta E>3$	可感变化
四级	$\Delta E>1$	微小变化
五级	$\Delta E<1$	极微变化

从表 4-8、表 4-9 数据看出各种颜色变化多为五级，个别为四级，属于极微变化或微小变化。造成这种微小变化的原因可能是由于手工涂色很难均匀。另外，虽然我们选择了固定测试点，但每次测试不可能完全重合。所以色差测量标明的极微变化或微小变化，不能说完全是由于 PM 防霉剂的添加而造成的。

实验数据里每种颜色的 4 个试样，每个试样的色差随时间变化的情况见表 4-10、表 4-11。其中，$\overline{\Delta E_j}=\left|\overline{\Delta E_2}-\overline{\Delta E_0}\right|$。$\Delta E_0$ 为每个试样的初始色差平均值，$\overline{\Delta E_2}$为一段时间后每个试样的色差平均值。从表 4-10、表 4-11 中可以看出，即使是没有加防霉剂的空白对照试样，随着时间的延长，其颜料的色度也会发生极微变化（5 级）和微小变化（4 级），甚至是可感变化（3 级）；而加入不同浓度 PM 防霉剂的试样，其颜料色度变化的规律大体与空白对照试样相同。无论是空白试样还是加了防霉剂的试样，颜料的色度都会随时间的延长而变化，不因添加了 PM 防霉剂而不同。

表 4-10　PM 防霉剂对植物颜料的影响

颜料	时间	PM 浓度							
		空白		0.03%		0.05%		0.07%	
		$\overline{\Delta E_j}$	级别	$\overline{\Delta E_j}$	级别	$\overline{\Delta E_j}$	级别	$\overline{\Delta E_j}$	级别
花青	时隔 1 个月	0.12	5	0.09	5	0.07	5	0.03	5
	时隔 1 个月	0.00	5	0.13	5	0.19	5	0.13	5
	时隔 1 个月	0.15	5	0.18	5	0.32	5	0.34	5
	时隔 3 个月	0.31	5	0.31	5	0.45	5	0.51	5
	时隔 3 个月	0.54	5	0.48	5	0.75	5	0.68	5
	时隔 3 个月	0.41	5	0.68	5	0.82	5	0.83	5
	时隔 6 个月	0.99	5	1.09	4	1.34	4	1.40	4
	时隔 6 个月	0.33	5	1.03	4	1.26	4	1.21	4
	时隔 6 个月	1.03	4	1.07	4	1.93	4	1.90	4

续表

颜料	时间	PM 浓度							
		空白		0.03%		0.05%		0.07%	
		$\overline{\Delta E_j}$	级别	$\overline{\Delta E_j}$	级别	$\overline{\Delta E_j}$	级别	$\overline{\Delta E_j}$	级别
藤黄	时隔 1 个月	0. 02	5	0. 07	5	0. 03	5	0. 05	5
	时隔 1 个月	0. 01	5	0. 01	5	0. 05	5	0. 06	5
	时隔 1 个月	0. 09	5	0. 14	5	0. 01	5	0. 01	5
	时隔 3 个月	0. 13	5	0. 03	5	0. 12	5	0. 11	5
	时隔 3 个月	0. 03	5	0. 21	5	0. 29	5	0. 31	5
	时隔 3 个月	0. 00	5	0. 35	5	0. 70	5	0. 61	5
	时隔 6 个月	0. 12	5	0. 60	5	0. 90	5	0. 95	5
	时隔 6 个月	0. 40	5	1. 05	4	1. 23	4	0. 88	5
	时隔 6 个月	0. 53	5	1. 18	4	1. 64	4	1. 64	4
墨 A	时隔 1 个月	0. 47	5	0. 14	5	0. 32	5	0. 53	5
	时隔 1 个月	0. 01	5	0. 03	5	0. 16	5	0. 08	5
	时隔 1 个月	0. 64	5	0. 72	5	0. 77	5	0. 77	5
	时隔 3 个月	0. 33	5	0. 17	5	0. 54	5	0. 47	5
	时隔 3 个月	0. 08	5	0. 30	5	0. 38	5	0. 32	5
	时隔 3 个月	0. 15	5	0. 54	5	0. 47	5	0. 27	5
	时隔 6 个月	0. 01	5	0. 22	5	0. 02	5	0. 16	5
	时隔 6 个月	0. 69	5	0. 57	5	0. 74	5	0. 08	5
	时隔 6 个月	0. 07	5	0. 21	5	0. 71	5	0. 03	5
墨 B	时隔 1 个月	0. 19	5	0. 29	5	0. 31	5	0. 36	5
	时隔 1 个月	0. 02	5	0. 04	5	0. 06	5	0. 06	5
	时隔 1 个月	0. 17	5	0. 02	5	0. 00	5	0. 04	5
	时隔 3 个月	0. 13	5	0. 03	5	0. 01	5	0. 05	5
	时隔 3 个月	0. 02	5	0. 06	5	0. 13	5	0. 09	5
	时隔 3 个月	0. 39	5	0. 50	5	0. 55	5	0. 59	5
	时隔 6 个月	0. 24	5	0. 59	5	0. 65	5	0. 45	5
	时隔 6 个月	0. 22	5	0. 12	5	0. 31	5	0. 08	5
	时隔 6 个月	0. 66	5	0. 79	5	0. 90	5	0. 69	5

表 4-11　PM 防霉剂对矿物颜料的影响

颜料	时间	PM 浓度							
		空白		0.03%		0.05%		0.07%	
		$\overline{\Delta E_j}$	级别	$\overline{\Delta E_j}$	级别	$\overline{\Delta E_j}$	级别	$\overline{\Delta E_j}$	级别
赭石	时隔 1 个月	0.10	5	0.04	5	0.01	5	0.10	5
	时隔 1 个月	0.15	5	0.08	5	0.06	5	0.24	5
	时隔 1 个月	0.40	5	0.35	5	0.27	5	0.21	5
	时隔 1 个月	0.40	5	0.52	5	0.37	5	0.31	5
	时隔 3 个月	0.50	5	0.54	5	0.56	5	0.52	5
	时隔 3 个月	1.22	4	1.18	4	1.24	4	1.10	4
	时隔 3 个月	1.27	4	0.90	5	0.75	5	0.92	5
	时隔 1 年	2.69	4	2.88	4	2.80	4	3.08	3
赭石+墨	时隔 1 个月	0.26	5	0.10	5	0.01	5	0.16	5
	时隔 1 个月	0.89	5	0.07	5	0.36	5	0.37	5
	时隔 1 个月	0.91	5	0.30	5	0.43	5	0.79	5
	时隔 3 个月	1.19	4	0.50	5	0.96	5	0.97	5
	时隔 3 个月	1.46	4	0.87	5	1.27	4	1.35	4
	时隔 4 个月	1.75	4	1.21	4	1.71	4	1.65	4
	时隔 6 个月	2.58	4	1.95	4	2.63	4	2.40	4
	时隔 6 个月	2.48	4	1.99	4	2.70	4	2.67	4
	时隔 6 个月	3.11	3	2.75	4	3.20	3	3.25	3
石绿	时隔 1 个月	0.13	5	0.14	5	0.20	5	0.01	5
	时隔 1 个月	0.08	5	0.02	5	0.00	5	0.06	5
	时隔 1 个月	0.16	5	0.13	5	0.04	5	0.04	5
	时隔 1 个月	0.18	5	0.14	5	0.14	5	0.11	5
	时隔 3 个月	0.19	5	0.15	5	0.19	5	0.19	5
	时隔 3 个月	0.25	5	0.18	5	0.14	5	0.27	5
	时隔 3 个月	0.89	5	0.99	5	0.99	5	0.82	5
	时隔 1 年	1.41	4	0.89	5	0.87	5	1.41	4

续表

颜料	时间	PM 浓度							
		空白		0.03%		0.05%		0.07%	
		$\overline{\Delta E_j}$	级别	$\overline{\Delta E_j}$	级别	$\overline{\Delta E_j}$	级别	$\overline{\Delta E_j}$	级别
朱磦	时隔 1 个月	0.23	5	0.69	5	0.69	5	0.54	5
	时隔 1 个月	0.06	5	0.45	5	0.42	5	0.18	5
	时隔 1 个月	0.52	5	0.41	5	0.41	5	0.51	5
	时隔 1 个月	0.80	5	0.68	5	0.78	5	0.73	5
	时隔 3 个月	0.33	5	0.46	5	0.45	5	0.36	5
	时隔 3 个月	0.09	5	0.24	5	0.47	5	0.19	5
	时隔 3 个月	0.36	5	0.42	5	0.69	5	0.70	5
	时隔 1 年	1.27	4	1.51	4	1.49	4	1.48	4
朱砂	时隔 1 个月	0.31	5	0.49	5	0.52	5	0.59	5
	时隔 1 个月	0.23	5	0.27	5	0.07	5	0.12	5
	时隔 1 个月	0.50	5	0.14	5	0.22	5	0.31	5
	时隔 1 个月	0.93	5	0.69	5	0.86	5	0.99	5
	时隔 3 个月	0.84	5	0.43	5	0.85	5	0.83	5
	时隔 3 个月	0.38	5	0.21	5	0.53	5	0.61	5
	时隔 3 个月	0.43	5	0.72	5	0.30	5	0.53	5
	时隔 1 年	1.40	4	1.18	4	1.42	4	1.51	4
石青 A	时隔 1 个月	0.39	5	0.24	5	0.24	5	0.44	5
	时隔 1 个月	0.52	5	0.44	5	0.30	5	0.43	5
	时隔 1 个月	0.63	5	0.55	5	0.45	5	0.68	5
	时隔 3 个月	1.28	4	0.89	5	0.73	5	0.90	5
	时隔 3 个月	1.15	4	0.80	5	0.50	5	0.63	5
	时隔 3 个月	1.41	4	0.85	5	0.68	5	0.53	5
	时隔 6 个月	1.43	4	1.00	4	0.94	5	0.99	5
	时隔 6 个月	1.89	4	1.43	4	1.25	4	1.00	5
	时隔 6 个月	1.75	4	1.16	4	1.14	4	1.15	4

续表

颜料	时间	PM 浓度							
		空白		0.03%		0.05%		0.07%	
		$\overline{\Delta E_j}$	级别	$\overline{\Delta E_j}$	级别	$\overline{\Delta E_j}$	级别	$\overline{\Delta E_j}$	级别
石青 B	时隔 1 个月	0.41	5	0.26	5	0.22	5	0.54	5
	时隔 1 个月	0.55	5	0.29	5	0.34	5	0.37	5
	时隔 1 个月	0.43	5	0.41	5	0.46	5	0.59	5
	时隔 3 个月	0.69	5	0.49	5	0.66	5	0.92	5
	时隔 3 个月	0.68	5	0.46	5	0.60	5	0.69	5
	时隔 3 个月	0.87	5	0.57	5	0.70	5	1.05	4
	时隔 6 个月	1.12	4	0.88	5	0.94	5	1.21	4
	时隔 6 个月	1.72	4	1.32	4	1.60	4	1.99	4
	时隔 6 个月	1.33	4	1.10	4	1.26	4	1.61	4

为了进一步验证 PM 防霉剂在裱画工作中应用的可行性及对书画上颜料色度的影响，我们同时绘制了两张完全相同的画，两张画的相同部位同时着色，所使用的颜料包括石青、石绿、朱磦、朱砂、赭石、墨、花青、藤黄等。将这两张画同时装裱成成品，其中一张在使用的糨糊中加入了浓度为 0.03% 的 PM 防霉剂。在两张画的画心及边缘各取互相对应的 7 个点，每隔一定时间用 TC-PⅡ全自动测色色差计测定每一测试点与标准白板的色差（ΔE），与初始色差（ΔE_0）值进行比较。即 $\Delta E_j = \left| \Delta E - \Delta E_0 \right|$，结果见表 4-12、表 4-13。

表 4-12　未加 PM 防霉剂

时间	测试点													
	点 1		点 2		点 3		点 4		点 5		点 6		点 7	
	$\overline{\Delta E_j}$	级别	$\overline{\Delta E_j}$	级别	$\overline{\Delta E_j}$	级别	$\overline{\Delta E_j}$	级别	$\overline{\Delta E_j}$	级别	$\overline{\Delta E_j}$	级别	$\overline{\Delta E_j}$	级别
时隔 1 个月	1.28	4	2.86	4	1.36	4	3.02	3	0.72	5	2.22	4	1.75	4
时隔 1 个月	0.39	5	0.25	5	0.23	5	0.35	5	0.61	5	0.70	5	0.40	5
时隔 1 个月	0.07	5	0.04	5	0.14	5	0.23	5	0.19	5	0.01	5	0.18	5
时隔 1 个月	0.10	5	0.20	5	0.36	5	0.27	5	0.03	5	0.58	5	0.26	5
时隔 1 个月	0.20	5	0.28	5	0.94	5	0.16	5	0.19	5	0.06	5	0.43	5
时隔 3 个月	0.39	5	0.34	5	1.82	4	0.06	5	0.64	5	0.40	5	0.64	5

续表

时间	测试点													
	点 1		点 2		点 3		点 4		点 5		点 6		点 7	
	$\overline{\Delta E_j}$	级别	$\overline{\Delta E_j}$	级别	$\overline{\Delta E_j}$	级别	$\overline{\Delta E_j}$	级别	$\overline{\Delta E_j}$	级别	$\overline{\Delta E_j}$	级别	$\overline{\Delta E_j}$	级别
时隔 3 个月	1.61	4	0.94	5	2.66	4	0.98	5	0.97	5	0.04	5	2.72	4
时隔 6 个月	1.77	4	1.18	4	2.97	4	0.47	5	1.11	4	1.02	4	3.01	3
时隔 6 个月	2.64	4	1.77	4	3.74	3	1.18	4	1.00	5	0.15	5	4.72	3

表 4-13　加 PM 防霉剂

时间	测试点													
	点 1		点 2		点 3		点 4		点 5		点 6		点 7	
	$\overline{\Delta E_j}$	级别	$\overline{\Delta E_j}$	级别	$\overline{\Delta E_j}$	级别	$\overline{\Delta E_j}$	级别	$\overline{\Delta E_j}$	级别	$\overline{\Delta E_j}$	级别	$\overline{\Delta E_j}$	级别
时隔 1 个月	1.14	4	2.48	4	1.24	4	3.11	3	0.46	5	1.66	5	1.82	4
时隔 1 个月	0.35	5	0.34	5	0.31	5	0.66	5	0.60	5	0.20	5	0.03	5
时隔 1 个月	0.04	5	0.13	5	0.29	5	0.83	5	0.38	5	0.04	5	0.40	5
时隔 1 个月	0.49	5	0.36	5	0.32	5	2.76	4	0.59	5	0.20	5	0.15	5
时隔 1 个月	0.67	5	0.63	5	0.84	5	1.22	4	0.31	5	0.93	5	0.13	5
时隔 3 个月	0.81	5	0.60	5	1.83	4	0.14	5	0.25	5	0.79	5	0.05	5
时隔 3 个月	1.24	4	0.93	5	2.43	4	0.23	5	0.42	5	1.10	4	0.44	5
时隔 6 个月	1.45	4	1.09	4	2.72	4	0.82	5	1.16	4	0.89	5	0.28	5
时隔 6 个月	2.45	4	1.55	4	3.25	3	0.78	5	1.71	4	1.18	4	0.75	5

由表 4-12、表 4-13 可以看出，两张画中各个点的色度并不随时间的延长而变化，而且无论加与不加防霉剂，都看不出色差上的明显变化。经过两年多时间的观察、测试，结果表明 PM 防霉剂不会给绘画颜料色度带来不良影响[11,74~76]。

通过以上的实验及讨论，认为 PM 防霉剂能有效地抑制书画上霉菌的生长，对宣纸的强度及画面的颜色不会带来不良影响。并且其本身的物理、化学性质决定了它不因外界温、湿度、pH 的变化而影响防霉效果，在长时间光照下也很稳定。而且具有水溶性，能溶解于裱画的糨糊中，使用方便，对人体无害，也不污染环境，是一种较好的应用于书画装裱的防霉剂。

参考文献

[1] 冯鹏生，李振东，等．让文物瑰宝再现生命——修复山西应县木塔辽代残经画幅的体会．文物保护技术，1982，(3)：33

[2] 陈雁宾，张孝宅．谈谈我们在装裱工作中的点滴体会．文物保护技术，1982，(3)：45

[3] 陈元生，解玉林．博物馆的虫害及其防治．文物保护技术，1991，(6)

[4] 里查德松 B A 木材防腐．北京：中国林业出版社，1982

[5] 黄镇亚．木材微生物及其利用．北京：中国林业出版社，1985

[6] 周明．木材防腐和防虫．北京：中国林业出版社，1983

[7] 马淑琴．关于文物霉腐机理的探讨．北方文物，1996，(1)

[8] 林应锐．防霉与工业杀菌剂．北京：科学出版社，1987

[9] 李龙如．书籍档案科学保护常识．长沙：湖南大学出版社，1989

[10] 郭莉珠．档案保护与复制技术学．档案出版社，1987

[11] 马振瀛．防霉学．云南科技出版社，1990

[12] 李景仁，冯惠芬．图书档案保护技术手册．档案出版社，1992

[13] 李最雄．生物腐蚀与文物保护．文物保护技术，1982，(2)

[14] 武汉大学．微生物学．北京：高等教育出版社，1987

[15] 无锡轻工业学院．微生物学．北京：轻工业出版社，1980

[16] 杨洁彬，李淑高，张篪，等．食品微生物学．北京：北京农业大学出版社，1989

[17] 郝水．细胞生物学教程．北京：高等教育出版社，1984

[18] 郑国錩．细胞生物学．北京：人民教育出版社，1980

[19] 汪望仁．细胞生物学．北京：北京师范大学出版社，1990

[20] 诚夫，梅子．细菌创伟业．科技信息，1992，(3)

[21] 井上真由美．微生物灾害及其防止技术．上海：上海科学技术出版社，1977

[22] 马淑琴．文物生霉与文物质地．华夏考古，1993，(3)

[23] 郭杰炎，蔡武城．微生物酶．北京：科学出版社，1986

[24] 张若飞．奥妙的微生物．北京：科学出版社，1980

[25] 周德庆．微生物的“生物界之最”，今日微生物学．上海：复旦大学出版社，1987

[26] 新疆楼兰考古队．楼兰古城址调查与试掘简报．文物，1988，(7)

[27] 新疆楼兰考古队．楼兰城郊古墓群发掘简报．文物，1988，(7)

[28] 黄文弼．新疆考古发掘报告．北京：文物出版社，1983

[29] 吐鲁番地区文管所．1986 年新疆吐鲁番阿斯塔那古墓群发掘简报．考古，1992，(2)

[30] 新疆维吾尔自治区博物馆，西北大学历史系考古专业．1973 年吐鲁番阿斯塔那古墓群发掘简报．文物，1975，(7)

[31] 李遇春．阿拉尔发现木乃伊．文物，1983，(2)

[32] 王炳华．吐鲁番新出土的唐代绢花．文物，1975，(7)

[33] 本刊通讯员．马王堆一号汉墓女尸研究的几个问题．文物，1973，(7)

[34] 湖南省博物馆，中国科学院考古研究所．长沙马王堆一号汉墓．北京：文物出版社，1973
[35] 纪南城凤凰山一六八号汉墓发掘整理组．湖北江陵凤凰山一六八号汉墓发掘简报．文物，1975，(9)
[36] 纪南城凤凰山一六八号汉墓发掘整理组．关于凤凰山一六八号汉墓座谈纪要．文物，1975，(9)
[37] 凤凰山一六七号汉墓发掘整理小组．江陵凤凰山一六七号汉墓发掘简报．文物，1976，(10)
[38] 杨伯峻．略谈我国史籍上关于尸体防腐的记载和马王堆一号汉墓墓土问题．文物，1972，(9)
[39] 辽宁省博物馆，辽宁铁岭地区文物组发掘小组．法库叶茂台辽墓汜略．文物，1975，(12)
[40] 乌兰察布盟文物工作站．察右前旗豪欠营第六号辽墓清理简报．文物，1983，(9)
[41] 乌盟文物工作站，内蒙古文物工作队．契丹女尸．呼和浩特：内蒙古人民出版社，1985
[42] 黑龙江省文物考古研究所．黑龙江阿城巨源金代齐国王墓发掘简报．文物，1989，(10)
[43] 余善书．契丹女尸的成因及其出土后的防护．见：契丹女尸．呼和浩特：内蒙古人民出版社，1985
[44] 吉成章．豪欠营第六号辽墓若干问题的研究．文物，1983，(9)
[45] 孙慧宽，王广钧，等．契丹族古尸研究．见：契丹女尸．呼和浩特：内蒙古人民出版社，1985
[46] 中国科学院考古研究所满城发掘队．满城汉墓发掘纪要．考古，1972，(1)
[47] 张培善．河北满城汉墓玉衣等的矿物研究．考古，1981，(1)
[48] 顾铁符．试论长沙汉墓的保存条件．考古，1972，(6)：54
[49] 考古编辑部．关于长沙马王堆一号汉墓的座谈纪要．考古，1972，(5)
[50] 李化元．博物馆、文物保护环境因素的研究．中国博物馆，1994，(3)
[51] 周宝中．博物馆的气候．文物保护技术，1981，(1)
[52] 谢辰生．中国大百科全书文物博物馆．北京：中国大百科全书出版社，1993
[53] 郑求真．博物馆藏品保管．北京：紫禁城出版社，1985
[54] 安莉．环境因素对博物馆藏品的影响及防护．中国博物馆，1990，(1)
[55] 李景仁，冯惠芬．对我国档案库房温湿度标准的探讨．图书档案保护技术资料汇编．北京：书目文献出版社，1987
[56] 李化元．博物馆藏品与环境．文物工作，1989，(3)
[57] 许方强．书画的保管环境．文物保护技术，1981，(1)
[58] 刘恩迪．光照的影响与预防．中国博物馆，1990，(1)
[59] 孙守山．绿化卫生．北京：人民出版社，1992
[60] 冯惠芬，李景仁．绿色植物与档案保护．见：图书档案保护技术资料汇编．北京：书目文献出版社，1987

[61] 张金芳. 藏书保护的环境因素. 见: 图书档案保护技术资料汇编. 北京: 书目文献出版社, 1987
[62] 戴芳澜. 真菌的形态和分类. 北京: 科学出版社, 1987
[63] 周与良, 邢来君. 真曲学. 北京: 高等教育出版社, 1989
[64] 邵力平, 沈瑞祥, 张素轩, 等. 真菌分类学. 北京: 中国林业出版社, 1992
[65] 马淑琴. 故宫文物霉菌的调查与分析. 考古, 1991, (5)
[66] 中国科学院微生物研究所. 常见与常用真菌. 北京: 科学出版社, 1983
[67] 钱存柔. 微生物学实验. 北京: 北京大学出版社, 1985
[68] 欧阳谅. 微生物学实验法. 太原: 江西人民出版社, 1980
[69] 王建华. "除氧封存法"处理标本的利弊. 中国博物馆通讯, 1989, (9)
[70] 8511研究所. 日本除氧剂应用简介. 见: 图书档案保护技术资料汇编. 北京: 书目文献出版社, 1987
[71] 刘恩迪. 环氧乙烷熏蒸消毒在文物上应用条件的探讨. 文博, 1986, (1)
[72] 王丹华. 环氧乙烷气体杀虫杀菌试验在毛主席藏书保护上的应用. 文物保护技术, 1981, (1)
[73] 李荣芬. 微波的杀菌机理. 中国消毒学杂志, 1992, 9 (4)
[74] 马淑琴, 田金英, 隗亚林, 等. PM防霉剂在裱画中的作用, 北方文物, 1991, (2)
[75] 马淑琴, 田金英, 隗亚林, 等. PM防霉剂与文物书画防霉, 文物, 1993, (10)
[76] 刘庆仁. 宣纸与书画, 北京: 轻工业出版社, 1989
[77] 武忠弼. 江陵凤凰山一六八号墓西汉古尸研究. 北京: 文物出版社, 1982
[78] 马淑琴. 古墓内尸体与随葬品不腐原因的生物化学探讨. 华夏考古, 1996, (2)

(该书《文物霉害的防治》, 科学出版社, 1997年)

下篇　文物霉害和虫害的防治与其他

几种防霉剂对织物影响的试验*

霉菌侵蚀是危害文物的重要因素。长期以来，人们对此进行了大量的研究工作，在消毒灭菌方面取得许多成果。然而，亡羊补牢不如未雨绸缪，以防为主，防患于未然，是文物保护的基本方针。因此，选择适当的防霉剂，使之既能有效地抑制霉菌的生长，又不致给文物带来不良影响，乃是我们文物保护技术工作者的重要任务。

在上海工业微生物研究所、上海第二军医大学和军事医学科学院微生物流行病研究所等单位的协助下，我们筛选出三种效果可靠的防霉剂进行试验，测定它们对纺织品类文物的颜色、强度的影响，现将结果分别报告如下。

一、色 差 试 验

（1）药液配制。根据防霉效果的要求，将 MI-861 防霉剂配成 2% 的水溶液，将 8804 和 8805 两种防霉剂配成 5‰的水溶液，因这些药剂难溶于水，故需先兑少量水研细，而后再加足水分。

（2）试样制作。选清代末年的织物数种，剪成4cm ×3. 5cm 的小块，标好编号。

（3）将上述试样用 TC-PⅡ全自动测色色差计测定每一块与标准白板的色差 ΔE_1。

（4）将测好 ΔE_1 的试样分别浸泡于上述防霉剂溶液中，半小时后取出晾干。

（5）将经过防霉药液浸泡的试样再用 TC-PⅡ全自动测色色差计测定每一块与标准白板的色差 ΔE_2。

（6）求每一试样在防霉药液浸泡前后的 ΔE，见表 1 ~3。$\left(\overline{\Delta E} = \left|\overline{\Delta E_2} - \overline{\Delta E_1}\right|\right)$

通过测试得到，各试样颜色变化均为 4 ~5 级，属于极微或微小变化。由于我们使用的织物样品，本身色泽不绝对均匀，每次测点又不能完全重合，这就容易引起测量上的误差，所以表 1 ~表 3 中所示的极微、微小变化并不全是防霉药液浸泡造成的。因此可以认为这种处理对织物的颜色无明显的影响。

---

* 本文与刘恩迪合著。

表1　黄绸浸泡于MI-861溶液中

项目	1#	2#	3#	4#	5#	6#	7#	8#
ΔE	0.76	1.17	1.06	0.93	0.81	0.81	0.56	0.68
级别	5	4	4	5	5	5	5	5

表2　绿绸浸泡于8805溶液中

项目	1#	2#	3#	4#	5#	6#	7#	8#
ΔE	1.00	1.27	1.05	1.67	0.63	1.40	1.09	1.20
级别	5	4	4	4	5	4	4	4

表3　紫红绸浸泡于8804溶液中

项目	1#	2#	3#	4#	5#	6#	7#
ΔE	0.03	0.39	0.19	0.65	0.80	0.34	0.47
级别	5	5	5	5	5	5	5

二、强度试验

（1）药液配制。同色差试验。

（2）样品制作。选清朝末年织物数种，剪成35cm×6cm的布条，而后抽去边纱，使之成为35cm×5cm的样品，按“三经四纬”的要求，每种织物沿经向剪6条，沿纬向剪8条，每相邻两条为一对，其一为试验样品，另一为对照样品。

（3）将每种织物的试验样品浸泡于配制好的防霉药液中，半小时后取出晾干。

（4）将试验样品与对照样品一起用YG502型强力试验机进行强度测试，结果见表4。

表4　几种防霉剂对织物断裂强度的影响

织物种类		断裂强度/N			
		MI-861（2%）	8805（5%）	8804（5%）	对照
清末锦绫	经向	301.8	259.7		287.1
	纬向	562.5	554.7		608.6
仿宋锦	经向	1631.7	1626.8		1626.8
	纬向	546.8	541.9		529.2

续表

织物种类		断裂强度/N			
		MI-861（2%）	8805（5%）	8804（5%）	对照
仿古锦绫	经向		151.9	154.8	149.9
	纬向		342.0	346.9	342.0
罗绸	经向			431.2	416.5
	纬向			604.7	589.0

以测试数据看，织物在几种防霉药液处理前后的断裂强度，变化都不大，因织物本身即存在不均匀性，必然导致测量数据的一些差异，因此可以认为，这种处理方法对织物强度无显著影响。

三、结　　语

MI-861、8804、8805 三种防霉剂在工业部门已经应用并取得很好的效益。在保证防霉效果的条件下，它们对于纺织品类文物的颜色、强度等基本无影响，因而可以说，它们对于文物保护是有益的，即可以考虑将它们移用到文物保护领域来。

在具体使用过程中，对于上述防霉剂会否给文物上的饰物带来不良影响，以及采取哪种工艺方法进行处理最为合适等问题，尚需做进一步的摸索和探讨。

（原刊于《中国博物馆》1989 年第 1 期）

应加强文物霉害防治研究

损害文物的诸原因中，生物因素应引起特别重视。其中霉菌对文物的损害尤为严重。

文物依质地可分为无机质地文物，如金、石、陶、瓷等制品；有机质地文物，如棉、丝、纸、木、竹等制品。有机质地文物本身就是霉菌生长发育的良好营养源。

纤维素是构成纸、棉的主要化学成分。霉菌分泌的胞外酶、能催化纤维素水解成葡萄糖，葡萄糖是霉菌能直接吸收利用的最好碳源。书画、棉、麻制品、竹木家具等文物长霉，就是其中的纤维素已不同程度地发生水解，因而其强度下降。实验证明，由于霉菌活动的结果，纸制品的牢固性五天内就降低50%。

制成丝织品的蚕丝，是天然动物纤维，主要化学成分是蛋白质，在胞外酶的催化下分解为霉菌能直接吸收利用的氨基酸。丝织品长霉则是部分蛋白质已被分解。

无机质地文物本身不存在霉菌的营养源。但空气中往往存在有机质污染物，凝结在无机质地文物表面，以及手触文物留下的汗渍等原因，导致文物长霉的情况时有发生。

霉菌损害文物的易发性、普遍性及严重性，与霉菌的自身特点有关。霉菌的孢子存在于空气中，在适当的温度、湿度条件下萌发，生长出菌丝，孢子，菌丝都很微小，不易发现。当许多菌丝形成一定的菌落时，文物就已遭到损害。霉菌繁殖迅速，当其生长和繁殖后，就产生出不同种类的水解霉、有机酸、色素乃至毒素，使空气中霉菌的孢子含量增多，形成文物霉害的恶性循环。

当前，对文物究竟生长哪些霉菌？不同质地的文物生长的霉菌有什么差异？各种霉菌生长发育的特异性和对环境要求的个性是什么？这类问题均未能搞清楚，自然就难以根据不同质地文物、具体环境及霉菌个性有针对性地进行防治霉害。文物是不能再生产的历史见证，对其防治霉害的要求，比一般工业制品更应严格，不能把那些适用于后者防治霉害的手段和方法，简单地搬用于文物。

因此，为了防治霉菌危害文物，在继续采用传统有效的方法和手段的同时，必须使用现代科学的手段，开展生物学、物理学、化学等多学科的协作，寻找防治文物霉害的新手段和方法，提高文物的安全度。

（原刊于《中国文物报》1991年1月27日第四版）

PM 防霉剂在裱画中的作用*

字画是历史文物的一个重要组成部分。

用稻草、竹子、檀皮、桑皮等植物纤维为原料制成的宣纸，历来是我国书写、绘画的重要材料。

宣纸的主要组成成分纤维素，是霉菌的良好营养源。由于空气中存在着大量的霉菌孢子，在一定温度、湿度的条件下，孢子在宣纸上萌发、生长，形成菌落。霉菌对纤维素有较强的分解能力，使大分子物质纤维素分解为小分子物质葡萄糖，被霉菌吸收利用。

霉菌在宣纸上生长、发育的过程，就是书画被分解破坏的过程，促纸张变脆、老化，纸张强度降低，大大减少书画的寿命。有些霉菌在代谢过程中产生色素，使书画变色，形成难看的霉斑。因此防霉是保护书画必不可少的重要措施。

防霉剂在工业防霉中发挥了巨大作用，它能否用于文物防霉？用于文物防霉的可能性与可行性，就是本文要讨论研究的问题。

防霉剂对微生物有抑制或杀死的作用。用于书画防霉的药物有多种，如五氯酚钠、多聚甲醛、醋酸苯汞、麝香草酚、环氧乙烷等，但多少对人有一定的毒性或使用不便。我们经过一系列的调查研究和实验，精心筛选，发现由上海第二军医大学药学院和上海市工业微生物研究所最新研制的 PM 防霉剂，具有高效、低毒、广谱、水溶等特性，将它溶解于裱画的糨糊中，可以有效地防止纸张的发霉，而对纸张的强度及画面颜色影响甚微，是用于裱画中理想的防霉剂，对延长字画的寿命起了重要作用。

一、PM 防霉剂简介

PM 防霉剂化学结构式为：

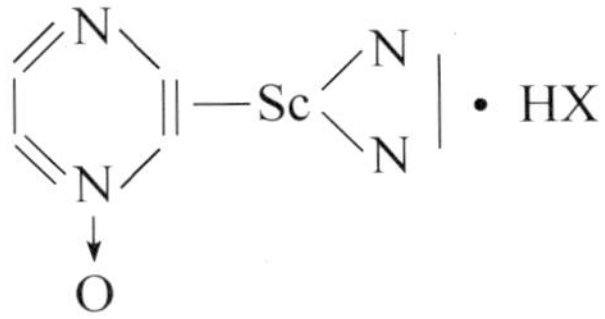

* 本文与田金英、隗亚林、王春蕾合著。

PM 防霉剂为浅灰色或奶黄色结晶或结晶性粉末。熔点 155 ~158℃（分解）。溶于水，微溶于甲醇、乙醇。性能稳定，见光不易分解。不具吸湿性。水溶液 pH 为 4 ~6。

PM 防霉剂抗菌效果优异，抗菌谱广，低毒，是目前国内外新开发的防霉剂中的最佳品种之一。它对真菌和细菌显示出良好的杀死或抑制作用，其最低抑制浓度（MIC）为 0.5 ~50ppm。它在皮衣上光剂、闹钟钟面纸、照相簿、洗发精、酶制剂、工业冷却循环水、高级香精片和文物上都有防霉效果。

对于用在文物上的防霉剂有着更高的要求。必须解决两个问题：一是防霉剂的防霉能力；二是防霉剂本身对文物的影响。针对这两个问题，我们做了一系列的探讨和研究。

二、实验部分

（一）PM 防霉剂在裱画糨糊中的防霉效果

我们使用的实验材料是裱画中常用的宣纸，并采用湿室挂片法判断 PM 防霉剂的防霉能力，即在保持一定温度和湿度的空间内，悬挂一系列供试样品，定期观察其霉变情况。

材料：PM 防霉剂、裱画糨糊、宣纸和剪刀。

仪器：恒温恒湿箱（重庆试验设备厂）

方法：

（1）称取 4 份 100g 的裱画糨糊，1 份作为空白对照，另外 3 份分别加入 30mg、50mg、70mg 的 PM 防霉剂，配制成 PM 防霉剂浓度为 0.03%、0.05%、0.07% 的糨糊。

（2）用以上 4 种不同的 PM 防霉剂浓度的糨糊分别将两张宣纸裱糊在一起，干燥，分别剪成 5cm×30cm 的长方形，每种浓度做两个平行样，共 8 条样品。

（3）将裁剪好的样品悬挂于恒温恒湿箱中，调节使恒温恒湿箱温度为 30℃，相对湿度为 93%。注意试样间应保持一定的距离，且不要贴住箱壁。

（4）每隔一周时间观察一次，用肉眼观察霉斑生成情况，结果见表 1。

表 1　PM 防霉剂在裱画糨糊中的防霉效果（T=30℃，RH=93%）

编号	PM 浓度	时间			
		1 周后	2 周后	3 周后	4 周后
A-1	空白	−	+	+ +	+ + +
		−	+	+ +	+ +

续表

编号	PM 浓度	时间			
		1 周后	2 周后	3 周后	4 周后
A-2	0.03%	–	–	–	–
		–	–	–	–
A-3	0.05%	–	–	–	–
		–	–	–	–
A-4	0.07%	–	–	–	–
		–	–	–	–

（二）PM 防霉剂对宣纸耐拉力和耐折度的影响

为了检验 PM 防霉剂是否对宣纸性能带来影响，我们对涂有防霉剂的宣纸进行耐拉力、耐折度测试，与未涂试样做比较。

材料：PM 防霉剂，同期出厂的两张较均匀的宣纸。

仪器：纸张拉力机（2H-30 型）；IMT 立式耐折机

方法：

（1）将 PM 防霉剂配制成 1% 的水溶液。

（2）取一张宣纸为对照样，均匀涂上蒸馏水，自然干燥，编号为 A。另一张宣纸均匀涂上防霉剂浓度为 1% 的水溶液，自然干燥，编号为 B。

（3）将干燥后的两张宣纸按以下要求分别裁剪成所需尺寸的试样。

耐拉力试样：1.5cm × 25cm　横向纵向各 10 条；

耐折度试样：1.5cm × 15cm　横向纵向各 10 条。

（4）将上述耐拉力试样用 2H-30 型纸张拉力机测试，分别求出试样的横向、纵向平均值为试样的耐拉力。将耐折度试样用 IMT 立式耐折机测试，分别求出试样的横向、纵向平均值为试样的耐折度，结果见表 2。

表 2　PM 防霉剂对宣纸耐拉力和耐折度的影响

时间	温度/℃	相对湿度/%		耐拉力/N		耐折度/次	
				纵向	横向	纵向	横向
2 周后	18	63	A	16.6	9.0	50.4	12.3
			B	17.1	9.0	48.4	15.8
			降低	−3.01%	0	3.97%	−28.5%

续表

时间	温度/℃	相对湿度/%		耐拉力/N		耐折度/次	
				纵向	横向	纵向	横向
1个半月后	24	65	A	17.1	8.4	45.2	11.4
			B	15.8	9.0	44.5	12.4
			降低	7.6%	-7.14%	1.55%	-8.77%
6个半月后	22	62	A	18.6	7.5	50.3	13.3
			B	16.9	9.0	47.2	10.9
			降低	9.14%	-20%	6.16%	18.05%

注：①耐折度测试张力为0.5kg。

②A为对照样，B为处理样。

$$降低值=\frac{处理样-对照样}{对照样}\times 100\%=\frac{B-A}{A}\times 100\%$$

③表中A、B数值均为10条平行样品的平均值。

（三）PM防霉剂对颜料色度的影响

PM防霉剂用在裱画中，不应给纸张强度带来影响，也不能影响到画面本身的颜色。PM防霉剂化学性质比较稳定，分解温度为158℃，一般在光照情况下也不会分解。在字画中通常使用的颜料有植物颜料和矿物颜料。这些颜料本身比较稳定，虽然随着时间的推移画面也会产生褪色，但防霉剂的加入是否会加快这种现象的发生？我们根据实验讨论了这一问题。

材料：PM防霉剂、宣纸、裱画糨糊。植物颜料：花青、藤黄、墨。矿物颜料：赭石、赭石+墨、石绿、朱磦、朱砂、石青。

仪器：TC-PⅡ全自动测色色差计（北京光学仪器厂）

方法：

（1）配制PM防霉剂浓度为0.03%、0.05%、0.07%的裱画糨糊，另取一份糨糊为空白对照。

（2）将宣纸裁剪成5cm×30cm的长方形。分别均匀涂上上述各种颜料，每种颜色涂4张，干燥后再用4种不同PM防霉剂浓度的糨糊裱糊，制备成每种颜色含4种不同PM防霉剂浓度的试样。

（3）用TC-PⅡ全自动测色色差计测定每一试样与标准白板的色差ΔE_2，每一样品取4个测试点，求其平均值为本试样的色差$\overline{\Delta E_2}$，空白对照试样的平均色差为$\overline{\Delta E_1}$。

$$\overline{\Delta E}=\left|\overline{\Delta E_2}-\overline{\Delta E_1}\right|$$

（4）每隔一定时间测定一次色差。

结果见表 3、表 4。

表 3　PM 防霉剂对植物颜料的影响

颜料	时间	PM 浓度					
		0.03%		0.05%		0.07%	
		$\overline{\Delta E}$	级别	$\overline{\Delta E}$	级别	$\overline{\Delta E}$	级别
花青	半月后	0.09	5	0.06	5	0.41	5
	时隔 1 个月	0.02	5	0.01	5	0.50	5
	时隔 1 个月	0.04	5	0.25	5	0.54	5
	时隔 1 个月	0.12	5	0.23	5	0.60	5
	时隔 1 个月	0.09	5	0.20	5	0.61	5
	时隔 1 个月	0.03	5	0.27	5	0.55	5
藤黄	半月后	0.55	5	0.51	5	0.13	5
	时隔 1 个月	0.60	5	0.52	5	0.26	5
	时隔 1 个月	0.65	5	0.65	5	0.16	5
	时隔 1 个月	0.68	5	0.51	5	0.11	5
	时隔 1 个月	0.55	5	0.36	5	0.01	5
	时隔 1 个月	0.41	5	0.29	5	0.11	5
墨 A	时隔 1 个月	0.25	5	0.60	5	0.60	5
	时隔 1 个月	0.58	5	0.75	5	0.66	5
	时隔 1 个月	0.23	5	0.77	5	0.67	5
墨 B	时隔 1 个月	0.37	5	0.99	5	1.05	4
	时隔 1 个月	0.27	5	1.11	4	1.22	4
	时隔 1 个月	0.39	5	0.95	5	1.13	4

注：表中墨为两种不同颜色深浅度的样品。

表 4　PM 防霉剂对矿物颜料的影响

颜料	时间	PM 浓度					
		0. 03%		0. 05%		0. 07%	
		$\overline{\Delta E}$	级别	$\overline{\Delta E}$	级别	$\overline{\Delta E}$	级别
赭石	1 周后	0. 42	5	0. 32	5	0. 16	5
	时隔 1 个月	0. 36	5	0. 23	5	0. 16	5
	时隔 1 个月	0. 35	5	0. 11	5	0. 25	5
	时隔 1 个月	0. 37	5	0. 19	5	0. 03	5
赭石 + 墨	半月后	0. 98	5	0. 63	5	0. 08	5
	时隔 1 个月	0. 82	5	0. 90	5	0. 18	5
	时隔 1 个月	0. 02	5	1. 16	4	0. 60	5
	时隔 1 个月	0. 37	5	1. 11	4	0. 20	5
	时隔 1 个月	0. 29	5	0. 86	5	0. 30	5
	时隔 1 个月	1. 21	4	0. 82	5	0. 19	5
石绿	1 周后	0. 56	5	0. 16	5	0. 27	5
	时隔 1 个月	0. 57	5	0. 23	5	0. 15	5
	时隔 1 个月	0. 62	5	0. 24	5	0. 41	5
	时隔 1 个月	0. 59	5	0. 28	5	0. 39	5
朱磦	1 周后	0. 09	5	0. 50	5	0. 47	5
	时隔 1 个月	0. 37	5	0. 96	5	0. 78	5
	时隔 1 个月	0. 30	5	0. 86	5	0. 59	5
	时隔 1 个月	0. 20	5	0. 39	5	0. 46	5
朱砂	1 周后	0. 07	5	0. 65	5	0. 58	5
	时隔 1 个月	0. 11	5	0. 34	5	0. 30	5
	时隔 1 个月	0. 03	5	0. 85	5	0. 69	5
	时隔 1 个月	0. 43	5	0. 83	5	0. 77	5
石青（A）	时隔 1 个月	0. 70	5	1. 24	4	1. 45	4
	时隔 1 个月	0. 55	5	1. 09	4	1. 50	4
	时隔 1 个月	0. 62	5	1. 02	4	1. 36	4
石青（B）	时隔 1 个月	0. 83	5	0. 05	5	0. 20	5
	时隔 1 个月	0. 58	5	0. 14	5	0. 33	5
	时隔 1 个月	0. 57	5	0. 16	5	0. 02	5

注：表中石青为两种不同颜色深浅度的样品。

三、结果与讨论

（一）PM 防霉剂在裱画糨糊中的防霉效果

表中“－”表示试样表面肉眼看不到菌丝，没有霉斑。“＋”表示试样表面肉眼只看到稀少的菌丝，没有霉斑。“＋＋”表示试样表面有较多的菌丝，出现明显的霉斑。“＋＋＋”表示试样表面几乎全部被菌丝覆盖，出现许多霉斑。

由表 1 中结果明显看出：A-1 对照试样在 1 周以后就能生霉，而且在相同温、湿度条件下，随着时间的加长霉斑就越明显，1 个月以后整个试样几乎被大量霉斑所覆盖。而裱画糨糊中加了 PM 防霉剂的 3 种试样 A-2 ~ A-4 始终也没有出现长霉的迹象。由此说明 PM 防霉剂的确有抑制霉菌生长的作用，有较好的防霉效果。在用药量仅 0. 03% 的时候，即可达到满意的防霉效果。由于实验中所设定的试样环境的温度、湿度最易导致霉菌的生长，因而本实验就更具说明性。

（二）PM 防霉剂对宣纸耐拉力和耐折度的影响

由表 2 看出处理样与对照样之间耐拉力与耐折度的差异并不明显，大多数在 ±10% 以下，而且这种差异并不随时间的加长而增大。产生这种微小差异的原因跟我们选择的宣纸本身有关，所取的宣纸试样虽然是同期出厂的，但即使是同一张宣纸上，强度也难免有不均匀，另外自然条件的变化，如温度、湿度的差异也可导致这种微小变化。由于制造宣纸的主要原料为青檀树皮。青檀韧皮纤维在自然干燥后，纤维表面会出现许多几乎与纤维轴向呈平行状的皱纹。这是细胞壁收缩的结果，正是由于有了这些皱纹的存在，才使宣纸具有自己独特的性能。随着外界干湿度的变化，青檀纤维本身的皱纹部分吸收一部分水分子发生润胀，或者脱去水分子出现收缩，因而给纸张的强度带来微小的变化。所以实验中处理样与对照样之间耐拉力、耐折度的差异，并不是由于 PM 防霉剂的加入所带来的。而且实验中 PM 防霉剂的浓度为 1%，远大于正常使用的浓度 0. 03%，因此我们认为 PM 防霉剂的加入不会给宣纸的耐拉力和耐折度带来影响。

（三）PM 防霉剂对颜料色度的影响

根据 GB250—64 技术规定复制的染色牢度褪色样卡，将 ΔE 分为 5 级，每级的变化范围见表 5。

表 5　染色牢度褪色样卡级别

一级	$\Delta E > 12$	大变化
二级	$\Delta E > 6$	明显变化
三级	$\Delta E > 3$	可感变化
四级	$\Delta E > 1$	微小变化
五级	$\Delta E < 1$	极微变化

在字画中通常使用的颜料大致分矿物质色和植物质色两种。从表 3、表 4 数据看出各种颜色变化多为 5 级，个别为 4 级，属于极微变化或微小变化。造成这种微小变化的原因是由于手工涂色很难均匀，另外，虽然我们选择了固定测试点，但每次测试不可能完全重合。所以色差测量标明的极微变化或微小变化，不能说是由于 PM 防霉剂的添加而造成的。因此我们认为 PM 防霉剂的加入不会影响到字画颜料上的色度。对于植物颜料如花青、胭脂等在制作中加入了胶质，尤其在夏天很易发霉，时间久了还会使色彩变得晦暗，甚至发黑。如果加入了 PM 防霉剂，就会防止这种情况的发生，使画面保持本色。

四、结　论

作为一种理想的防霉剂，它应该是高效、广谱、低毒、稳定性好、挥发性低，不影响材料或制品的性能和质量。而作为文物字画装裱上使用的防霉剂，满足这些条件就显得更为重要。PM 防霉剂具有上述的优点，通过我们所做的一系列实验和讨论，得出以下 5 个结论。

（1）PM 防霉剂可以有效地抑制霉菌的生长，并且其本身的物理、化学性质决定了它不因外界温度、湿度、pH 的变化而影响防霉效果，在长时间光照情况下也显得很稳定。

（2）裱画糨糊中加入 PM 防霉剂，不会给宣纸的强度及画面颜色带来不良影响。

（3）PM 防霉剂可以完好地附着于材料上，它具有水溶性，满足了用于裱画糨糊中的要求。使用极为方便，而且 PM 防霉剂对人体无害，由于使用量很少，也不会给环境带来影响。

（4）宣纸的 pH 呈碱性，这种碱性是碳酸钙滞留在纸内造成的，当空气中或化学环境中酸性物质侵蚀宣纸时，碱性与之发生中和作用，防止了纸张纤维素的水解、断裂而使纸张的机械强度降低。PM 防霉剂呈弱酸性，使用剂量极少，不至于影响纸张的机械强度。

（5）在裱画糨糊中加入 PM 防霉剂浓度只需 0.03% 时，就可达到良好的防霉效果。1kg 裱画糨糊加入 PM 防霉剂为 0. 3g，合人民币 0. 15 元，是十分经济的。

可见，PM 防霉剂是保护字画一类文物的较好材料。

在本实验过程中，得到了故宫博物院科技部书画装裱组李寅同志和书画复制组郭文林同志的热情协助，在此谨表谢意。

参考文献

[1] 刘庆仁．宣纸与书画．北京：轻工业出版社
[2] 马振瀛，等．防霉学．昆明：云南科学技术出版社
[3] 马振瀛，等．工业防霉．北京：轻工业出版社
[4] 董明达，等．纸张油墨的印刷适性．北京：印刷工业出版社
[5] 《文物保护技术》1981 年第 1 期；1982 年第 3 期。
[6] 上海第二军医大学药学院，上海市工业微生物研究所．PM 防霉防腐剂的研究．

（原刊于《北方文物》1991 年第 2 期）

故宫文物霉菌的调查与分析

文物遭受霉害是世界性没有很好解决的问题，为防止霉害发生，或者对已存在的霉害如何治理，首先要了解清楚文物上生长的霉菌有哪些种；它们的分类位置怎样；并找出数量多，危害大的霉菌种类，以便对症下药。为此，我们对故宫文物上的霉菌进行了调查分析。

时间：1989 年 8 月初

地点：故宫各文物库房

方法：在霉菌高发季节，用经过消毒的脱脂棉球在有霉斑或没有霉斑的文物表面采样，然后培养、分离纯化、鉴定。培养温度为 25℃ 和 28℃。一般说，在 28℃情况下，不如 25℃生长好，如毛霉、根霉在低于 26℃的情况下才能长好。因 28℃是北京夏秋之交高湿季节的温度，所以，我们除使用 25℃作为培养温度外，也使用 28℃作为培养温度。

共调查文物 35 件，其中有纸、丝、棉、鸟毛、兽毛、骨、木、漆器、皮、象牙、竹、墨、玉、玻璃砂等不同质地的文物。从用途上看，有床上用品（木床、围帐）、衣物（龙袍、绸缎衣、盔甲）、书画、笔墨、棋盘、扇子、门神、盆景、供桌等，涉及面广，具有代表性。

每件文物上鉴定出的霉菌，按数量从多到少依次排列，见表 1。

表 1　故宫文物霉菌

编号	文物名称	菌名
1	袁昭道蓬莱仙境	绿色木霉（*Trichoderma viride Pers. ex Fr.*） 变色曲霉（*Aspergillus versicolor*） 桔青霉（*Penicillium citrinum*）
2	扇面	黄曲霉（*Aspergillus flavus*） 华丽曲霉（*Aspergillus ornatus*） 毛霉属（*Mucor Micheli* ex Fries）
3	扇骨	斜卧青霉（*Penicillium decumbens*） 绿色木霉（*Trichoderma Viride* Pers. ex Fr.）

续表

编号	文物名称	菌名
4	门神（布）	球毛壳霉（*Chaetomium globosum*） 烟曲霉（*Aspergillus fumigatus Fresenius*） 腊叶芽枝霉（*Cladosporium herbarum*）
5	朗吟阁法贴（纸）	绿色木霉（*Trichoderma Viride Pers. ex Fr.*） 水节霉属（*Leptomitus Agardh*）
6	蓝色团龙直径纱	黑根霉（*Rhizopus nigricans Ehrnberg*） 荨麻青霉（*Penicillium urticae Bainier*）
7	缎女披	毛霉属（*Mucor Micheli ex Fries*） 宛氏拟青霉（*Paecilomyces varioti Bainier*） 黑曲霉（*Aspergillus niger*）
8	盔甲上的红绸	黑根霉（*Rhizopus nigricans Ehrnberg*） 芽枝霉属（*Cladosporium*）
9	盔甲上的皮条	黑根霉（*Rhizopus nigricans Ehrnberg*） 牵连青霉（*Penicillium implicatum Biourge*） 黄绿青霉（*Penicillium citreo-viride Biourge*）
10	盔甲蓝布夹里	黑根霉（*Rhizopus nigricans Ehrnberg*） 牵连青霉（*Penicillium implicatum Biourge*） 毛壳霉属（*Chaetomium*）
11	盔甲上蓝棉布带	黑根霉（*Rhizopus nigricans Ehrnberg*） 淡黄青霉（*Penicillium luleum*） 黑曲霉（*Aspergillus niger*）
12	龙袍缎袖	绿色木霉（*Trichoderma Viride Pers. ex Fr.*） 桔青霉（*Penicillium citrinum*） 荨麻青霉（*Penicillium urticae Bainier*）
13	孔雀毛（龙袍）	牵连青霉（*Penicillium implicatum Biourge*） 黑根霉（*Rhizopus nigricans Ehrnberg*） 常现青霉（*Penicillium freguentans westling*）
14	红木画轴	黑曲霉（*Aspergillus niger*） 变灰青霉（*Penicillium canescens*） 牵连青霉（*Penicillium implicatum Biourge*）
15	棋盘（纸）	黑曲霉（*Aspergillus niger*）
16	紫檀供桌	芽枝霉属（*Cladosporium*）
17	松木床	黄曲霉（*Aspergillus flavus*） 腊叶芽枝霉（*Cladosporium herbarum*） 黑曲霉（*Aspergillus niger*） 桔青霉（*Penicillium citrinum*）

续表

编号	文物名称	菌名
18	松木床帐（石青缎）	芽枝霉属（*Cladosporium*） 烟曲霉（*Aspergillus fumigatus* Fresenius） 球毛壳霉（*Chaetomium globosum*）
19	骨	桔青霉（*Penicillium citrinum*）
20	漆器	变色曲霉（*Aspergillus versicolor*）
21	丝线	桔青霉（*Penicillium citrinum*） 点青霉（*Penicillium notatum* Westling）
22	玻璃砂	桔青霉（*Penicillium citrinum*） 绿色木霉（*Trichoderma* Viride Pers. ex Fr.） 变色曲霉（*Aspergillus versicolor*）
23	玉	桔青霉（*Penicillium citrinum*） 水节霉属（*Leptomitus* Agardh） 腊叶芽枝霉（*Cladosporium herbarum*） 宛氏拟青霉（*Paecilomyces varioti* Bainier） 牵连青霉（*Penicillium implicatum* Biourge）
24	绢叶	绿色木霉（*Trichoderma* Viride Pers. ex Fr.） 腊叶芽枝霉（*Cladosporium herbarum*） 宛氏拟青霉（*Paecilomyces varioti* Bainier） 常现青霉（*Penicillium freguentans* Westling） 紫色红曲霉（*Monascus purpureus* Went）
25	鸟毛	未检出
26	纸假山	黑曲霉（*Aspergillus niger*） 变色曲霉（*Aspergillus versicolor*）
27	缎垫（象牙盒内）	根霉属（*Rhizopus*） 康氏木霉（*Trichoderma koningi* Oud） 宛氏拟青霉（*Paecilomyces varioti* Bainier）
28	沉香木	康氏木霉（*Trichoderma koningi* Oud） 宛氏拟青霉（*Paecilomyces varioti* Bainier） 黄曲霉（*Aspergillus flavus*） 圆弧青霉（*Penicillium cyclopium* Westling） 黑曲霉（*Aspergillus niger*）
29	白玉花瓣	绿色木霉（*Trichoderma Viride* Pers. ex Fr.） 黄曲霉（*Aspergillus flavus*） 米曲霉（*Aspergillus oryzae*） 常现青霉（*Penicillium freguentans* Westling）
30	象牙花瓣	未检出

续表

编号	文物名称	菌名
31	丝线（盆景）	黑曲霉（*Aspergillus niger*） 桔青霉（*Penicillium citrinum*） 绿色木霉（*Trichoderma* Viride Pers. ex Fr.）
32	漆器	黄绿青霉（*Penicillium citreo-viride* Biourge）
33	墨	桔青霉（*Penicillium citrinum*） 微小毛霉（*Mucor pusillis* Lindt）
34	墨笔杆	绿色木霉（*Trichoderma viride* Pers. ex Fr.）
35	笔毛	绿色木霉（*Trichoderma viride* Pers. ex Fr.） 黄曲霉（*Aspergillus flavus*） 宛氏拟青霉（*Paecilomyces varioti* Bainier）

故宫文物霉菌的分类，基本按《真菌的形态和分类》一书所提出的标准，它们应属于真菌门3纲、6目、7科、10属、24种。具体分类情况如下：

真菌门（*Eumycophyta*）
　子囊菌纲（*Ascomycetes*）
　　真子囊菌亚纲（*Euascomycetidae*）
　　　炭角菌目（*Xylariales*）
　　　　毛壳科（*Chaetomiaceae*）
　　　　　毛壳霉属（*Chaetomium*）
　　　　　　球毛壳霉（*Chaetomium globosum*）
　　　多腔菌目（*Myriangiales*）
　　　　痂囊腔菌科（*Elsinoeaceae*）
　　　　　芽枝霉属（*Cladosporium*）
　　　　　　腊叶芽枝霉（*Cladosporium herbarum*）
　　　散囊菌目（*Eurotiales*）
　　　　散囊菌科（*Eurotiaceae*）
　　　　　曲霉属（*Aspergillus*）
　　　　　　黑曲霉（*Aspergillus niger*）
　　　　　　黄曲霉（*Aspergillus flavus*）
　　　　　　变色曲霉（*Aspergillus versicolor*）
　　　　　　烟曲霉（*Aspergillus fumigatus* Fresenius）
　　　　　　米曲霉（*Aspergillus oryzae*）
　　　　　　华丽曲霉（*Aspergillus ornatus*）
　　　　　青霉属（*Penicillium*）

桔青霉（*Penicillium citrinum*）
斜卧青霉（*Penicillium decumbens*）
荨麻青霉（*Penicillium urticae* Bainier）
牵连青霉（*Penicillium implicatum* Biourge）
黄绿青霉（*Penicillium citreoviride* Biourge）
淡黄青霉（*Penicillium luleum*）
常现青霉（*Penicillium freguentans* Westling）
变灰青霉（*Penicillium canescens*）
点青霉（*Penicillium notatum* Westling）
圆弧青霉（*Penicillium cyclopium* Westling）
红曲霉属（*Monascus*）
紫色红曲霉（*Monascus purpureus* Went）
裸囊菌科（*Gymnoascaceae*）
拟青霉属（*Paecilomyces*）
宛氏拟青霉（*Paecilomyces varioti* Bainier）
藻状菌纲（*Phycomycetes*）
接合菌亚纲（*Zygomycetidae*）
毛霉目（*Mucorales*）
毛霉科（*Mucoraceae*）
毛霉属（*Mucor*）
微小毛霉（*Mucor pusillis* Lindt）
根霉属（*Rhizopus*）
黑根霉（*Rhizopus nigricans* Ehrnberg）
水节霉目（*Leptomitales*）
水节霉科（*Leptomitaceae*）
水节霉属（*Leptomitus*）
半知菌类（*Deuteromycetes*）
丛梗孢目（*Moniliales*）
丛梗孢科（*Moniliaceae*）
木霉属（*Trichoderma*）
康氏木霉（*Trichoderma koningi* Oud）
绿色木霉（*Trichoderma viride* Pers. ex Fr.）

在35件文物中已鉴定出的24种霉菌，它们出现的概率见表2和表3。

表2　故宫文物霉菌各属出现概率排次　（单位：次）

青霉属		曲霉属		木霉属		根霉属		拟青霉属		芽枝霉属		毛壳霉属		毛霉属		红曲霉属	
菌名	菌次	菌名	菌次	菌名	菌次	菌名	菌次	菌名	菌次	菌名	菌次	菌名	菌次	菌名	菌次	菌名	菌次
桔青霉	9	黑曲霉	8	绿色木霉	10	黑根霉	6	宛氏拟青霉	6	蜡叶枝孢霉	4	球毛壳霉	2	微小毛霉	1	紫色红曲霉	1
牵连青霉	5	黄曲霉	5	康氏木霉	2												
常现青霉	3	变色曲霉	4														
荨麻青霉	2	烟曲霉	2														
黄绿青霉	2	华丽曲霉	1														
斜卧青霉	1	米曲霉	1														
淡黄青霉	1																
变灰青霉	1																
点青霉	1																
圆弧青霉	1																

表3　故宫文物霉菌出现概率排次　（单位：次）

菌名	出现菌次	菌名	出现菌次
绿色木霉	10	黄绿青霉	2
桔青霉	9	康氏木霉	2
黑曲霉	8	球毛壳霉	2
黑根霉	6	华丽曲霉	1
宛氏拟青霉	6	斜卧青霉	1
牵连青霉	5	淡黄青霉	1
黄曲霉	5	变灰青霉	1
变色曲霉	4	点青霉	1
腊叶芽枝霉	4	紫色红曲霉	1
常现青霉	3	圆弧青霉	1
烟曲霉	2	米曲霉	1
荨麻青霉	2	微小毛霉	1

从表2统计，共出现79菌次，其中青霉属出现26菌次，占全部的33%；曲霉属出现21菌次，占全部的27%；木霉属出现12菌次，占全部的15%；根霉属和拟青霉属都出现6菌次，各占全部的7.6%。青霉属和曲霉属共出现47菌次，占全部的60%，说明青霉属和曲霉属的霉菌种类多、数量大、分布广、最易发生，当是危害文物最普遍而可能最严重的属，其次是木霉属、根霉属、拟青霉属。从表3看，出现概率较多的霉菌有：绿色木霉、桔青霉、黑曲霉、黑根霉、宛氏拟青霉、牵连青霉、黄曲霉、变色曲霉、腊叶芽枝霉。它们当是危害文物最普遍而可能是最严重的霉菌，具体危害程度需待进一步实验和定性定量分析。

那么，文物质地不同，其上生长的霉菌种类是否存在差异？为了探讨这一问题，我们把进行调查的35件文物分别归为丝织品、木制品、书画、布衣、竹、皮、玉、水笔毛、墨、布画、孔雀毛、玻璃砂、漆器、骨等14类。以肉眼观察每件文物上已鉴定出霉菌的相对数量为序，排列为1～5级，1级数量最多，2级则次之，以此类推。如果一件文物上只鉴定出一种霉菌，则列为1级。若两种霉菌，则较多者列为1级，较少者列为2级。各类文物的霉菌种类及数量见表4。

从理论上讲，丝织品是天然动物纤维——蚕丝织成，它的主要化学组成是蛋白质，能生长在丝织文物上的霉，应是能分泌胞外蛋白酶，把天然蛋白质分解为氨基酸，并能被其吸收利用。而木制品、书画，布衣、竹等都是以植物纤维为原料制成。组成植物纤维的主要化学成分是大分子纤维素，能生长于植物纤维制品上的霉，应能分泌胞外纤维素酶，把大分子纤维素分解为小分子葡萄糖，并被其吸收利用。

表4中，丝织类文物共9件，出现较多的霉菌是绿色木霉、黑根霉、桔青霉、黑曲霉；植物纤维质地的文物：木制品4件、书画5件、布衣2件、竹2件，共13件。出现较多的霉菌是黑曲霉、绿色木霉、黑根霉、黄曲霉。

不同质地文物上的霉菌应有所差别，但从调查结果看差异不大，或没有明显特异性，这是为什么？需进一步探讨。

同时，玉、玻璃砂等无机质地文物，其本身不能作为霉菌的营养，但在调查中也鉴定出霉菌，主要的霉菌是桔青霉和绿色木霉。可能这两种霉菌的孢子数量多、分布广，玉器和玻璃砂上有它们的孢子存在，或其上有适合霉菌生长的污染物，因此，有霉菌被鉴定出来。从霉菌在无机质地文物上的发现，可知霉菌对文物危害的普遍性。

表4　故宫各类文物霉菌的种类与数量

霉菌	丝织品					木制品					书画			布衣			竹		皮			玉					水笔毛			墨		布画			孔雀毛			玻璃砂			漆器		骨	
	霉菌级别																																											
	1	2	3	4	5	1	2	3	4	5	1	2	3	1	2	3	1	2	1	2	3	1	2	3	4	5	1	2	3	1	2	1	2	3	1	2	3	1	2	3	1	2	1	2
黑曲霉	1		1			1		1		1	2					1																												
黄曲霉						1		1			1												1					1																
变色曲霉												2																												1	1			
烟曲霉		1																															1											
米曲霉																								1																				
华丽曲霉												1																																
桔青霉	1	2							1				1									1								1								1					1	
斜卧青霉																	1																											
苎麻青霉		1	1																																									
牵连青霉								1							1					1						1									1									
黄绿青霉																					1																				1			
淡黄青霉															1																													
常现青霉				1																					1												1							
变灰青霉							1																																					
点青霉		1																																										

续表

霉菌	丝织品					木制品					书画			布衣			竹		皮			玉					水笔毛			墨		布画			孔雀毛			玻璃砂			漆器		骨	
	霉菌级别																																											
	1	2	3	4	5	1	2	3	4	5	1	2	3	1	2	3	1	2	1	2	3	1	2	3	4	5	1	2	3	1	2	1	2	3	1	2	3	1	2	3	1	2	1	2
圆弧青霉									1																																			
绿色木霉	2		1								2						1	1				1					1												1					
康氏木霉		1				1																																						
毛壳霉属																1																												
球毛壳霉			1																													1												
芽枝霉属	1	1				1																																						
蜡叶芽枝霉		1					1																	1										1										
紫色红曲霉					1																																							
毛霉属	1												1																															
微小毛霉																															1													
根霉属	1																																											
黑根霉	2													2					1																	1								
节生霉属												1											1																					
宛氏拟青霉		1	2				1																		1				1															

一次文物霉菌调查很难避免片面性和不准确性，因为文物库房的自然条件与人工培养条件差异很大，霉菌的生长情况不会完全相同。因此，要搞清楚霉菌在文物上的发生规律，为防霉治霉提供可靠依据，就需要在不同环境中的同类文物或相同环境下的不同类文物上做大量的调查研究工作。

在文物保护工作中，虽已注意了霉害这一普遍而严重破坏文物的问题，但对霉害还缺乏系统的科学调查与分析，因此，难以把解决文物霉害问题植于科学基础之上。本文公布的材料及粗浅分析，是开始试图对霉害文物这一问题作些科学调查与分析的初步结果，自然是很不成熟的，现在发表出来，希望得到同行们的批评指正，并共同对霉害进行系统的科学研究，逐步解决霉害文物这一普遍而严重的问题。

（原刊于《考古》1991年第5期）

文物生霉与文物质地

文物生霉是常见到的现象，不同文物的生霉情况是否存在差异？与文物的质地是否存在关系？这些问题的认识与解决，自然是搞好文物防霉的前提。因此，本文拟对此进行讨论。

一

霉菌在文物上生长，使文物霉腐变质。为防治文物霉害，首先要对霉菌有些了解，下面简单阐述霉菌的基本构造与营养。

霉菌是真菌的一部分。霉菌和菌体由菌丝构成，菌丝可无限伸长和产生分枝，分枝的菌丝相互交织在一起，形成了菌丝体。

霉菌的菌丝有两类：一类菌丝中无隔膜，整个菌丝体可看做一个多核的单细胞，如低等种类的根霉、毛霉等；另一类菌丝体有横隔膜，每一段就是一个细胞，整个菌丝体由多细胞构成，多数霉菌都属于此类。

霉菌细胞中缺乏叶绿素，本身不能制造碳水化合物，需要从外界环境中不断吸收营养物质，从中获得进行生命活动所需的能量，并合成新的细胞物质。

霉菌所需要的营养物质主要包括碳素化合物（碳源）、氮素化合物（氮源）、水分、无机盐类和维生素等。

环境中的营养物质是通过渗透和扩散作用进入菌体的。霉菌的细胞膜是半透性膜，水、无机盐等小分子物质可以通过细胞膜，而蛋白质、淀粉、纤维素等大分子物质不能通过细胞膜而不能被吸收。能利用这些大分子物质的霉菌细胞，能向细胞外分泌出相应的水解酶（亦称胞外酶）如蛋白酶、淀粉酶、纤维素酶等。酶是具有生物活性的蛋白质，是生物催化剂，在酶的作用下把大分子物质分解成能溶于水的小分子物质，然后吸收利用。

二

文物分类方法有多种，从防治霉害角度考虑，可依文物质地将文物分为两大类：一类是无机质地文物，如金、石、陶、瓷等制品；另一类是有机质地文物，如棉、丝、纸、竹、木等制品。无机质地文物本身不存在霉菌的营养，霉菌在其上难以生长，固霉害少见。而有机质地文物的本身就是霉菌生长发育的良好营养源，因此在环境的温度、湿度、pH 等条件适宜的情况下，霉菌容易在这类文物上生长、繁殖而导致霉害发生。

有机质地文物的材质大部分都是由天然纤维组成的。由天然物质获得的纤维叫天然纤维。根据来源不同，可把它们分为植物纤维和动物纤维。

植物纤维存在于植物的茎、皮、子、叶中，主要成分是纤维素，如棉纤维、麻纤维、木材纤维、草纤维等。动物纤维是动物的毛或分泌物，如羊毛纤维、蚕丝等，它的主要成分是蛋白质。那么，霉菌是怎样分解这两类不同来源、不同性质的纤维的？也就是霉菌是如何腐蚀破坏有机质地文物的？

纸张、书画、棉、麻、竹、木等文物是属于植物纤维类文物。

构成植物纤维的化学成分主要有纤维素、半纤维素和木素，此外还有少量的果胶、灰分、无机盐等次要成分。

根据植物纤维中纤维素含量的多少，即强度的大小，又可分为禾本科植物纤维、木材纤维、韧皮纤维和种毛纤维。

禾本科植物纤维（即草类纤维）的原料有：稻秆、芦苇、高粱和玉米秆、竹等。禾本科植物纤维中，纤维素含量少、杂细胞多、木素含量较高、纤维短、机械强度差。

木材纤维优于禾本科植物纤维。木材纤维原料有：松木、柏木、杉木等针叶木和杨木、桦木、枫木等阔叶木。木材纤维中纤维素含量 40%~60%，木素含量 17%~32%。

韧皮纤维原料：包括各种麻类及某些树种的树皮，如亚麻、大麻、黄麻、苎麻及桑皮、檀皮、楮皮等。韧皮纤维中纤维素含量 60%~83%，木素含量 1%~15%。

种毛纤维原料是棉花，棉花中纤维素含量 90% 以上，有的可达 97%~98%。棉已成为全世界最主要的纺织原料，棉纤维制品适宜缝制各类衣着。

纸是由树皮、麻、破布、竹子、稻麦秆、藤、芦苇、高粱、玉米秆、木材等为原料制成的。用纤维素含量高的植物纤维原料抄造出来的纸张，耐久性较好，这是由于纤维素的性质比木素、半纤维素稳定。用纤维素含量低的禾本科植物纤维抄造出来的纸张强度低、耐久性差。

纤维素是一种天然有机高分子化合物，由许多个失水 β-葡萄糖组成的多糖类，是构成细胞壁的主要成分。它的分子链很长，聚合度大，分子式为 $(C_6H_{10}O_5)_n$，分子式中括号内的 $C_6H_{10}O_5$ 称为葡萄糖基，它是葡萄糖脱掉一分子水后的物质。纤维素的聚合度（n）为 200~10 000，聚合度越大，葡萄糖基越多，纤维素的分子链越长，其耐久性越好。

纤维素是白色、无嗅、无味的物质，不溶于水，也不溶于一般有机溶剂。纤维素很难水解，不能直接被人和大多数动物消化，但它可以被许多霉菌，如木霉、青霉、曲霉、根霉等分解和利用。

能利用纤维素生长的霉菌，能分泌胞外纤维素酶（纤维素酶是一群作用于纤维素的酶的总称），在酶的催化下，使纤维素水解成纤维二糖，再进一步水解，最后生成葡萄糖。葡萄糖是能溶于水的小分子物质，是霉菌能直接吸收利用的最好碳源和能源。葡萄糖进入霉菌细胞后，在线粒体中被彻底氧化，释放出能量，供细胞活动，物质合成等利用。

半纤维素也是高分子化合物，它是由许多单糖脱水聚合而成的聚糖类，其中的单糖有葡萄糖、木糖、甘露糖、阿拉伯糖等。半纤维素分子链短，聚合度小，机械强度差，单糖基的数目最多只能达到200，与纤维素相比，半纤维素容易被霉菌分解。由于半纤维素的组成类型很多，因而分解它们的酶也各不相同，在酶的催化下把半纤维素水解为单糖，被霉菌吸收。

果胶质是构成高等植物细胞间质的主要物质，果胶质的主要化学成分为聚半乳糖醛酸。天然的果胶质是一种不溶于水的物质，梭状芽孢杆菌、黑曲霉、米曲霉的微生物能产生果胶酶，可把果胶分解成半乳糖醛酸和果胶酸，形成溶于水的果胶，加以吸收利用。

书画、棉、麻及竹、木制品等文物长霉，就意味着它们的质地已经发生变化，其中的纤维素已程度不同的水解，生成水解纤维素。水解纤维素的化学结构与原来的纤维素相同，不同之处是它的聚合度小，因而水解纤维素的机械强度下降，当聚合度下降到200以下时，就变成粉末状态，此时，它的机械强度等于零。

三

绫、罗、绸、缎等丝织文物和毛皮文物是属于动物纤维类文物。

丝织文物是蚕丝织物。蚕丝是熟蚕结茧时，由蚕体内两根绢丝腺中的绢丝液，经吐丝孔排出遇到空气凝固而成的连续长纤维，称“天然丝”。蚕丝的主要化学组成为蛋白质，因而，这类纤维亦称为“蛋白质纤维”。

蚕丝由丝素和包在丝素外面的丝胶组成，丝胶是线形肽链弯曲盘绕而成的球状蛋白质，它含有较多的极性氨基酸，水溶性较好。丝素是纤维状蛋白质，大分子链为线形曲折链。

蛋白质是由许多氨基酸通过肽链连接起来的大分子化合物。许多霉菌可以通过胞外蛋白水解酶催化，将它们水解成短肽，短肽在肽酶作用下进一步被水解为小分子氨基酸。氨基酸是霉菌良好的碳源、能源和氮源被霉菌吸收利用。一般真菌分解蛋白质的能力强，并能分解天然蛋白质，而大多数细菌不能分解天然蛋白质。

毛皮文物中的动物毛纤维，主要成分是蛋白质类角蛋白，也可以被某些微生物分解。

霉菌在丝织或毛皮文物上生长，说明文物质地已经发生变化，其中的蛋白质已不同程度的发生水解，其强度已经下降。

四

除植物纤维类文物和动物纤维类文物之外还有其他有机质地文物，如皮制（皮革制品）、骨制文物等。

皮的主要成分是蛋白质和脂肪，它们是高分子物质，不能通过霉菌的细胞膜则不能被霉菌吸收利用，但霉菌的菌丝体会分泌出蛋白酶、脂酶等水解酶，对皮革中的高分子物质进行水解，其中蛋白酶对皮革蛋白质起着极大的分解破坏作用，在蛋白酶作用下，皮革蛋白质被水解为可溶于水的小分子氨基酸。

皮中的脂肪在脂酶的作用下，分解为甘油和脂肪酸等小分子物质被霉菌吸收利用。

五

霉菌能在有机质地文物上生长的原因之一，是文物中的纤维素、半纤维素、蛋白质、脂肪等成分为霉菌的生长发育提供了营养。

那么，除文物本身以外，是否还有其他物质为霉菌提供营养呢？

每一件文物，包括保管条件最好的国家一级文物也不会是绝对干净，一尘不染的。灰尘、油垢、汗渍（除含有脂肪外，也含有相当部分的蛋白质）及图书装订和书画装裱中使用的糨糊、动物胶等黏合剂，都含有霉菌利用的营养物质。

糨糊的主要化学成分是淀粉，淀粉常用于印花浆的调制，纺织品的上浆及纸张的上胶等，因此，书画及织物上常含有淀粉。

淀粉：白色、无嗅、无味粉末状固体，它的化学式为（$C_6H_{10}O_5$）$_n$。它是右旋葡萄糖的聚合物，是多糖类的一种，是大多数植物积蓄的碳水化合物。淀粉是由直链淀粉和支链淀粉组成的。直链淀粉是由 200 ~ 980 个葡萄糖分子缩合而成的长链分子。支链淀粉由 600 ~ 6000 个葡萄糖分子缩合而成。淀粉容易被消化，因此它是人类和动物的食物，也是微生物的良好营养。

在以淀粉为生长碳源与能源的霉菌中，能利用本身合成并分泌到胞外的淀粉酶，将淀粉水解成双糖或单糖后，被霉菌吸收，然后再分解利用。

纸张、图书凡是发霉的地方就腐朽、破碎、颜色改变、出现霉斑、图书散页、装裱处部分脱落、有时书页会黏结在一起，甚至字迹模糊不清等，都是霉菌同化书画中的淀粉、纤维素等营养物质，获得能量生长繁殖的恶果。

油脂是自然界广泛存在的重要脂类物质，它是由甘油与三个长链脂肪酸通过脂链连接起来的甘油三酯。当环境中容易利用的碳源与能源物质都不存在时，有些微生物，如毛霉、根霉、青霉和酵母菌能产生一种脂酶，油脂在脂酶作用下逐步被水解成甘油和脂肪酸被霉菌细胞吸收。甘油和脂肪酸分别在甘油激酶、脂酰脱氢酶等酶的作用下，进一步水解，产生能量。

脂酶广泛存在于真菌中，青霉属的真菌能产生较多的脂酶，分解油脂的能力较强。

烃类化合物由碳、氢两种元素组成，在好氧条件下，可以被一些微生物分解，能够利用烃类化合物的霉菌有芽枝霉等。

六

霉菌能利用有机质地文物中的纤维素、半纤维素、木素、果胶、蛋白质及脂肪等，也能利用文物上或环境中的淀粉、油脂及烃类化合物等进行生长和繁殖。可供霉菌利用的营养物质是很多的，高等生物能利用的物质霉菌能利用，高等生物不能利用的物质某些霉菌也能利用，霉菌的营养来源比高等生物广泛得多。

有些霉菌能在养分极贫乏的条件下生长繁殖，只要有足够的水分（湿度），其他养分（氮素化合物、碳素化合物、矿质元素及维生素等）极少时也能生长。梅雨季节物质多生霉就是这个道理。一个指印或污迹以及环境中的少量挥发性有机物气体凝结在物体的表面，就足以支持霉菌生长。实际生活环境中不受这种可为霉菌利用的物质所污染的机会是很少的。即使完全没有外界养分，只要其他条件合适，霉菌的孢子靠本身储存的养料也能发育到一定程度。例如，某些光学仪器的透镜、棱镜、反射镜等本身并不能为霉菌所利用，但有时仍然会长霉，光学透镜遭到霉菌代谢产物有机酸的腐蚀，影响观察和测量。

空气中漂浮着大量的霉菌孢子，它们随时都会黏附在文物的表面，一旦环境的温度、湿度适宜，孢子就会吸收水分而萌发，生长出菌丝。开始是依靠孢子中储存的营养物质，当菌丝生长到一定阶段，自身储存的营养物质被消耗完了，就要从外界环境即从有机质地文物中吸收营养物质，继续生长发育繁殖后代。

文物生霉的过程，就是文物被霉菌消化、吸收的过程，也就是文物被霉腐破坏的过程，生霉越多对文物的破坏越严重。

七

以上论述可以得出：有机质地的文物及其所在的一定环境，都存在能被霉菌利用的营养物质。因此，霉腐现象随时都可能发生，这是文物保护的一大难题。

但是，营养物质的存在只是霉腐发生的重要条件之一。同时，由于微生物所具酶的种类的差异，不同种类的霉菌分解营养成分的种类是不同的，有的能迅速分解蛋白质，有的能分解纤维素，有的分解脂肪的能力较强，当文物的化学组成或文物上的有机污染物同微生物所具酶的底物相一致时，微生物才能分解这种物质，使文物遭到损害。如果几种同类的营养物质（如几种碳素化合物）同时存在时，霉菌分解它们也有一定顺序，往往是先易后难，当容易分解的碳源或能源物质都不存在时，才去分解较难利用的物质。

此外，文物库房中营养物质的分布有一定规律，如纤维素类碳源物质和蛋白质类氮源物质，是分别主要存在于植物纤维质地和动物纤维质地的文物中。文物上的油脂、汗渍及灰尘的多少与文物使用情况和保管条件也存在一定的关系。

再者，不同种类的霉菌生长发育所需的环境条件，各有自身的要求。

可见，文物霉腐现象的发生有一定规律，只要我们不断研究、探索，掌握其规律，同时采取有效措施，防治文物霉害是不难做到的。

（原刊于《考古与文物》1993 年第 5 期）

PM 防霉剂与文物书画防霉*

书画是历史文物的重要组成部分。宣纸是书写、绘画的主要材料。制成宣纸的主要原料是青檀皮和稻草。由于宣纸中含杂质较少，金属离子和酸性基团的含量也少，不易产生发色基团，所以具有良好的耐久性能。但是由于空气中存在着大量的霉菌孢子，在一定的温度、湿度下，孢子在宣纸上萌发、生长、形成菌落，并对天然植物纤维有较强的分解能力，使纤维素分子分解为小分子的葡萄糖，结果使纸张变脆、老化、强度降低，大大减少书画的寿命。有些霉菌在代谢过程中产生色素，使字画变色形成霉斑。所以防霉是保护好书画的重要问题。

收藏书画传统的基本方法就是装裱，这不仅是为了增加美观，更重要的是增强画幅的牢固性。卷起收藏时，使外界的潮湿、热度、尘埃、阳光和有害物质都不易侵及画幅。虽然现在收藏古代书画的库房配有温、湿度测试仪，去湿机，恒温恒湿空调机，还有熏蒸灭菌杀虫设备和防虫、霉药物等，能为保护书画提供良好的条件。但陈列室中的书画就很难具备与库房相同的条件，它们大都暴露在自然环境中，受到尘埃、湿气等环境因素的影响，引起变色、发霉的可能性更大。因此需要从根本上解决问题。防霉剂有抑制和杀死微生物的作用。如果防霉剂能直接溶于裱画的糨糊中，同时又对书画本身无损害作用，使书画在任何环境中均不受霉菌影响，这就对书画在任何环境中都能起到保护作用。

可用于书画防霉的药物有多种，如五氯酚钠、多聚甲醛、醋酸苯汞、麝香草酚、环氧乙烷等。但它们多少对人有一定的毒性或有使用不便的问题。我们经过一系列的调查研究和实验，精心筛选，发现由上海第二军医大学药学院和上海市工业微生物研究所研制的 PM 防霉剂具有高效、低毒、广谱、水溶等特征。将它溶于裱画的糨糊中，可以有效地防止纸张的发霉。根据文物保护的具体要求，我们对防霉剂对书画的防霉效果，对宣纸性能的影响，对书画颜料色度的影响等几方面的问题做了一系列的探讨和研究。

---

* 本文与田金英、隗亚林、王春蕾合著。

一、关于 PM 防霉剂

PM 防霉剂化学结构式为：

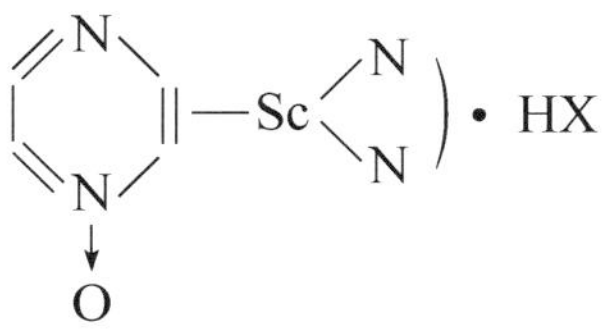

PM 防霉剂为浅灰色或奶黄色结晶或结晶性粉末，熔点 155 ~ 158℃（分解）。溶于水，微溶于甲醇、乙醇。性能稳定，见光不易分解。不具吸湿性。水溶液 pH 为 4 ~ 6。

PM 防霉剂抗菌效果优异，抗菌谱广，低毒，是目前国内外新开发的防霉剂中较佳品种之一。它对真菌和细菌显示出良好的杀死或抑制作用，其最低抑制浓度（MIC）为 0.5 ~ 50ppm。它在皮衣上光剂、闹钟钟面纸、照相簿、洗发精、酶制剂、工业冷却循环水、高级香精片和文物上都有防霉效果。

二、PM 防霉剂在裱画中的防霉效果

采用湿室挂片法判断 PM 防霉剂的防霉能力，即在保持一定温度和湿度的空间内，悬挂一系列供试样品，定期观察其霉变情况。

材料：PM 防霉剂、裱画糨糊、宣纸和剪刀。

仪器：恒温恒湿箱（重庆试验设备厂）。

方法：

（1）称取 4 份 100g 的裱画糨糊，1 份作为空白对照，另外 3 份分别加入 30mg、50mg、70mg 的 PM 防霉剂，配制成 PM 防霉剂浓度为 0.03%、0.05%、0.07% 的糨糊。

（2）用以上 4 种不同的 PM 防霉剂浓度的糨糊分别将两张宣纸裱糊在一起，干燥，分别剪成 5cm × 30cm 的长方形。每种浓度做 2 个平行样，共 8 条样品。

（3）将裁剪好的样品悬挂于恒温恒湿箱中，调节使恒温恒湿箱温度为 30℃，相对湿度为 93%。注意试样间应保持一定的距离，且不要贴住箱壁。

（4）每隔一周时间观察一次，用肉眼观察霉斑生成情况，结果见表 1。

表中“ - ”表示试样表面肉眼看不到菌丝，没有霉斑。“ + ”表示试样表面肉眼只看到稀少的菌丝，没有霉斑。“ + + ”表示试样表面有较多的菌丝，出现明显的霉斑。“ + + + ”表示试样表面几乎全部被菌丝覆盖，出现许多霉斑。

表 1　PM 防霉剂在裱画中的防霉效果（T = 30℃，RH = 93%）

编号	浓度	时间			
		1 周后	2 周后	3 周后	4 周后
A-1	空白	−	+	+ +	+ + +
		−	+	+ +	+ + +
A-2	0.03%	−	−	−	−
		−	−	−	−
A-3	0.05%	−	−	−	−
		−	−	−	−
A-4	0.07%	−	−	−	−
		−	−	−	−

由表 1 中结果明显看出。A-1 对照试样在 1 周以后就能生霉，而且在相同温，湿度条件下，随着时间的加长霉斑就越明显。1 个月以后整个试样几乎被大量霉斑所覆盖。而裱画糨糊中加了 PM 防霉剂的 3 种试样 A-2 ~ A-4 始终也没有出现长霉的迹象。由于书画装裱糨糊中的淀粉是一种比纸浆更易生霉的多糖化合物，因此，采用淀粉糨糊装裱的书画更易生霉。加入 PM 防霉剂就可以抑制这种情况的发生，大大减少了书画生霉的可能性。实验中所设定的温度、湿度是霉菌生成的最佳条件，结果说明 PM 防霉剂的确有抑制霉菌生长的作用，有较好的防霉效果。在用药量仅 0.03% 浓度的时候，即可达到满意的防霉效果。

三、PM 防霉剂对宣纸性能的影响

书画及装裱的主要材料是宣纸。宣纸的纤维柔韧，交织紧密，它能承受笔锋在纸面上多次摩擦，而不易起皱、掉毛；也耐折、耐揉，舒卷收藏，展开观赏都很方便。作为保护书画使用的防霉剂，绝不能由于防霉剂的加入影响宣纸的耐久性能，至少应使其保持固有的强度、韧性。为此，我们对涂有防霉剂的宣纸和对照样进行耐拉力、耐折度测试并进行比较。

材料：PM 防霉剂，同期出厂的两张较均匀的宣纸。

仪器：纸张拉力机（2H-30 型），IMT 立式耐折机。

方法：

（1）将 PM 防霉剂配制成 1% 的水溶液。

（2）取一张宣纸为对照样，均匀涂上蒸馏水，自然干燥，编号为 A。另一张宣纸均匀涂上防霉剂浓度为 1% 的水溶液，自然干燥，编号为 B。

（3）将干燥后的两张宣纸按以下要求分别裁剪成所需尺寸的试样。

耐拉力试样：1.5cm×25cm，横向、纵向各 10 条。

耐折度试样：1.5cm×15cm，横向、纵向各 10 条。

（4）将上述耐拉力试样用 2H-30 型纸张拉力机测试，分别求出试样的横向、纵向平均值为试样的耐拉力。将耐折度试样用 IMT 立式耐折机测试，分别求出试样的横向、纵向平均值为试样的耐折度，结果见表 2。

表 2　PM 防霉剂对宣纸耐拉力和耐折度的影响

时间	温度/℃	相对湿度/%		耐拉力/N		耐折度/次	
				纵向	横向	纵向	横向
2 周后	18	63	A	16.6	9.0	50.4	12.3
			B	17.1	9.0	48.4	15.8
			降低	-3.01%	0	3.97%	-28.5%
1 个半月后	24	65	A	17.1	8.4	45.2	11.4
			B	15.8	9.0	44.5	12.4
			降低	7.60%	-7.14%	1.55%	-8.77%
6 个半月后	22	62	A	18.6	7.5	50.3	13.3
			B	16.9	9.6	47.2	10.9
			降低	9.14%	-20%	6.16%	18.05%

注：①耐折度测试张力为 0.5kg。

②A 为对照样，B 为处理样。

$$降低值=\frac{处理样-对照样}{对照样}\times 100\% = \frac{B-A}{A}\times 100\%$$

③表中 A、B 数值均为 10 条平行样品的平均值。

由表 2 看出处理样与对照样之间耐拉力与耐折度的差异并不明显，大多数在 ±10% 以下，而且这种差异并不随时间的延长而增大。产生这种微小差异的原因跟我们选择的宣纸本身有关，所取的宣纸试样虽然是同期出厂的，但即使是同一张宣纸的不同部位，强度也可能不一样，另外自然条件的变化，如温度、湿度的差异也可导致这种微小变化。由于制造宣纸的主要原料为青檀皮，青檀韧皮纤维在自然干燥后，纤维表面会出现许多几乎与纤维轴向呈平行状的皱纹。这是细胞壁收缩的结果。正是由于有了这些皱纹的存在，才使宣纸具有自己独特的性能。随着外界干湿度的变化，青檀纤维本身的皱纹部分吸收一部分水分子发生润胀，或者脱去水分子出现收缩，因而给纸张的强度带来微小的变化。

宣纸本身制作精细，纤维损伤小，纸内含杂质也少，更重要的是由于碳酸钙滞留在纸内使它呈碱性，能够抵抗空气中酸性气体的腐蚀。在酸性条件下，纸张纤维素分子易断裂，使纸的强度下降。PM 防霉剂呈弱酸性且使用量很小，能被宣纸中的碱性中和，所以，PM 防霉剂的加入并不会影响纸张的强度。书画在展览过程中最易受到外界温、湿度变化及有害气体、紫外线的影响，而防霉剂的性能很稳定，在一般气候、光照条件下不分解成小分子的活性物质，又不与纸张中的某些成分及环境中的化学成分起反应，给宣纸的强度带来影响。所以 PM 防霉剂的防霉性能能持久地作用于书画上，特别适用于展览用的书画。在实验中 PM 防霉剂的浓度为1%，远大于正常使用的浓度0.03%，因此，可认为 PM 防霉剂用于书画防霉，是不会影响宣纸的耐久性能及强度的。

四、PM 防霉剂对书画颜料色度的影响

宣纸含铁、钙量极微，含其他金属离子更少；同时纸中纤维素的羧基含量也少，所以在外界不良条件下，也不会轻易发生化学变化，诸如产生发色基团改变纸的颜色。书画通常使用的颜料为矿物质色和植物质色两种。矿物质色如石青、石绿、石黄、朱砂、朱磦、赭石等；植物质色如花青、胭脂、藤黄等。中国绘画的色彩鲜艳明快历久不变，一方面是由于选择的原料经过了加工精制，另一方面是利用胶矾，使颜色固定不落。由于 PM 防霉剂具有前文所指出的稳定性能，将不会影响宣纸及画面的颜色。下面所介绍的实验讨论了这一问题。

材料：PM 防霉剂、宣纸、裱画糨糊。植物颜料：花青、藤黄、墨；矿物颜料：赭石、赭石 + 墨、石绿、朱磦、朱砂和石青。

仪器：TC-PⅡ全自动测色色差计（北京光学仪器厂）

方法：

（1）配制 PM 防霉剂浓度为0.03%、0.05%、0.07%的裱画糨糊，另取一份糨糊为空白对照。

（2）将宣纸裁剪成5cm × 30cm 的长方形。分别均匀涂上上述各种颜料，每种颜料涂4张，干燥后再用4种不同 PM 防霉剂浓度的糨糊裱装，制备成每种颜料含4种不同 PM 防霉剂浓度的试样。

（3）用 TC-PⅡ全自动测色色差计测定每一试样与标准白板的色差 ΔE_2，每一样品取4个测试点，求其平均值为本试样的色差$\overline{\Delta E_2}$，空白对照试样的平均色差为$\overline{\Delta E_1}$

$$\overline{\Delta E} = \left| \overline{\Delta E_2} - \overline{\Delta E_1} \right|$$

（4）每隔一定时间测定一次色差。

结果见表3、表4。

根据 GB250—64 技术规定复制的染色牢度褪色样卡，将 ΔE 分为5级，每组的变化范围见表5。

表 3 PM 防霉剂对植物颜料的影响

颜料	时间	PM 浓度					
		0.03%		0.05%		0.07%	
		$\overline{\Delta E}$	级别	$\overline{\Delta E}$	级别	$\overline{\Delta E}$	级别
花青	半月后	0.09	5	0.06	5	0.41	5
	时隔 1 个月	0.02	5	0.01	5	0.50	5
	时隔 1 个月	0.04	5	0.25	5	0.54	5
	时隔 1 个月	0.12	5	0.23	5	0.60	5
	时隔 3 个月	0.09	5	0.20	5	0.61	5
	时隔 3 个月	0.03	5	0.27	5	0.55	5
	时隔 3 个月	0.36	5	0.47	5	0.83	5
	时隔 6 个月	0.19	5	0.41	5	0.82	5
	时隔 6 个月	0.79	5	0.99	5	1.29	4
	时隔 6 个月	0.76	5	0.96	5	1.28	4
藤黄	半月后	0.65	5	0.61	5	0.23	5
	时隔 1 个月	0.70	5	0.62	5	0.26	5
	时隔 1 个月	0.65	5	0.65	5	0.16	5
	时隔 1 个月	0.70	5	0.51	5	0.13	5
	时隔 3 个月	0.55	5	0.36	5	0.01	5
	时隔 3 个月	0.41	5	0.29	5	0.11	5
	时隔 3 个月	0.30	5	0.09	5	0.33	5
	时隔 6 个月	0.17	5	0.17	5	0.60	5
	时隔 6 个月	0.13	5	0.22	5	0.25	5
	时隔 6 个月	0.05	5	0.50	5	0.83	5
墨 A	时隔 1 个月	0.25	5	0.60	5	0.60	5
	时隔 1 个月	0.58	5	0.75	5	0.65	5
	时隔 1 个月	0.23	5	0.77	5	0.67	5
	时隔 1 个月	0.17	5	0.47	5	0.73	5
	时隔 3 个月	0.41	5	0.39	5	0.74	5
	时隔 3 个月	0.03	5	0.30	5	0.84	5
	时隔 3 个月	0.64	5	0.92	5	0.48	5
	时隔 6 个月	0.02	5	0.61	5	0.77	5
	时隔 6 个月	0.37	5	0.55	5	0.62	5
	时隔 6 个月	0.39	5	0.45	5	0.64	5

续表

颜料	时间	PM 浓度					
		0.03%		0.05%		0.07%	
		$\overline{\Delta E}$	级别	$\overline{\Delta E}$	级别	$\overline{\Delta E}$	级别
墨 B	时隔 1 个月	0.37	5	0.99	5	1.05	4
	时隔 1 个月	0.27	5	1.11	4	1.22	4
	时隔 1 个月	0.39	5	0.95	5	1.13	4
	时隔 1 个月	0.22	5	1.16	4	1.26	4
	时隔 3 个月	0.47	5	0.85	5	0.87	5
	时隔 3 个月	0.45	5	0.74	5	0.94	5
	时隔 3 个月	0.48	5	0.83	5	1.03	4
	时隔 6 个月	0.72	5	0.58	5	0.84	5
	时隔 6 个月	0.27	5	0.90	5	1.19	4
	时隔 6 个月	0.50	5	0.75	5	1.02	4

表 4　PM 防霉剂对矿物颜料的影响

颜料	时间	PM 浓度					
		0.03%		0.05%		0.07%	
		$\overline{\Delta E}$	级别	$\overline{\Delta E}$	级别	$\overline{\Delta E}$	级别
赭石	1 周后	0.42	5	0.32	5	0.16	5
	时隔 1 个月	0.36	5	0.23	5	0.16	5
	时隔 1 个月	0.35	5	0.11	5	0.25	5
	时隔 1 个月	0.37	5	0.19	5	0.03	5
	时隔 1 个月	0.54	5	0.29	5	0.07	5
	时隔 3 个月	0.46	5	0.32	5	0.18	5
	时隔 3 个月	0.38	5	0.34	5	0.04	5
	时隔 3 个月	0.05	5	0.21	5	0.19	5
	时隔 1 年	0.61	5	0.43	5	0.55	5

续表

颜料	时间	PM 浓度					
		0.03%		0.05%		0.07%	
		$\overline{\Delta E}$	级别	$\overline{\Delta E}$	级别	$\overline{\Delta E}$	级别
赭石+墨	半周后	0.98	5	0.63	5	0.08	5
	时隔 1 个月	0.62	5	0.90	5	0.18	5
	时隔 1 个月	0.02	5	1.16	4	0.60	5
	时隔 1 个月	0.37	5	1.11	4	0.20	5
	时隔 3 个月	0.29	5	0.86	5	0.30	5
	时隔 3 个月	0.39	5	0.82	5	0.19	5
	时隔 4 个月	0.44	5	0.67	5	0.18	5
	时隔 6 个月	0.35	5	0.58	5	0.26	5
	时隔 6 个月	0.49	5	0.41	5	0.11	5
	时隔 6 个月	0.62	5	0.54	4	0.06	5
石绿	1 周后	0.56	5	0.16	5	0.27	5
	时隔 1 个月	0.57	5	0.23	5	0.15	5
	时隔 1 个月	0.62	5	0.24	5	0.41	5
	时隔 1 个月	0.59	5	0.28	5	0.39	5
	时隔 1 个月	0.60	5	0.20	5	0.34	5
	时隔 3 个月	0.60	5	0.16	5	0.27	5
	时隔 3 个月	0.63	5	0.27	5	0.25	5
	时隔 3 个月	0.46	5	0.06	5	0.34	5
	时隔 1 年	1.08	4	0.71	5	0.27	5
朱磦	1 周后	0.09	5	0.50	5	0.47	5
	时隔 1 个月	0.37	5	0.96	5	0.78	5
	时隔 1 个月	0.30	5	0.86	5	0.59	5
	时隔 1 个月	0.20	5	0.39	5	0.46	5
	时隔 1 个月	0.21	5	0.48	5	0.40	5
	时隔 3 个月	0.04	5	0.62	5	0.50	5
	时隔 3 个月	0.06	5	0.88	5	0.57	5
	时隔 3 个月	0.03	5	0.83	5	0.81	5
	时隔 1 年	0.15	5	0.72	5	0.68	5

续表

颜料	时间	PM 浓度					
		0.03%		0.05%		0.07%	
		$\overline{\Delta E}$	级别	$\overline{\Delta E}$	级别	$\overline{\Delta E}$	级别
朱砂	1 周后	0.07	5	0.55	5	0.58	5
	时隔 1 个月	0.11	5	0.34	5	0.30	5
	时隔 1 个月	0.03	5	0.85	5	0.69	5
	时隔 1 个月	0.43	5	0.83	5	0.77	5
	时隔 1 个月	0.31	5	0.62	5	0.52	5
	时隔 3 个月	0.48	5	0.54	5	0.59	5
	时隔 3 个月	0.24	5	0.40	5	0.35	5
	时隔 3 个月	0.22	5	0.68	5	0.48	5
	时隔 1 年	0.29	5	0.53	5	0.47	5
石青 A	时隔 1 个月	0.70	5	1.24	4	1.45	4
	时隔 1 个月	0.55	5	1.09	4	1.50	4
	时隔 1 个月	0.62	5	1.02	4	1.36	4
	时隔 1 个月	0.62	5	1.06	4	1.50	4
	时隔 3 个月	0.31	5	0.69	5	1.07	4
	时隔 3 个月	0.35	5	0.59	5	0.93	5
	时隔 3 个月	0.14	5	0.51	5	0.57	5
	时隔 6 个月	0.27	5	0.75	5	1.01	4
	时隔 6 个月	0.24	5	0.60	5	0.56	5
	时隔 6 个月	0.11	5	0.63	5	0.85	5
石青 B	时隔 1 个月	0.83	5	0.05	5	0.20	5
	时隔 1 个月	0.58	5	0.14	5	0.33	5
	时隔 1 个月	0.57	5	0.16	5	0.02	5
	时隔 1 个月	0.81	5	0.08	5	0.36	5
	时隔 3 个月	0.63	5	0.02	5	0.43	5
	时隔 3 个月	0.61	5	0.03	5	0.21	5
	时隔 3 个月	0.53	5	0.12	5	0.38	5
	时隔 6 个月	0.59	5	0.13	5	0.29	5
	时隔 6 个月	0.43	5	0.07	5	0.47	5
	时隔 6 个月	0.60	5	0.02	5	0.48	5

表 5　染色牢度褪色样卡级别

一级	$\Delta E > 12$	大变化
二级	$\Delta E > 6$	明显变化
三级	$\Delta E > 3$	可感变化
四级	$\Delta E > 1$	微小变化
五级	$\Delta E < 1$	极微变化

从表 3、表 4 数据看出各种颜色变化多为五级，个别为四级，属于极微变化或微小变化。造成这种微小变化的原因可能是由于手工涂色很难均匀。另外，虽然我们选择了固定测试点，但每次测试不可能完全重合。所以色差测量标明的极微变化或微小变化，不能说是由于 PM 防霉剂的添加而造成的。

实验数据里每种颜色的 4 个试样的每个试样的色差随时间变化的情况见表 6、表 7。其中，$\overline{\Delta E_j} = \left| \overline{\Delta E_2} - \overline{\Delta E_0} \right|$。$\Delta E_0$ 为每个试样的初始色差平均值，ΔE_2

表 6　PM 防霉剂对植物颜料的影响

颜料	时间	PM 浓度							
		空白		0.03%		0.05%		0.07%	
		$\overline{\Delta E_j}$	级别	$\overline{\Delta E_j}$	级别	$\overline{\Delta E_j}$	级别	$\overline{\Delta E_j}$	级别
花青	时隔 1 个月	0.12	5	0.09	5	0.07	5	0.03	5
	时隔 1 个月	0.00	5	0.13	5	0.19	5	0.13	5
	时隔 1 个月	0.15	5	0.18	5	0.32	5	0.34	5
	时隔 3 个月	0.31	5	0.31	5	0.45	5	0.51	5
	时隔 3 个月	0.54	5	0.48	5	0.75	5	0.68	5
	时隔 3 个月	0.41	5	0.68	5	0.82	5	0.83	5
	时隔 6 个月	0.99	5	1.09	4	1.34	4	1.40	4
	时隔 6 个月	0.33	5	1.03	4	1.26	4	1.21	4
	时隔 6 个月	1.03	4	1.07	4	1.93	4	1.90	4
藤黄	时隔 1 个月	0.02	5	0.07	5	0.03	5	0.05	5
	时隔 1 个月	0.01	5	0.01	5	0.05	5	0.06	5
	时隔 1 个月	0.09	5	0.14	5	0.01	5	0.01	5
	时隔 3 个月	0.13	5	0.03	5	0.12	5	0.11	5
	时隔 3 个月	0.03	5	0.21	5	0.29	5	0.31	5
	时隔 3 个月	0.00	5	0.35	5	0.70	5	0.61	5
	时隔 6 个月	0.12	5	0.60	5	0.90	5	0.95	5
	时隔 6 个月	0.40	5	1.05	4	1.23	4	0.88	5
	时隔 6 个月	0.53	5	1.18	4	1.64	4	1.64	4

续表

颜料	时间	PM浓度							
		空白		0.03%		0.05%		0.07%	
		$\overline{\Delta E_j}$	级别	$\overline{\Delta E_j}$	级别	$\overline{\Delta E_j}$	级别	$\overline{\Delta E_j}$	级别
墨A	时隔1个月	0.47	5	0.14	5	0.32	5	0.53	5
	时隔1个月	0.01	5	0.03	5	0.16	5	0.08	5
	时隔1个月	0.64	5	0.72	5	0.77	5	0.77	5
	时隔3个月	0.33	5	0.17	5	0.54	5	0.47	5
	时隔3个月	0.08	5	0.30	5	0.38	5	0.32	5
	时隔3个月	0.15	5	0.54	5	0.47	5	0.27	5
	时隔6个月	0.01	5	0.22	5	0.02	5	0.16	5
	时隔6个月	0.69	5	0.57	5	0.74	5	0.08	5
	时隔6个月	0.07	5	0.21	5	0.71	5	0.03	5
墨B	时隔1个月	0.19	5	0.29	5	0.31	5	0.36	5
	时隔1个月	0.02	5	0.04	5	0.06	5	0.06	5
	时隔1个月	0.17	5	0.02	5	0.00	5	0.04	5
	时隔3个月	0.13	5	0.03	5	0.01	5	0.05	5
	时隔3个月	0.02	5	0.06	5	0.13	5	0.09	5
	时隔3个月	0.39	5	0.50	5	0.55	5	0.59	5
	时隔6个月	0.24	5	0.59	5	0.65	5	0.45	5
	时隔6个月	0.22	5	0.12	5	0.31	5	0.08	5
	时隔6个月	0.66	5	0.79	5	0.90	5	0.69	5

表7　PM防霉剂对矿物颜料的影响

颜料	时间	PM浓度							
		空白		0.03%		0.05%		0.07%	
		$\overline{\Delta E_j}$	级别	$\overline{\Delta E_j}$	级别	$\overline{\Delta E_j}$	级别	$\overline{\Delta E_j}$	级别
赭石	时隔1个月	0.10	5	0.04	5	0.01	5	0.10	5
	时隔1个月	0.15	5	0.08	5	0.06	5	0.24	5
	时隔1个月	0.40	5	0.35	5	0.27	5	0.21	5
	时隔1个月	0.40	5	0.52	5	0.37	5	0.31	5
	时隔3个月	0.50	5	0.54	5	0.56	5	0.52	5
	时隔3个月	1.22	4	1.18	4	1.24	4	1.10	4
	时隔3个月	1.27	4	0.90	5	0.75	5	0.92	5
	时隔1年	2.69	4	2.88	4	2.80	4	3.08	3

续表

颜料	时间	PM 浓度							
		空白		0.03%		0.05%		0.07%	
		$\overline{\Delta E_j}$	级别	$\overline{\Delta E_j}$	级别	$\overline{\Delta E_j}$	级别	$\overline{\Delta E_j}$	级别
赭石+墨	时隔 1 个月	0.26	5	0.10	5	0.01	5	0.16	5
	时隔 1 个月	0.89	5	0.07	5	0.36	5	0.37	5
	时隔 1 个月	0.91	5	0.30	5	0.43	5	0.79	5
	时隔 3 个月	1.19	4	0.50	5	0.96	5	0.97	5
	时隔 3 个月	1.46	4	0.87	5	1.27	4	1.35	4
	时隔 4 个月	1.75	4	1.21	4	1.71	4	1.65	4
	时隔 6 个月	2.58	4	1.95	4	2.63	4	2.40	4
	时隔 6 个月	2.48	4	1.99	4	2.70	4	2.67	4
	时隔 6 个月	3.11	3	2.75	4	3.20	3	3.25	3
石绿	时隔 1 个月	0.13	5	0.14	5	0.20	5	0.01	5
	时隔 1 个月	0.08	5	0.02	5	0.00	5	0.06	5
	时隔 1 个月	0.16	5	0.13	5	0.04	5	0.04	5
	时隔 1 个月	0.18	5	0.14	5	0.14	5	0.11	5
	时隔 3 个月	0.19	5	0.15	5	0.19	5	0.19	5
	时隔 3 个月	0.25	5	0.18	5	0.14	5	0.27	5
	时隔 3 个月	0.89	5	0.99	5	0.99	5	0.82	5
	时隔 1 年	1.41	4	0.89	5	0.87	5	1.41	4
朱磦	时隔 1 个月	0.23	5	0.69	5	0.69	5	0.54	5
	时隔 1 个月	0.06	5	0.45	5	0.42	5	0.18	5
	时隔 1 个月	0.52	5	0.41	5	0.41	5	0.51	5
	时隔 1 个月	0.80	5	0.68	5	0.78	5	0.73	5
	时隔 3 个月	0.33	5	0.46	5	0.45	5	0.36	5
	时隔 3 个月	0.09	5	0.24	5	0.47	5	0.19	5
	时隔 3 个月	0.36	5	0.42	5	0.69	5	0.70	5
	时隔 1 年	1.27	4	1.51	4	1.49	4	1.48	4

续表

颜料	时间	PM 浓度							
		空白		0.03%		0.05%		0.07%	
		$\overline{\Delta E_j}$	级别	$\overline{\Delta E_j}$	级别	$\overline{\Delta E_j}$	级别	$\overline{\Delta E_j}$	级别
朱砂	时隔 1 个月	0.31	5	0.49	5	0.52	5	0.59	5
	时隔 1 个月	0.23	5	0.27	5	0.07	5	0.12	5
	时隔 1 个月	0.50	5	0.14	5	0.22	5	0.31	5
	时隔 1 个月	0.93	5	0.69	5	0.86	5	0.99	5
	时隔 3 个月	0.84	5	0.43	5	0.85	5	0.83	5
	时隔 3 个月	0.38	5	0.21	5	0.53	5	0.61	5
	时隔 3 个月	0.43	5	0.72	5	0.30	5	0.53	5
	时隔 1 年	1.40	4	1.18	4	1.42	4	1.51	4
石青 A	时隔 1 个月	0.39	5	0.24	5	0.24	5	0.44	5
	时隔 1 个月	0.52	5	0.44	5	0.30	5	0.43	5
	时隔 1 个月	0.63	5	0.55	5	0.45	5	0.68	5
	时隔 3 个月	1.28	4	0.89	5	0.73	5	0.90	5
	时隔 3 个月	1.15	4	0.80	5	0.50	5	0.63	5
	时隔 3 个月	1.41	4	0.85	5	0.68	5	0.53	5
	时隔 6 个月	1.43	4	1.00	4	0.94	5	0.99	5
	时隔 6 个月	1.89	4	1.43	4	1.25	4	1.00	5
	时隔 6 个月	1.75	4	1.16	4	1.14	4	1.15	4
石青 B	时隔 1 个月	0.41	5	0.26	5	0.22	5	0.54	5
	时隔 1 个月	0.55	5	0.29	5	0.34	5	0.37	5
	时隔 1 个月	0.43	5	0.41	5	0.46	5	0.59	5
	时隔 3 个月	0.69	5	0.49	5	0.66	5	0.92	5
	时隔 3 个月	0.68	5	0.46	5	0.60	5	0.69	5
	时隔 3 个月	0.87	5	0.57	5	0.70	5	1.05	4
	时隔 6 个月	1.12	4	0.88	5	0.94	5	1.21	4
	时隔 6 个月	1.72	4	1.32	4	1.60	4	1.99	4
	时隔 6 个月	1.33	4	1.10	4	1.26	4	1.61	4

为一段时间后每个试样的色差平均值。从表 6、表 7 中可以看出，即使是没有加防霉剂的空白对照试样，随着时间的延长，其颜料的色度也会发生极微变化（5 级）和微小变化（4 级），甚至是可感变化（3 级）；而加入不同浓度 PM 防霉剂的试样，其颜料色度发生变化的规律大体与空白对照试样相同。它们的共同点是：无论是空白试样还是加了防霉剂的试样，颜料的色度都会随时间的延长而变化，不因添加了 PM 防霉剂而不同。

中国的绘画颜料虽然有历久不变的特点，但随时间的延长，有的颜色也会发生一些变化。例如，用铅粉绘画，天长日久铅粉就会返铅使颜色发黑，需用双氧水处理才能回复原色。植物颜料中如花青、胭脂在制作时加入了胶质，在一定的温、湿度下易发霉，使色彩变得晦暗，甚至发黑。但如果加入 PM 防霉剂就可以抑制这种情况发生，减少由于外界环境及时间的变化造成颜色变化的可能性。

为了进一步验证 PM 防霉剂在裱画工作中应用的可行性及对书画上颜料色度的影响，我们绘制了两张完全相同的画。所使用的颜料包括石青、石绿、朱磦、朱砂、赭石、墨、花青、藤黄等。将这两张画同时装裱成成品。其中一张在使用的糨糊中加入了浓度为 0.03% 的 PM 防霉剂。在两张画的画心及边缘各取互相对应的 7 个点，每隔一定时间用 TC-PⅡ 全自动测色色差计测定每一测试点与标准白板的色差 ΔE，与初始色差值（ΔE_0）进行比较。即 $\Delta E_j = \left| \Delta E - \Delta E_0 \right|$，结果见表 8、表 9。

表 8　未加 PM 防霉剂

时间	测试点													
	点 1		点 2		点 3		点 4		点 5		点 6		点 7	
	ΔE_j	级别	ΔE_j	级别	ΔE_j	级别	ΔE_j	级别	ΔE_j	级别	ΔE_j	级别	ΔE_j	级别
时隔 1 个月	1.28	4	2.86	4	1.36	4	3.02	3	0.72	5	2.22	4	1.75	4
时隔 1 个月	0.39	5	0.25	5	0.23	5	0.35	5	0.61	5	0.70	5	0.40	5
时隔 1 个月	0.07	5	0.04	5	0.14	5	0.23	5	0.19	5	0.01	5	0.18	5
时隔 1 个月	0.10	5	0.20	5	0.36	5	0.27	5	0.03	5	0.58	5	0.26	5
时隔 1 个月	0.20	5	0.28	5	0.94	5	0.16	5	0.19	5	0.06	5	0.43	5
时隔 3 个月	0.39	5	0.34	5	1.82	4	0.06	5	0.64	5	0.40	5	0.64	5
时隔 3 个月	1.61	4	0.94	5	2.66	4	0.98	5	0.97	5	0.04	5	2.72	4
时隔 6 个月	1.77	4	1.18	4	2.97	4	0.47	5	1.11	4	1.02	4	3.01	3
时隔 6 个月	2.64	4	1.77	4	3.74	3	1.18	4	1.00	5	0.15	5	4.72	3

表 9　加 PM 防霉剂

时间	测试点													
	点 1		点 2		点 3		点 4		点 5		点 6		点 7	
	ΔE_j	级别	ΔE_j	级别	ΔE_j	级别	ΔE_j	级别	ΔE_j	级别	ΔE_j	级别	ΔE_j	级别
时隔 1 个月	1.14	4	2.48	4	1.24	4	3.11	3	0.46	5	1.65	4	1.82	4
时隔 1 个月	0.35	5	0.34	5	0.31	5	0.66	5	0.60	5	0.20	5	0.03	5

续表

时间	测试点													
	点 1		点 2		点 3		点 4		点 5		点 6		点 7	
	ΔE_j	级别	ΔE_j	级别	ΔE_j	级别	ΔE_j	级别	ΔE_j	级别	ΔE_j	级别	ΔE_j	级别
时隔 1 个月	0.04	5	0.13	5	0.29	5	0.83	5	0.38	5	0.04	5	0.40	5
时隔 1 个月	0.49	5	0.36	5	0.32	5	2.76	4	0.59	5	0.20	5	0.15	5
时隔 1 个月	0.67	5	0.63	5	0.84	5	1.22	4	0.31	5	0.93	5	0.13	5
时隔 3 个月	0.81	5	0.60	5	1.83	4	0.14	5	0.25	5	0.79	5	0.05	5
时隔 3 个月	1.24	4	0.93	5	2.43	4	0.23	5	0.42	5	1.10	4	0.44	5
时隔 6 个月	1.45	4	1.09	4	2.72	4	0.82	5	1.16	4	0.89	5	0.28	5
时隔 6 个月	2.45	4	1.55	4	3.25	3	0.78	5	1.71	4	1.18	4	0.75	5

由表 8、表 9 可以看出，两张画中各个点的色度并不随时间的延长而变化，而且无论加不加防霉剂，都看不出色差上的明显变化。经过两年多时间的观察、测试，结果表明 PM 防霉剂不会给绘画颜料色度带来不良影响。

通过以上的实验及讨论，认为 PM 防霉剂能有效地抑制书画上霉菌的生长，不会给宣纸的强度及画面的颜色带来不良影响。并且其本身的物理、化学性质决定了它不因外界温、湿度、pH 的变化而影响防霉效果，在长时间光照下也很稳定。它不但可以完好地附着于材料上，而且具有水溶性，能溶解于裱画的糨糊中，使用方便，对人体无害，也不污染环境，是一种较好的应用于书画装裱的防霉剂。

（原刊于《文物》1993 年第 10 期）

关于文物霉腐机理的探讨

文物被毁坏的现象时常发生。损毁文物的因素很多，有人为的、有自然发生的，其中包括物理的、化学的、生物的原因。在生物因素中，霉腐破坏有机质地文物的现象，不仅普遍发生，而且相当严重，是世界性没有很好解决的问题。已经引起广泛注意。

为防治文物霉害，首先应了解霉害是怎样发生的？其机理是什么？

一、有机质地文物本身被微生物作为养分吸收利用

绝大多数霉腐微生物的细胞中缺乏叶绿素，本身不能制造碳水化合物是异养的。微生物为了生存，必须从外界环境中不断吸收营养物质加以利用，从中获得生命活动的能量，并合成细胞物质及调节新陈代谢。

馆藏文物发生霉腐主要是霉菌在有机质地的文物上生长繁殖造成的。霉菌的孢子到处都有，在温暖潮湿的环境中，孢子吸收水分萌发生长，靠本身储存的营养可以发育到一定阶段，当本身的营养物质消耗完了，就要从环境中吸收营养物质。

有机质地文物，如书画、棉、麻、木、竹、丝、毛、皮等制品本身就是霉腐微生物的良好的营养源。纸、棉、麻、木、竹是属植物纤维类。植物纤维的主要化学成分是纤维素、半纤维素、木素，还有少量果胶、灰分、无机盐等次要成分。蚕丝是由丝胶和丝素组成。丝胶是球状蛋白质，丝素是纤维状蛋白质，毛是由角蛋白质组成，皮革是由脂肪和蛋白质组成。

微生物的细胞膜是半透性膜，水、无机盐和溶于水的其他小分子物质可以通过细胞膜，而有机质地文物中的纤维素、半纤维素、木素、蛋白质、脂肪、果胶等高分子物质不能通过细胞膜，微生物不能直接吸收利用。能利用这些高分子物质的微生物的细胞，能合成并分泌出相应的水解酶（亦称胞外酶），如纤维素酶、果胶酶、蛋白酶、脂肪酶、淀粉酶等，在酶的催化下，将这些大分子物质水解成能溶于水的小分子物质后，被微生物细胞吸收利用。

纤维素分子链很长，聚合度大，聚合度越大其耐久性越好。研究结果表明，棉花、麻类及木材植物原料中所含的纤维素，它们的平均聚合度均在 10 000 左右。纤维素不溶于水，难以水解，虽然其组成是葡萄糖，但大多数生物（人类和

动物）因不能分泌纤维素酶而不能利用，纤维素可以被许多真菌包括木霉、青霉、曲霉、根霉以及放线菌与细菌中的一些种分解和利用。纤维素的最终水解产物是葡萄糖，葡萄糖是微生物良好的碳源和能源物质。半纤维素的组成类型很多，因而分解它们的酶也各不相同。能产生半纤维素酶的微生物主要有曲霉、根霉和木霉，把半纤维素水解为单糖，被霉菌吸收利用。

蚕丝织物在霉菌分泌的蛋白酶的催化下，丝胶和丝素蛋白被降解为氨基酸，氨基酸是良好的氮源物质被霉菌吸收利用。皮革制品中的蛋白质和脂肪分别在霉菌分泌的蛋白酶和脂肪酶的催化下水解成氨基酸、甘油和脂肪酸后被吸收利用。

微生物对文物中的高分子物质分解吸收的过程，就是文物被腐蚀破坏的过程，生霉越多生长时间越长，文物被毁坏的越严重。有实验证明，由于霉菌活动的结果，纸张的牢固性在五天内就减低50%，图书散页，裱糊加固的字画部分脱落，都是霉菌同化黏着物——淀粉、动物胶等造成的恶果。

二、微生物新陈代谢过程中产生有机酸，使文物遭到酸腐蚀

微生物代谢过程中产生的有机酸有柠檬酸（主要是青霉属的许多种）、葡萄糖酸（主要是青霉属和曲霉属的某些种）、曲酸、延胡索酸、丙酸、五倍子酸等。这些酸性代谢产物，使它周围环境的酸度增加，环境 pH 发生变化，使文物遭到酸腐蚀。酸可以降低纤维素配糖键破裂的活化能，使水解速度加快，在湿度大的条件下更为明显，纤维素的长链结构迅速断裂，成为易碎的水解纤维素。因此，纸张、书画、棉、丝等文物机械强度下降，易于脆裂，变得陈旧。

有些好氧性细菌或霉菌生长在石窟、石雕或壁画的微小缝隙中，它们代谢产生的多种有机酸，直接对壁画及石质文物起风化破坏作用。同样，有机酸也会对金属文物产生腐蚀作用。

三、霉菌菌落产生的色素污染文物

有些霉菌在代谢过程中产生色素，不同种类的霉菌产生色素的颜色各异，有红、黄、橙、绿、青、蓝、褐、黑等颜色。色素把文物污染得五颜六色，形成难看的霉斑。色素很难洗掉，去除色素和霉斑是文物保护的一大难题。

四、文物长霉的部位发潮、发黏

我们发现了文物长霉，实际上已经长了很多个霉菌，并且形成了菌落。单个

霉菌肉眼是看不见的，由于很多个霉菌的菌体堆积在一起或它们产生的黏性物质，形成蚀烂部位的高度吸湿性。文物上的这些部位变软、发潮、发黏，散发出难闻的霉烂气味，时间一久，还会使织物或图书的纸张黏在一起，形成“书砖”。

五、霉菌新陈代谢产生热量，加快文物破坏速度

霉菌是好氧微生物，能将一些有机物质经三羧酸循环彻底氧化，生成二氧化碳和水，并释放出能量。其中一部分能量供霉菌生命活动的需要，另一部分能量则以热的形式散发出来，因而文物生霉的部位发热、发潮。由于这一部位湿度增大和温度升高，进而促使霉菌生长繁殖加速，文物被霉腐破坏加速，形成恶性循环。

总之，由于霉菌在有机质地文物上生长繁殖，文物长霉的部位温度升高、湿度增大、环境变酸，加速了文物的物理化学破坏过程；更严重的是霉菌分泌的胞外酶能将组成文物的主要成分纤维素、蛋白质、脂肪等大分子物质水解成小分子物质，并将其吸收利用，致使文物的机械强度迅速下降、变色、糟朽。

参考文献

[1] 武汉大学，等．微生物学．北京：高等教育出版社，1987
[2] 北京图书馆图书保护研究组．图书档案保护技术资料汇编．北京：书目文献出版社，1987
[3] 李龙如．书籍档案科学保护常识．长沙：湖南大学出版社，1989
[4] 无锡轻工业学院，等．微生物学．北京：轻工业出版社，1980
[5] 李景仁，冯惠芬．图书档案保护技术手册．档案出版社，1992

（原刊于《北方文物》1996 年第 1 期）

故宫文物虫害防治初探*

故宫博物院收藏着大量的珍贵文物，其中有很多是绝无仅有的国宝，尤其是明清宫廷所遗留的一些古代艺术珍品，有着很高的史料价值。保护好这些文物以传后代是文保科技工作者的职责所在。

防治虫害是文物保护工作中一项重要内容，也是具有世界性的难题。本文拟对这一专题作一初步探讨。

一、危害故宫文物的虫害情况调查

经初步调查，危害故宫博物院所藏文物的害虫，主要有如下数种。

烟草甲 *Lasioderma serricorne* Fabricius

别名：苦丁茶蛀虫，烟草标本虫，烟草窃蠹。属鞘翅目窃蠹科。

分布：原产美洲温热地带，分布于世界各国及我国北京、天津、河北、内蒙古、吉林、辽宁、陕西、甘肃、新疆、云南、四川、贵州、西藏、广东、广西、湖南、湖北、河南、上海、浙江、安徽、福建、山东、江西、江苏等省（自治区、直辖市）。

形态特征：成虫雌虫体长约3mm，雄虫体长约2.5mm。体呈宽椭圆形，背面显著隆起，全体棕黄色至赤褐色，有光泽，密生淡黄色细毛。头部宽大，隐蔽于前胸背板下方，从背面看不见头。复眼大，圆形，黑色，触角锯齿状，鞘翅面上没有刻点行。老熟幼虫体长约4mm，蛴螬形，除头部的黄褐色色素区外，全体淡黄白色或近于白色，着生多量丝状淡色细长毛。

生活习性：一年发生3～6代，寒冷地区一年仅1～2代，炎热地区可达7～8代。以幼虫越冬，初孵化幼虫负趋光性，喜黑暗，行动活泼，喜蛀入粮粒、烟叶中肋及囊匣内部食害，或在外部啮食。幼虫五龄，第一龄幼虫于温度19.5℃时停止活动，温度低于15.5℃时进入休眠，在低温并不活动情况下，此种休眠状态能继续数月之久。幼虫老熟后即停止取食，在寄主缝隙中作一半透明薄茧，化蛹。羽化后，在茧中静止数日以待性成熟再活动交配。成虫仅饮液体，不食固体食

---

* 本文与刘恩迪合著。

物，有假死性，善飞，喜黑暗，在白天或光线强烈时潜伏在缝隙或其他黑暗场所不活动，而在阴暗光线中，如阴天、黄昏、夜间或高温潮湿时则活动最盛。

危害：此虫食性非常复杂，危害烟叶、谷物、面粉、豆类、干植物根茎、药材、干鱼、干肉、毛皮、皮革、羊毛、羊毛织物、蚕丝及丝织物、书籍、档案及动植物标本等。

药材甲 *Stegobium paniceum*（Linnaeus）

别名：药甲，面包蠹虫，饼干甲虫，药谷盗。属鞘翅目窃蠹科。

分布：世界各地均有发生，我国除内蒙古、吉林、青海、西藏等省（自治区），全国各地普遍存在。

形态特征：外形与烟草甲近似，体长为2～3mm，雌虫较大。长椭圆形，黄褐色至栗褐色，着生灰黄色茸毛，略有光泽。触角11节，第三至第八节细小，念珠状；第九至第十一节扁平膨大。前胸背板显著隆起，帽状，后缘略比鞘翅基部宽，基部中央有一明显的纵隆起。鞘翅具明显刻点行，两侧及端部的茸毛较多。老熟幼虫体长约4mm，蛴螬形，全体近于白色，着生金黄色茸毛。

生活习性：一年发生2～3代，在温暖地方可达4代以上，通常以幼虫越冬。

危害：寄主及食性同烟草甲，但远比烟草甲危害广泛、复杂。

大理窃蠹 *Ptilineurus marmoratus* Reitter

属鞘翅目窃蠹科。

分布：发生于我国河北、吉林、陕西、云南、贵州、四川、辽宁、广东、广西、湖南、湖北、河南、安徽、上海、浙江、山东、江西、北京等省（自治区、直辖市）。

形态特征：体长4.5～5mm，短圆筒形，黑褐色，由密生的黑色、灰白色或灰黄色毛在鞘翅面上形成花纹。每鞘翅基部有3条明显的纵脊，脊后密生白毛。雄虫触角梳齿状，雌虫触角锯齿状。

危害：中药材、麻绳、皮箱、囊匣等。

红圆皮蠹 *Anthrenus picturatus hintoni* Mroczkowsky

别名：花背皮蠹，红缘皮蠹，地毯皮蠹。属鞘翅目皮蠹科。

分布：为中国所特有，分布于辽宁、内蒙古、新疆、甘肃、宁夏、陕西、北京、山东、福建、广西等省（自治区、直辖市）。

形态特征：成虫体长1.9～4.0mm，宽1.5～2.8mm。宽倒卵形，鞘翅基部两侧近平行，背面显著隆起。表皮有光泽，赤褐色至黑色，触角、胫节及跗节赤褐色，背面鳞片色泽多变化，前胸背板两侧的淡色鳞片中无小形暗色鳞片斑。触角11节，棒头3节，末节的长与第九、第十节的总长相等，第十节较第九节长（3∶2）。老熟幼虫体长3～4mm，纺锤形，背面隆起，腹面平直，背面及腹面的毛暗褐色至黑色。

生活习性：当年5～6月所产卵孵化的幼虫，其中一部分至秋季羽化为成虫，静止在末龄幼虫蜕皮壳中越冬，次年春天再活动，即一年一代；其余均以幼虫越冬，次年春天活动取食，大部分在夏季化蛹，少数在深秋化蛹，并以静止的成虫越冬，即两年一代。

危害：幼虫危害兽、昆虫标本、毛皮及其加工制品、蚕丝及丝织物、禾谷类粮食及其加工品。

花斑皮蠹 *Trogoderma variabile* Ballion

属鞘翅目皮蠹科。

分布：除西藏、台湾两省（自治区）未调查外，全国各地都有分布。

形态特征：体长2.4～4mm，椭圆形，被细毛，前胸背，板及腹面为单一黑色，触角和足淡褐色，鞘翅由淡褐色与黑褐色两种颜色的体壁在翅面上形成影斑。鞘翅基部各有一环形或半月形红褐色斑纹，中部和末端1/4处也各有一红褐色波状带纹，这些斑纹有时不甚明显或不完全。头部有黄褐色单眼一个。雄虫的触角棒7节，雌虫的触角棒4节。

生活习性：一年发生1～2代。以幼虫在缝隙中群集越冬。幼虫期通常1～3个月，如环境不良可延长达3年半。幼虫喜黑暗、潮湿，常群集。幼虫抗饥性极强，能饿至数年而不死。

危害：谷类、豆类、鱼干、蚕茧、羊毛织物、昆虫标本等。

黑皮蠹 *Attagenus piceus*（Olivier）

别名：黑鲣节虫，日本鲣节虫。属鞘翅目皮蠹科。

分布：除西藏、台湾两省（自治区）尚未调查外，全国普遍发生。

形态特征：体长2.8～5mm，椭圆形，黑褐色至黑色，体上密被褐色至黑色细毛。头部额上方有一中单眼，触角棍棒状，11节，末节长大。触角雌雄异形，雄虫触角端节牛角形，长度为第九、第十两节之和的3～4倍；雌虫触角端节长圆锥形，仅略长于第九、第十两节之和。三对足均为棕褐色，腿节腹面均有置放胫节的沟，鞘翅掩盖住腹部，有的臀板部分外露。

生活习性：一般一年发生一代，有时两年才能完成一代。以幼虫群集于仓内墙角、地板缝隙或铺垫物下越冬。成虫不食储粮，仅吃花蜜、花粉，善飞。幼虫喜潮湿，抗寒、耐饥力均强，幼虫期很长。

危害：幼虫危害多种动植物制品，如各种干制标本，尤其是昆虫标本，蚕茧、蚕丝及丝织物，兽鬃、毛皮、皮革及其制品，羽毛、羊毛及毛织物，烟叶，干燥动物质及其制品，禾谷类、豆类等。

裸蛛甲 *Gibbium psylloides* Czempinski

属鞘翅目蛛甲科。

分布：除黑龙江、青海、西藏、台湾四省（自治区）外，遍及全国各地。

形态特征：体长2～3mm，红褐色，有光泽，形似蜘蛛。二触角的基部位于复眼之间的前方，左右较接近，触角丝状，11 节，长于体长的 1/2。鞘翅光滑，背隆起如球状。

生活习性：一年发生 2～3 代。以成虫或幼虫在缝隙中越冬。成虫有假死性，行动迟缓，畏光，交配产卵和取食多在夜间进行。幼虫多潜伏在粮食碎屑中食害，老熟以后即用分泌物连缀粉末和粪便做成白色球形薄茧在内化蛹。

危害：稻谷、大米、麦类的破碎粒，干鱼，干肉，皮革，中药材，烟卷，丝织品，毛织品，动植物标本等。

短鼻木象 *Rhyncolus chinensis* Voss

属鞘翅目象甲科。

分布：辽宁、新疆、甘肃、陕西、山西、河北、山东、河南、福建、北京等省（自治区、直辖市）。

形态特征：体长 3.5mm，长椭圆形，红褐色至沥青色，略有光泽。吻宽大于长，但不超过头的长度，且前头的宽等于吻的宽。两触角之间有明显的纵沟一条，触角 9 节，端节似炮弹形，密被淡黄色细毛。前胸背板长大于宽，基部不宽于端部。背面扁平，散布均匀且很密的小刻点，有浅中沟。鞘翅两侧平行，末端形成半圆形，末端边缘略呈脊状隆起，腹末被鞘翅覆盖。

危害：库房、厂房及住房门柱。

毛衣鱼 *Ctenolepisma villosa* Fabricius

属缨尾目衣鱼科。

分布：北京、天津、河北、山西、内蒙古、宁夏、云南、辽宁、陕西、甘肃、新疆、四川、贵州、广东、广西、湖南、湖北、河南、上海、江苏、浙江、福建、江西、山东、安徽等省（自治区、直辖市）。

形态特征：体长 9～13mm，扁长圆锥形，背面被银灰色或灰黑色鳞片，腹面被白色鳞片。头小，咀嚼式口器，头比前胸短，触角多节，鞭状。胸部宽于腹部，腹部向末端逐渐缩小。腹部 11 节，腹末具丝状尾须一对，中尾丝一根，中尾丝约等于其体长，尾须稍短于中尾丝。若虫除个体小，初龄若虫无鳞片外，余均同成虫。

生活习性：一年发生数代。成虫、若虫均喜黑暗，隐藏在各种缝隙里。性极活泼，爬行迅速，夜出活动遇光则惊逃。

危害：纸张、档案、丝、棉、毛料和衣服等储藏物资，并为害稻谷、中药材等。

幕衣蛾 *Tineola bisselliella*（Hummel）

别名：谷衣蛾。属鳞翅目谷蛾总科。

分布：北京、四川、云南、青海、新疆、甘肃、西藏、山东、湖南等省（自治区、直辖市）。世界各国也均有分布。

形态特征：体长约5mm，翅展10～15mm，黄白色，头顶具牛黄色丛毛。前翅梭形，无斑点。触角比前翅短，被鳞片，第一节前缘有栉毛一排。前后翅宽度相等。

成熟幼虫体长约9mm，近于白色或乳色，头黄至淡褐色，无单眼，或有退化的淡斑点。

生活习性：羽化后即开始交配，雌虫不擅飞行，所以可看见的飞行个体大多为雄虫，雌虫在交配后一天左右开始产卵，幼虫蜕皮次数一般不少于4次。

危害：羊毛、毛毯、毛呢衣服等贵重物品，及干鱼、干肉等。

以上鉴定出危害故宫文物的害虫共3目、6科、10种：

鞘翅目：窃蠹科　烟草甲
　　　　　　　　药材甲
　　　　　　　　大理窃蠹
　　　　皮蠹科　红圆皮蠹
　　　　　　　　花斑皮蠹
　　　　　　　　黑皮蠹
　　　　蛛甲科　裸蛛甲
　　　　象甲科　短鼻木象
缨尾目：衣鱼科 毛衣鱼
鳞翅目：谷蛾总科幕衣蛾

此外尚有天牛、粉蠹、皮蠹等类几种害虫未经鉴定。

二、防治文物虫害的方针与方法

对文物仓库中虫害的防治应贯彻“以防为主，防治并举”的方针，即通过各种方法和手段，在文物的保管、陈列、运输等过程中防止虫害的发生和传播，或是在害虫发生初期就迅速地予以压制消灭。

文物仓库中害虫的发育状况，主要取决于库房或展厅内温度湿度的高低，文物本身含水量的大小以及周围环境中杂质的多少等因素，而这些因素又与气候的变化和储藏条件的优劣有着密切关系。现在我们虽然不能随意控制自然气候的变化，但可以从破坏害虫稳定的生态环境着手，采用先进的技术和设备，在逐步改善库房和陈列室条件的基础上控制和改变文物所处环境的小气候，人为地创造对储藏物有利而对害虫不利的生态环境，从而达到抑制害虫发生的目的。

例如，库房或展厅内已经发生虫害，就应该采用机械、物理或化学药剂等防治方法，及时把虫害压制下去以至全部肃清。

机械防治中最简便的方法是人工捕杀和诱杀。诱杀是利用害虫的趋性或某些特殊的生活习性来诱集害虫，然后将其剿灭。灯光诱杀和食物诱杀是常用的两种方法。

物理防治是利用人工的或自然的能使害虫致死的高温或低温，直接消灭文物上和柜架、囊匣、箱子、展橱中的害虫。物理防治方法主要包括高频加热、微波加热、钴^{60}-γ射线、低温冷冻、气调防治、脱氧剂防治等方法，其中微波、钴^{60}-γ射线和低温冷冻诸方法已被档案、图书系统的有关单位证明是行之有效且安全可靠的办法。

化学药剂防治就是以有毒化学药剂与害虫机体接触，造成其内部组织细胞的破坏，使其产生病理学的变化，最后引起全部生理机能的变化，从而达到直接消灭害虫的目的。

化学药剂防治一般可分为“接触剂”和“熏蒸剂”两种。

接触剂杀虫，即以粉末状、液体状、气雾状或烟雾状的毒剂撒在害虫机体上或其所经之处，害虫接触后，毒剂通过其表皮渗透到组织内部而引起中毒死亡。接触剂的种类主要有萘、樟脑、敌百虫、敌敌畏和各类拟除虫菊酯等。其中拟除虫菊酯类药为高效低毒的触杀剂，击倒力非常迅速，昆虫外层表皮的脂肪、蛋白结合层吸附除虫菊酯后，即阻碍虫体组织的氧化酶作用，产生击倒现象，除虫菊酯由昆虫体壁或气管进入虫体内破坏其神经组织，为昆虫死亡的主要原因。拟除虫菊酯类药有一个最显著的优点，即它对热血动物毒性很小，这主要是由于在高体温下，动物消化道中的酸碱能使药物迅速分解为无毒的有机酸和醇酮，内服一定数量不会引起中毒，因而一般来说，对操作人员是安全的。拟除虫菊酯类药若与增效剂（氧化胡椒基丁醚或麻油中的芝麻等）混合，可增加杀虫效力。

熏蒸杀虫剂是利用毒剂挥发出来的有毒气体，混合在空气中达到一定浓度时，通过害虫的呼吸系统进入其组织内部，经过一定时间后引起中毒而致死。由于气体分子有很大的活动性，渗透力和扩散力强，能侵入到任何缝隙中，因而能在短时间内达到最佳杀虫效果。熏蒸剂的主要种类有敌敌畏、环氧乙烷，溴甲烷和硫酰氟等。在熏蒸过程中，药剂的理化性状（蒸汽压、渗透力、分子扩散力、浓度等）、熏蒸容器的密闭程度、熏蒸时间的长短、熏蒸容器内部的温度湿度等因素都对熏蒸效果有着重要的影响，在操作中应充分注意。

三、故宫博物院防治文物虫害之简况

故宫博物院藏有珍贵文物近百万件，其中不乏易受害虫侵害之物，但多年来故宫的虫害问题并不严重，总结经验，主要有以下几点。

1. 文物品质好

故宫博物院是明清两代的皇宫，所藏文物大多是传世珍品，与出土发掘和流散于社会的文物相比，其原料精，做工细、不脏污，因此不易发生虫害。

2. 保管条件好

目前，故宫是以古建筑为储藏文物之库房，墙厚约70cm，外界温度湿度对室内文物影响不大；经过翻修的库房，地下多采用了防潮措施：当梅雨季节相对湿度过高时，则用去湿机吸潮降湿，从而使库房内的相对湿度基本保持在一个恒定的水平。每件文物在库房中又都盛放在柜架、囊匣之中，这样，就使得文物处于一个适宜的，相对稳定的小气候环境之中。

此外，库房内外经常打扫，库内洁净卫生，基本无尘埃，库外干燥清洁，无杂草水洼，这些都有效地抑制了害虫的发生。

3. 施用防虫药剂

在故宫，凡是易发生害虫的库房和展厅内都施用了萘、樟脑精等防虫药剂。但随着时间的延长，害虫产生了一定的抗药性，近期观察，药效已不如以前，有必要选用新型高效低毒防虫剂。但从过去很长一段时间看，这些药剂对于保护文物免遭虫蛀之害是起了重要作用的。

4. 加强消毒工作

对已发现害虫的库房和文物，及时采用环氧乙烷、硫酰氟等药剂进行熏蒸杀虫，以清除隐患，避免虫害发展，蔓延。

仓库中的害虫是危害文物的大敌，但只要保管人员思想上重视，采取有力措施，那么杜绝害虫来源，抑制其生长繁殖，以至将其彻底消灭是完全能够做到的。

（原刊于《故宫博物院院刊》1989年第3期）

敌敌畏烟剂熏蒸杀虫的几个问题

文物是以往人类创造历史的不可再生的见证。永久地保护好文物，是文保科技学者的工作目的。某些昆虫伤害文物，甚至造成不可挽救的损失，是历来常见的现象。据初步调查，故宫博物院已识别的文物害虫有3目、6科、10种。这些害虫不仅见于文物之中，也见于存放过文物的库房和未使用的新建库房之中。就是说，凡是适于这些害虫生存的处所，都可见到如鞘翅目窃蠹科的烟草甲、大理窃蠹；皮蠹科的黑皮蠹及鳞翅目谷蛾总科的幕衣蛾等这类害虫。

防治害虫是保护文物的必要措施，故应以防为主，防患于未然。清除文物空库房和柜架等潜藏的害虫，是贯彻以防为主方针的必要措施。下面介绍一种简便、经济、有效的杀虫方法——敌敌畏烟剂熏蒸杀虫。

一、敌敌畏烟剂组成及作用

敌敌畏烟剂是由杀虫剂（敌敌畏）与可燃物质（烟丝）、助燃剂（氯酸钾）及降温剂（硝酸铵）几种成分混合而成的。烟丝被点燃后可燃烧产热，氯酸钾能供给氧促进燃烧。硝酸铵的作用在于本身能吸热气化，降低燃烧温度，防止杀虫剂因温度过高而分解破坏。杀虫剂借烟剂燃烧产生的热迅速蒸发气化，扩散到空气中。杀虫剂被分散为烟雾微粒时，其表面积增加常为原药剂的数十万倍，可有效地同昆虫体表接触，使杀虫效力大为提高。这是因为气态敌敌畏经由害虫的呼吸系统（体侧表面的气门和分布于体内各组织间的气管系统）进入虫体。害虫呼吸时，身体周围的空气经过气门进入气管系统而达到全身，从中吸收氧以供代谢的需要。当空气中含有一定量的毒气时，毒气也随空气进入虫体，引起害虫中毒死亡。由于气体分子有很大的活动性，渗透力和扩散力强，能侵入到任何缝隙中，用来防治隐蔽而不易被发现的害虫。因而能在短时间内达到最佳杀虫效昊。在0.5～1h内即可使害虫致死。同时残效期短，3天后的残留量几乎达到零。因此用敌敌畏烟剂熏蒸后的库房，几天之内就可使用，对工作人员的健康无影响。

既然敌敌畏烟剂具有如此的杀虫效果，是否可以用来清除隐藏在文物中的害虫呢？由于敌敌畏渗透力较弱，对箱装文物或折叠堆放的文物难以起到应有的杀虫作用；同时又因烟剂的烟尘可能污染文物，所以不宜把文物全部展开进行熏蒸。总之，敌敌畏烟剂不宜直接用于文物的直接杀虫。

如下几种情况可以应用敌敌畏烟剂杀虫：

（1）新建文物库房及柜架；

（2）用于仓库或办公室改作文物库房，或多年不用而需重新使用的文物库房；

（3）库房中的文物上发现害虫或虫害较严重，为彻底杀灭害虫，将文物搬出，用敌敌畏烟剂熏蒸空库房及柜架，杀灭库房内害虫。然后再将有可能感染虫害的文物，如书画、棉、毛、丝等质地的文物进行消毒杀虫后搬进库房。这样就可彻底杀灭害虫，不留隐患。

二、敌敌畏烟剂的各组成部分理化性质

如上所述敌敌畏烟剂是由敌敌畏、氯酸钾、硝酸铵和烟丝组成，它们各自具有不同的理化性状，因而具有不同的作用。氯酸钾有助燃的功能，而硝酸铵却起着抑制燃烧作用，这样只有当它们以适当的比例配合使用时，才能达到预期的效果。因此，将这四种物质组成烟剂使其协同发挥理想作用时，就必须构成一定的比例关系。为此先简要说明一下这四种物质的化学组成、性质和作用。

（一）硝酸铵

化学式 NH_4NO_3，为无色正交晶体，熔点 169.6℃，沸点 210℃，并分解为水和一氧化二氮。易溶于水，溶于甲醇、丙酮。溶于水时可吸收大量的热，有降低温度的效能。

（二）氯酸钾

化学式 $KClO_3$ 无色，呈晶体。熔点 356℃，加热到 400℃ 可分解，有氧气放出，是一种很强的氧化剂。

（三）烟丝

主要由有机物质组成，能燃烧。

（四）敌敌畏

化学名称：O，O-二甲基-O-(2，2-二氯乙烯基）磷酸酯。国际通用名称为 DDVP。分子式：$C_4H_7O_4PCl_2$；相对分子质量：220.98。

1. 理化性状

敌敌畏纯品为无色油状液体，微带芳香气味。液体密度为 1.44 （15.6℃）；蒸气压在 20℃时 15mm 汞柱；沸点在 14mm 汞柱时为 120℃。微溶于水，溶解度为 1%，易溶于有机溶剂，在苯、甲苯等有机溶剂中溶解度很大，但在煤油、汽油中溶解度很小（2%~3%）工业品为微黄色或棕黄色液体，乳油一般含量为 80%。具有很强的挥发性，在一定温度条件下，温度越高挥发度越大，短时间内能在密闭的空间达到很高的浓度，可利用这一特性进行熏蒸杀虫。

敌敌畏乳油对热稳定，可以较长时间存放不致分解。都极易水解，当加水稀释溶液呈酸性时，水解较慢；呈碱性溶液时，水解很快，水解后生成二甲基膦酸酯和二氯乙醛为无毒物，失去杀虫作用。

敌敌畏有 50% 乳油、80% 乳油及敌敌畏原油三种剂型。

2. 敌敌畏毒效与杀虫作用

敌敌畏杀虫机理：敌敌畏是有机磷杀虫剂，主要是强烈地抑制了虫体神经系统的胆碱酯酶，使胆碱酶酸化而失去分解乙酰胆碱的能力，使神经细胞连接处（突触）产生的乙酰胆碱大量地被积聚起来，因而破坏正常的兴奋传导，使神经功能失调而导致害虫死亡。

敌敌畏以熏蒸作用为主，也有很高的触杀和胃毒作用。对害虫体内胆碱酯酶活性的抑制能力远比敌百虫高，且不易改变（即中毒是不可逆的）。它的触杀毒力比敌百虫大 7 倍。因此，它的毒效特点是杀虫范围广、作用迅速、击倒力极强、无残毒。敌敌畏的适用范围很广，几乎对所有害虫均有效，对鳞翅目、鞘翅目、膜翅目、直翅目、半翅目等多种咀嚼和刺吸口器及螨类都有良好的防治作用。用敌敌畏熏蒸，很低浓度能杀死家蝇、蚊子、臭虫，一般用于住房、建筑物及公共场所防治卫生害虫。在高浓度下对仓库、加工厂和其他建筑物中的害虫都有效。

3. 敌敌畏对人畜的毒性

敌敌畏对高等动物的毒性大于敌百虫，属于中等毒性。敌敌畏通过呼吸道、皮肤、口腔进入高等动物体内后，对血液内胆碱酯酶有抑制作用，但很快可以解毒。敌敌畏对人的毒性主要是药液接触皮肤或较高毒气浓度被吸入，能抑制血液中胆碱酯酶。但在可杀虫毒气浓度下，戴碱性口罩和乳胶手套只操作半小时，对人体胆碱酯酶基本无影响，也没有不适感觉。

三、敌敌畏烟剂的配制与使用

敌敌畏烟剂的配制与使用

(一) 敌敌畏烟剂的组成

根据我们试验的结果，认为敌敌畏烟剂中四种成分最合适的比例是：

(1) 敌敌畏　34%　(80%乳油)；

(2) 氯酸钾　16%；

(3) 硝酸铵　25%；

(4) 烟　丝　25%。

为应用方便，可以以克 (g) 和毫升 (mL) 为单位

(1) 敌敌畏　30mL　(80%乳油)；

(2) 氯酸钾　20g；

(3) 硝酸铵　30g；

(4) 烟　丝　30g。

以上四种物质混合而成的烟剂，可放入一个罐头盒中，熏蒸空间为170m^3。

(二) 仪器与设备

量筒、天平、烧杯、玻璃棒、筛子 (80目或100目) 研钵、小罐头盒 (高12.5cm，直径10cm，或比这小。近盒口处扎一圈孔，通烟用)、大罐头盒 (高17.5cm，直径15.5cm，或比这大。盒周壁扎许多孔，作通烟用，盒底不扎孔)，一大罐头盒与一小罐头盒为一套，根据需要准备几套。

(三) 敌敌畏烟剂使用方法

80%敌敌畏乳油作熏蒸剂，空间用药量为每立方米250mg。

首先计算出熏蒸空间的体积，根据体积的大小和敌敌畏烟剂中各种成分的比例，计算出用药量。将氯酸钾和硝酸铵分别研成细粉。再过筛。先将烟丝、氯酸钾、硝酸铵放入一个烧杯中搅拌均匀。再把拌好的敌敌畏烟剂用纸包好，放入一小罐头盒中。用少许氯酸钾细粉放在一纸条中捲一引火捻，插入小罐头盒烟剂的正中。使用时，点燃引火捻，烟丝很快被点燃，燃烧，当冒浓烟时，马上扣一大罐头盒，浓烟从大罐头盒周壁的小孔中冒出，几分钟后室内满是烟雾。将门窗关好，封闭48h。

（四）在配制和使用敌敌畏烟剂时，为发挥其药效和保证安全，应注意以下几点

（1）熏蒸前首先清理打扫库房，将不必要的东西及垃圾清除干净。将需消毒的柜架等的门抽屉都打开，使之尽量接触毒气。

（2）熏蒸杀虫成功的重要条件之一是库房要密封得好，不漏气。对库房天花板、四壁有孔洞、缝隙要认真堵塞修理，达到密闭要求。对通风散气的门窗要求糊封严实，熏蒸空间气密性好，使其内有足以杀死害虫的毒气浓度，并且在一定的时间内保持分布均匀，效力稳定，没有逸漏。不因药剂的扩散和穿透而使浓度下降而减弱杀虫力，是熏蒸成功的重要保证。

（3）敌敌畏烟剂用时现配，配完马上使用。敌敌畏易挥发，储藏或用后必须严密封闭，还应防止高温和冷冻。

（4）氯酸钾和硝酸铵一定要研细过筛，而且与敌敌畏和烟丝一定要搅拌均匀。不然，可能燃烧不完全，或燃烧起火均影响熏蒸效果。硝酸铵和氯酸钾用后马上密封。

（5）点燃引火捻熏蒸剂冒浓烟时，立即扣上大罐头盒，动作迅速，准确。扣好后人立即退出室外，将房门关好，尽量减少吸入毒气的时间。大罐头盒周壁上的许多小孔以使烟雾迅速向四周扩散，同时防止由于调和烟剂不均匀致使燃烧起火，保证安全。

（6）敌敌畏烟剂配制和使用时，最好戴碱性口罩和乳胶手套。

（7）以上所述敌敌畏烟剂按要求制备和使用，应该说是安全的，为防万一，封门后要设人放哨以防火灾发生，最好事先有消防准备。

（8）熏蒸杀虫效果与环境的温度有关，在一定温度范围内，温度越高昆虫呼吸越增强，气门开张的频率提高。另外，体内代谢产物 CO_2 等累积增加，也会刺激呼吸作用增强，气门开张频率提高。所以一般库房熏蒸杀虫，在夏天进行效果好。敌敌畏烟剂的使用时间最好在 5 月、6 月。

四、其他注意事项

敌敌畏烟剂熏蒸文物空库房和柜架，只能杀灭库房内隐藏的害虫，不能保证后搬进来的文物也无虫。所以文物在入库前一定消毒灭虫。不然，被外界害虫感染的文物就会将害虫带入库内，条件适宜时就会在库内繁殖蔓延，造成危害。

目前应用较多的消毒方法是化学熏蒸法，使用的药剂主要有环氧乙烷、硫酰氟、溴甲烷等，其中环氧乙烷熏蒸效果好，而且适用于各种质地的文物。

搞好库房的屋内外卫生，恶化害虫环境条件。害虫要求的是潮湿、温暖、肮

脏的生活环境，特别喜欢在洞、孔、缝隙以及积尘的阴暗角落等部位栖息活动。清洁卫生防治就是要造成一种有利于文物安全保管，而不利于害虫孳生繁殖的环境条件。从而抑制害虫的生命活动，并使其在不适生存的条件下逐渐趋于死亡。所以，清洁的库房环境不仅有防虫、治虫作用，而且有限制微生物发生、发展的作用。

在库房及箱柜内放置适宜的驱虫剂，对防止害虫的感染有一定的作用。目前普遍认为樟脑精块驱虫效果较好。

文物入库后要定期检查，适时调节库内温、湿度。有空调设备和去湿机的库房，根据需要随时调节。但从全国范围看，绝大多数文物库房都缺少现代化设备，因此应根据库内温湿度状况适时开关门窗，使文物经常处于低温、干燥状况。当库内温湿度高于库外时，应选晴天干燥时打开门窗通风调节。反之，则应关闭门窗，特别是雨雪天、阴天和多雾时要及时关闭门窗防潮。开闭门窗时注意不让外界昆虫飞入库内，要设有纱窗和纱门。

使用敌敌畏烟剂为空库房熏蒸杀虫，是贯彻以防为主的方针，是保护文物的重要措施。再做到文物入库前消毒，保持库房内外清洁卫生，适时调节库内温湿度。做到以上几点，害虫就不能生存，微生物也不能生长，文物就可长期完好保存。

在本文所说的敌敌畏烟剂试验工作，参加者还有刘恩迪、傅文江、王雨波，特此说明并致以谢意。

（原刊于《博物馆研究》1990 年第 3 期）

古墓内尸体与随葬品不腐原因的生物学探讨

Why do some corpes and buried objects of ancient tombs remained undecayed? This paper esplores many reasons biologically causing undecayed in different conditions such as in Mawangdui Tomb No. 1 of the Han Dynasty and Haobeiying Tomb No. 6 of the Liao Dynasty. It is believed that checking the reproducing of bacteria and killing all of them at last was the main reason for the undecayed corpes and objects of ancient tombs.

古墓中的尸体、棺椁和有机质地的随葬品，都是腐败微生物的良好营养源。其中尸体不仅含有丰富的有机营养物，也有适量的水分，最适合于腐败微生物（这里主要指腐生细菌）的生长繁殖。因此，尸体最易腐烂。在高温季节中，只需一周左右时间，尸体就会腐坏发臭，一两年内，其肌肉、皮肤及内脏等都腐烂分解，数十年内，坚硬的长骨也将瓦解消失。至于棉、麻、丝、纸、木、竹等有机质地的随葬品及棺椁，几年最多在数十年内，腐败微生物都能将它们分解消失掉。

然而，古籍记载及考古学发现之实例，说明墓中的有机质地随葬品、棺椁，乃至尸体，可以完好地或较好地保存几百年，一两千年，甚至更久。这些实证，是当前文物保护实验及实践中难以求得的。因此，明晰这些古墓中尸体和文物保存及保护状况，究明其原因，揭示其不腐之谜，将会从中获得保护古尸及文物的有益启示。

我国古代迷信灵魂，崇祖、敬祖，推行孝道，实行厚葬。妥善地保存尸体、墓葬设施和随葬品，是实行埋葬，尤其是厚葬所追求的目标。从考古发掘情况来看，在实行厚葬的墓葬中，尸体及墓葬中的有机质地棺椁及文物保存完好或比较完好者，仍是凤毛麟角。可以说古人所追求的目标，基本上未能达到。

为何如此，究其原因，根本上是因古人缺乏有关生物方面的知识，对如何科学地防止腐败微生物的侵蚀，更是一无所知。那么，为何又能见到古墓中尸体及有机质地随葬品完好地或较好地保存的实例？原因相当复杂。

死者以干尸的形式在干燥的环境中得以保存的原因，是干燥的环境缺乏水分。水分是微生物细胞的重要组成成分，同时，微生物体内的各种新陈代谢过程都离不开水。干燥会引起微生物细胞失水，引起细胞内盐分浓度增高或蛋白质变性，导致生命活动降低或死亡。尸体在干燥的环境中，体液迅速蒸发，脱水干化，及时抑制了细菌腐化的酶解尸体过程。这样，就使尸体以干尸的形式被保存下来。这类墓中有机质地随葬品得以保存的原因，当然也是出于这种干燥的环境。

宋人文惟简《虏廷事实》载："北人丧葬之礼，盖各不同。……惟契丹一种特有异焉。其富贵之家，人有亡者，以刃破腹，取其肠胃涤之，实以香药、盐矾，五采缝之；又以尖苇筒刺于皮肤，沥其膏血且尽，用金银为面具，铜丝络其手足。耶律德光之死，盖用此法。""以尖苇筒刺于皮肤，沥其膏血且尽"，减少尸体水分，可造成减缓腐败微生物繁殖的条件；洗涤肠胃，"实以香药、盐矾"，可求到一些尸体防腐的效果。契丹这种木乃伊式处理尸体的办法，说明他们不仅已有了追求尸体不腐的愿望，而且还有尸体防腐的措施。无疑，这当对尸体防腐起些作用，但实际上却未实现尸体不腐的追求。事实是：其一，考古发掘所见契丹墓葬中的尸体保存完好者，仅是鲜例；其二，内蒙古乌兰察布盟察右前旗豪欠营第六号辽墓墓主人尸体得以较好地保存下来的原因，据分析不是这里所说的处理尸体的直接结果。

据对豪欠营第六号辽墓女性墓主人尸体所进行的测定可知：一是尸体内砷含量较高，经换算约超出正常范围 7 ~ 14 倍；二是铜含量也高，超出正常量 300 ~ 800 倍，是与尸体周身套穿铜丝网络有密切关系。有人认为砷能延缓尸体腐败过程，铜和铜绿（是铜表面所生成的绿锈，主要成分是碱式碳酸铜。）一直被认为是有毒物质，近年来研究证明，铜和铜绿有杀菌作用。据迄今所掌握的材料看，估计尸体得以较好地保存的原因，很可能是：木乃伊式处理尸体，使尸体失水干化，抑制了细菌的生长繁殖，推迟了尸体发生腐败的时间。同时，也出现了或继续出现着使尸体中的砷、铜和铜绿含量提高的过程。在这一尸体能得以保存的诸原因中，砷的毒性强，对尸体防腐起主要作用。

《吕氏春秋 · 节丧篇》："家弥富，葬弥厚……题凑之室，棺椁数袭。积石积炭，以环其外。"埋葬用炭，《左传》亦有记载。从考古学发现可知，这类墓葬自东周就已出现了。在两湖地区，这类墓除用木炭外，其墓室还用白（青）膏泥填充。棺椁数袭可密封尸体及随葬品，白膏泥、炭，对椁起着密封、断水、防潮的作用。显然，这是防止尸体及有机质随葬品腐烂所采取的措施。

长沙马王堆一号汉墓和湖北江陵凤凰山 168 号汉墓，就是因采取了上述那些措施，才得以妥善地保存了下来。

马王堆一号汉墓深 16m，尸体用多层丝麻织物紧密包裹，置于一椁四棺内，棺均涂油漆，再在椁室下、上及四周，都塞满木炭和白膏泥，然后再在其上层层填土，夯实封固。木炭厚 0. 4 ~0. 5m，共约一万多斤，白膏泥厚 1 ~ 1. 5m。木炭是具有许多细孔的无定形碳，吸水防潮性能好。白膏泥的化学成分是二氧化硅、三氧化二铝、氧化铁以及硫、钙、镁、钠、钾等，它黏性强、可塑性好、含水分多、渗透性极低。严密封实的白膏泥层，隔断了内外空气和水分的交流。除墓穴深外，其上还有高20多米的封土，对减少地面上的影响，防止雨水渗入墓室，均起重要作用。这样使椁室与外界完全隔绝，基本构成高标准的恒温（温度精度在±2℃）、恒湿（湿度精度在±5%以内）、缺氧、腐败微生物无法生存的环境，基本上排除了物理、化学、生物等因素对各种物质的损毁作用，故墓内多层棺椁、墓主尸体及随葬器物都完好地保存下来。

湖北江陵凤凰山168号汉墓墓坑深达10m，自地表至椁盖板深7.9m，椁室周围及椁盖板以上0.14m均填塞密度较大的青膏泥，其上5.26m为质粗且硬的青灰泥，青灰泥上面为五花土，填土均经夯打，夯层厚度为6~13cm，越接近椁室的青灰泥质地越细腻，夯层越薄，夯筑越紧，造成一个防水、隔绝空气的环境，使细菌无法生长。加之葬具坚实密封，棺液为碱性有抑菌、杀菌及抑酶的作用，这些都是古尸能保存下来的重要因素。

上述两墓年代相近，所处地理环境相同。但墓中的尸体和随葬品的保存情况，存在一定差别。

其一，江陵凤凰山168号墓男尸尸体内部和体表组织内检出大量细菌芽孢，说明腐败微生物曾一度在尸体上繁殖过，引起了尸体的初期腐败过程。尸体前额正中和膝盖部分略有缺损，可能就是曾出现过腐败过程的证据。马王堆一号汉墓女尸的体内及体表都没有分离出真菌、细菌和病毒，尸体保存的程度与鲜尸差不多。可见，马王堆一号汉墓女尸，比江陵凤凰山168号汉墓男尸保存的更完整、更新鲜。

其二，长沙马王堆一号汉墓从棺椁到千余件随葬器物，如帛画、丝织品、漆器、竹木器、陶器、木俑等都保存得相当完整。而江陵凤凰山168号汉墓葬具一椁二棺保存完好，随葬品五百多件，有竹简、漆器、木器、木桶、车、船等绝大多数保存完好，但丝麻织品绝大多数已腐朽，只有出于内棺尸体足部的双尖翘头方履保存极好。

出现这些差别的原因，一是马王堆一号汉墓埋的深度，远比凤凰山168号汉墓深；二是密封的程度，也远超过凤凰山168号汉墓。马王堆二、三号墓，特别是二号墓，则因白膏泥堆积较薄，分布不匀，密封程度不如同地的一号墓，导致墓内的保存情况就较一号墓差得多。正因为马王堆一号汉墓和凤凰山168号汉墓密封程度存在差异，就造成前者成了火坑墓，后者为水墓的不同情况。

168号汉墓是典型的水墓，尸体浸泡在约10万ml的棺液中，积水线随着地下水位的升降而变化，说明棺液是来自地下渗水。而马王堆一号汉墓是典型的火坑墓，就是人们说的“火洞子”，据说墓的填土挖到接近白膏泥时，发掘工人在地里用铁钎穿孔时，孔里喷出一股气，用火一点即燃，火焰颜色似酒精灯，明火无烟，这就是沼气，起燃烧作用的是甲烷。沼气是沼气菌（即甲烷菌，一属能运动的芽孢杆菌）在无氧的条件下分解纤维素等有机物质而产生的。沼气菌是厌氧菌（在有氧的环境中不能生存），沼气的产生说明墓中无氧，那么墓中的氧气哪里去了？

在马王堆一号汉墓的随葬品中有猪、牛、狗、兔、鸡、鱼等熟肉食品，一笥约40个鸡蛋，还有梨、枣、梅等水果，都已腐坏得只剩骨头、蛋壳和果核了。在女尸解剖过程中，发现女尸的肠道内发生过细菌繁殖、发酵产气的腐败过程。这些事实说明马王堆一号汉墓，在埋葬的早期经历了一小段时间的腐败过程。

由于墓室密闭不透气，大气中的气体难以进入墓中；又由于腐败细菌是好氧微生物，只有在有氧气的环境中才能生长繁殖，在它们的新陈代谢过程中消耗氧气，产生二氧化碳和其他废物。由于腐败微生物的生长繁殖，使墓中仅有的氧气越来越少，环境条件越来越不适于腐败微生物生存，因此，新陈代谢受阻，生命活动逐渐减弱，最后被迫停止生命活动，走向死亡。

在好氧微生物生命活动逐渐减弱，墓室中氧气逐渐减少的同时，厌氧微生物趁机繁殖起来。甲烷细菌在无氧条件下分解纤维素等有机物质产生甲烷、二氧化碳和其他废物。甲烷细菌最初生长繁殖越来越旺，产生的甲烷（沼气）越来越多，当甲烷及二氧化碳等气体达到一定浓度时，又抑制了甲烷细菌，由此甲烷细菌的生命活动逐渐减弱，最后死亡。这时墓室中的环境，无论是好氧微生物，还是厌氧微生物，都无法生存，一切生命活动停止。至此，墓室中的温度、湿度、气体成分和气压等都达到恒定状态，墓中的尸体和随葬品从此不受任何侵害长眠地下，而得到完好保存。如果，不因自然或人为的干扰而导致墓室环境变化的情况下，马王堆一号汉墓的墓主人尸体、墓内设施及随葬器物，将如发掘前那样，永远地保存下去。

参考文献

[1] 湖南省博物馆，中国科学院考古研究所．马王堆一号汉墓．北京：文物出版社，1973
[2] 顾铁符．试论长沙汉墓的保存条件．考古，1972，(6)
[3] 考古编辑部．关于长沙马王堆一号汉墓的座谈纪要．考古，1972，(5)
[4] 马王堆一号汉墓女尸研究的几个问题．文物，1973，(7)
[5] 武忠弼．江陵凤凰山168号墓西汉古尸研究．北京：文物出版社，1982
[6] 关于凤凰山168号汉墓座谈纪要．文物，1975，(9)
[7] 杨伯峻．略谈我国史籍上关于尸体防腐的记载和马王堆一号汉墓墓主问题．文物，1972，(9)
[8] 乌盟文物工作站，内蒙文物工作队．契丹女尸．昆明：内蒙古人民出版社，1985

（原刊于《华夏考古》1996年第2期）

浅述考古学与自然科学的关系*

考古学和自然科学的发展，以及自然科学对考古学的渗透和参与考古学资料的研究，使两者本来存在的关系，显得越来越密切和更加复杂，给拟定讨论的这一题目增加了困难。

一

中国现代考古学在20世纪20年代兴起以后，虽不断从始于北宋的金石学吸取了不少营养，但这一学科的出现，不是我国金石学发展的结果，而是从西方传入的。考古学者一般认为，西方的古物学（涵义基本同于中国金石学）是现代考古学的前身。

但是，现代考古学的出现，不是古物学的自然延伸，而是地质学、生物学的某些理论、方法渗透到古物学的结果。从这两个学科借用过来的，并经过考古学家不断修订使其愈益适用于研究考古遗存的层位学和类型学，至今仍是考古学的基础理论和方法。

不仅如此，随着时间的推移，考古学还不断地借用自然科学的研究成果，以观察、记录、保存及公布所见到的遗存，乃至深入而准确地揭示所研究的对象的面貌。具体有以下6方面：

（1）改进测绘及摄影技术，使用航空摄影、红外及紫外线和X射线照相，以及遥感测量技术和电阻测量；

（2）对于测定遗存的年代，已使用了孢粉分析、氮分析、氟分析和铀分析，以及钾-氩断代、树轮年代测定、古地磁法、热释光法和碳14法等；

（3）用物理和化学的方法，诸如使用β射线反向散射法、电子显微探针、中子活化分析、发射光谱测定、X射线衍射法及X射线荧光光谱测定等，以测定遗存的化学成分及物理结构；

（4）以地质学及地理学研究成果，鉴定岩石和探讨不同类别遗存的分布规律；

---

* 本文与张忠培合著。

（5）用生物学的方法，测定孢粉和鉴定动植物遗存，以及人骨性别、年龄、种属、致死原因及死者生时的一些疾病留存在尸骨上的现象；

（6）在分析遗存时，考古学不能置数学研究成果于不顾，除运用数理逻辑外，考古学者还常常用概率论和模糊数学来研究考古学遗存。当然，我们也应该提到电子计算机对考古学研究的功能。

可见，考古学需要自然科学的帮助，才能扩大视野，增强深层透明度，以猎取更多、更准确的信息，揭示自身研究对象的奥秘。同时，考古学本身就置身于自然科学之中，并不断以自然科学的成果装备起来，以推动本学科的发展。

二

这里谈到的只是考古学与自然科学关系的一个方面，或一个层次。

要正确理解这一方面或这一层次的考古学与自然科学的关系，和讲清楚其他方面或其他层次的考古学同自然科学的关系，还需要从什么是考古学谈起。

考古学属人文科学范畴，研究对象是考古学文化所表象的古代人类社会的历史。马克思、恩格斯在《德意志意识形态》一书中对历史下过这样的定义：“我们只知道一种唯一的科学，便是历史科学。从两方面来观察历史时，可以分为自然史和人类史。然而这两方面是密切联系的；只要人类存在，自然史与人类史就是彼此互为条件的”。不要说达到马恩说的“唯一的科学”这意义的历史学对历史，即使是对其中的古代部分的认识，也需要自然科学、人文科学及社会科学的联合。所以，考古学不可能对古代人类社会历史作出全部的观察，只能探索考古学文化所表象的那一部分历史。

物质遗存是考古学实现研究对象所凭借的资料。物质遗存内涵极为丰富。正像不同学科能够从文献史料摄取自己所需要研究的信息一样，物质遗存也蕴藏着可供许多学科吸取的十分广泛的信息。即使一件粗笨的石斧，也显现出岩石、功能、造型及制造工艺等方面的信息。因此，考古学不可能研究全部物质遗存，甚至也不可能研究那些由考古学家调查、发掘所获得的物质遗存，即使是考古学所应注意的那些物质遗存可能辐射出来的信息，也不可能全部摄取。

三

可见，不仅为了完善历史的研究，即使为了完善对物质遗存所反映的这部分历史的研究，为了比较全面地了解某一类，甚至某一件物质遗存，不仅需要人文科学及社会科学的参与，也必须要求同自然科学的联合。

人们常常混淆了学科研究对象和实现对象研究所凭借的资料的区别，从而把凡是研究物质遗存（其实是研究从它所辐射出来的信息）的学科，取名为诸如植物考古学、动物考古学、农业考古学、冶金考古学和科技考古学等，并把它们归为考古学的分支学科。资料的形态，不是区分学科的根据。其实，农业考古学、植物考古学、动物考古学、冶金考古学及科技考古学，只是从物质遗存中发现了新的信息，拓宽了本已存在的农业史、古植物学、古动物学、冶金史和科技史的研究领域，增进了对所研究领域的了解。我们虽然不同意上述的学科的称谓，以及把它们归入考古学的认识研究中，但认为通过这类称谓及认识，从另一个侧面反射出考古学不可能研究由其自身通过调查、发掘所获取的全部资料。

因此，为了实现对物质遗存所反映的信息进行比较深入、全面的研究，必须实行考古学与包括自然科学在内的诸多学科的协作。并且，只有这样，才能超越这些学科而站在更高一级层面上探讨历史的奥秘。

除了一些传世珍品外，绝大多数物质遗存是依赖考古调查、发掘而揭示出来的，并且，也只有通过考古工作者的劳动才会得以公布。为了不丢失对自然科学有用的资料或信息，考古工作者必须掌握自然科学的基本知识及一些基本方法，此外，在调查和发掘那些需要更多地依靠自然科学进行专门研究的遗存时，最好是争取有关自然科学家的参加。

自然科学家为了正确地摄取物质遗存的信息，必须掌握考古学的一些基本知识及方法，乃至阅读考古报告的能力。

总之，为了实现考古学的发展，以及超越考古学而站在更高一级层次观察历史，考古学需要借用自然科学的研究成果，也需要自然科学的合作。

（原刊于《科技考古论丛——全国第二届科技考古学术讨论会论文集》，中国科学技术大学出版社，1991 年）

后　记

我从事文物保护工作，是半路出家。1957 年我被保送到东北师范大学生物系学习，至 1962 年，完成了生物学专业和生物物理专业学习之后，被分配到中学从事生物学教学工作，1980 年，被调到东北师范大学生物系从事细胞遗传学教学与研究工作。1987 年，我随丈夫张忠培调到北京，本可到大学从事生物学的教学与研究工作，但考虑到需要支持我先生的工作和能照顾好三个还在上学的孩子的学习，只得舍弃所爱，听从国家文物局的调配，到故宫博物院从事文物保护工作。这时我已 51 岁了，是过了半百之年。除了这年龄的压力之外，还有我的先生处在院长的岗位上使我感到有压力。面对这两种压力我只得于工作上努力向前了。

面对我很陌生的文物保护，只得从头学起。我在文物保护日常工作中，了解到虫、霉是损害有机质地文物的主要原因，感到我的所学能在文物保护中派上用场，可从生物学的角度对文物保护做些工作，于是在做好故宫文物保护的日常工作的同时，就开始从调查与实验入手，展开了文物保护中的霉害与虫害的防治研究。

集在《文物霉害和虫害的防治》著作中的文章共计 12 种。其中关于霉害方面的文章有 8 篇，涉及虫害方面的文章有两篇，还有两篇文章属于其他内容。1987 ~ 1989 年，我对故宫文物库房的虫、霉损害文物的情况进行摸底调查和做了一些防霉的实验研究，这期间和刘恩迪合作发表的《故宫文物虫害防治初探》和《几种防霉剂对织物影响的试验》两文，便是摸底调查与实验研究所产生的一点收获。1990 ~ 1992 年，我主要从事如何将防霉剂应用于文物保护的研究，为此，做了大量的实验。这期间我同田金英、隗亚林、王春蕾撰写的《PM 防霉剂在裱画中的作用》和《PM 防霉剂与文物书画防霉》，就是这一研究的一点成果。1992 年以后，我愈益认识到在文物保护工作中防重于治，便将研究工作的重点转移到了文物与环境的关系，文物的最佳保存环境和文物霉腐机理一些问题的探讨，便成了我这时期的学术研究的主攻方向。这期间写的好几篇文章，便是我在这个领域中所做的工作和一些思考。发表在《华夏考古》1996 年 2 期的《古墓内尸体与随葬品不腐原因的生物学探讨》，也是在这一课题思考下所进行的探索。在上述文物霉害防治的个案研究基础上，我对文物霉害防治开始了综合研究。其成果便是由科学出版社于1997年出版的《文物霉害的防治》这本小册子。我和我的先生张忠培合写的《浅述考古学与自然科学的关系》，对于本书来说自然属于另类，所以将其列入这本集子中，是为了满足我珍爱自己和张忠培共同渡过的五十年所萌生的依依不舍的情感。

我从生物学角度进行的文物保护研究，取得的成果也就是这些，显得很不平衡，涉及文物霉害的防治，多于涉及文物虫害的防治，而且，从整体来看也只是开了个头。由于工作条件，尤其是年龄条件的限制，使我不能实现预期的目标，和伴随着这一研究的深入所产生的新的追求，留下的遗憾远多于已取得的成果。但文物霉害和虫害，是文物保护中必须解决的两大害，也是文物保护的两大难题，这个研究工作还得进行下去！对于往80岁高龄路上走的我来说，只能寄望于中、青年学者了。这是我所以将以往一点研究集成这个集子的主要原因，也是我的一点愿景。

我对文物霉害和虫害防治所做的研究，除了故宫博物院提供的条件外，还得到许多同行和相关学者的帮助，其中就有田金英、隗亚林、王春蕾、刘恩迪，宿白和张忠培诸位。前四位是我的同事，宿白先生是考古界的前辈，是中国考古学会终身名誉理事长，我到故宫博物院工作后，一直得到他的关照和鼓励，他为《文物霉害的防治》这本小册子写了序。在此书即将出版之时，征得他的同意，将他写的这个序，也用作本书的序，是为序一。我的先生张忠培教授对我的科研工作一贯给予积极关注，我常将遇到的问题找他讨论。他虽对生物学一窍不通，但他的吸收、领悟、理解、逻辑思维，分析和提出及指明探索问题的方向的能力，却令人吃惊，故同他讨论往往能得到一些启迪，能从懵懂中走向清晰，发现问题的症结，找到解决问题的途径，对我帮助良多。我邀他为本书写了个序，将其列为序二。在本书出版之际，我想到要感谢的人很多，除上述之外，还有一些朋友和曾经同我协作过的单位及个人，在此恕我不一一提名了。本书的出版也得到科学出版社闫向东、宋小军等人的支持，借此机会表达对他们的谢意。还有一点需要说明的，我的名字马淑琴中的“琴”在办理身份证过程中由于某种原因将“琴”写成“芹”，故现名为马淑芹。

本书署名马淑琴。

马淑琴

2012年10月5日